Konzeptionen zeitgenössischer Kunst

Hans Dickel

KONZEPTIONEN ZEITGENÖSSISCHER KUNST

Zum Wandel des Kunstbegriffs seit 1900

DE GRUYTER

Einbandabbildung: Gerhard Richter, *192 Farben*, Öl auf Leinwand, 1966, 200 × 150 cm,
Slg. Gerhard und Elisabeth Sohst in der Hamburger Kunsthalle (1997–2022),
Wvz 136. Photo: Atelier Gerhard Richter, Köln.

ISBN 978-3-11-140555-1
e-ISBN (PDF) 978-3-11-140648-0

Library of Congress Control Number: 2024933225

Die Deutsche Nationalbibliothek verzeichnet diese Publikation in der Deutschen Nationalbibliografie; detaillierte bibliografische Daten sind im Internet über http://dnb.dnb.de abrufbar.

Layout: Andreas Eberlein, aromaBerlin
Druck und Bindung: Beltz Grafische Betriebe GmbH, Bad Langensalza

www.degruyter.com

Inhalt

„Kunst muss über ihren eigenen Begriff hinausgehen,
um ihm die Treue zu halten."

Theodor W. Adorno, Ästhetische Theorie 1970, S. 50.

„Art is to change what you expect from it."

Seth Siegelaub 1969

Vorwort

Was ist Kunst? Was ist zeitgenössische Kunst? So manche Ratgeber versprechen Antworten auf diese Fragen, die doch alle Kunstinteressierten umtreiben – und hoffentlich weiter umtreiben werden: Was könnte Kunst sein? Die Fragen entstehen immer wieder neu, denn Kunst entzieht sich mit den Formen ihrer Zeitgenossenschaft einer zeitlos gültigen Definition. Im historischen Rückblick lässt sich dagegen beschreiben, wie die jeweils zeitgenössische Kunst als ‚Kunst' und als ‚zeitgenössisch' begründet wurde, im Gegensatz zu älteren Kunstauffassungen. Das Zeitgenössische, von John Ruskin, Charles Baudelaire und Émile Zola noch mit dem Modernen gleichgesetzt, erfuhr in der Kunst des 20. Jahrhunderts zahlreiche, einander schnell ablösende Definitionen, zunächst im Zeichen der Avantgarden. Seit der Postmoderne kann sich Zeitgenossenschaft aber auch gegen die Moderne richten, ist das Telos eines gemeinsamen Fortschritts doch in Zweifel gezogen worden, und sie kann sich in der Kunst in verschiedenen, aber gleichrangigen Formen äußern, wie es Gerhard Richters Bild *192 Farben* (1966) auf dem Cover dieses Buches sinnfällig machen soll.

Die hier vorgelegte Chronologie vorwiegend westlicher Konzeptionen zeitgenössischer Kunst seit 1900 nimmt deren permanenten Paradigmenwechsel auch aus kultursoziologischer Perspektive in den Blick. Sie verzichtet auf Abbildungen einzelner Werke, die Künstlerinnen und Künstler hervorheben würden, denn es geht um die stets von mehreren Beteiligten neu entwickelten Ideen von Kunst. Warum kommt es, oft von Generation zu Generation, zu jeweils völlig neuen Vorstellungen von dem, was Kunst sein könnte bzw. sollte? Als Autor fortgeschrittenen Alters hat man den Vorteil, bereits mit mehreren solcher Neubestimmungen zeitgenössischer Kunst konfrontiert gewesen zu sein, ausgelöst oder veranschaulicht durch ihre Werke, begrifflich gefasst in ihren Theorien: jedes Mal fassungslos vor den zunächst unverstandenen, aber nicht unverständlichen Innovationen, bevor das Ringen um Worte, Gespräche mit Kunstinteressierten, die Lektüre begleitender Schriften, ein Verständnis der stets neuen Formen zeitgenössischer Kunst erschloss. Dafür danke ich den Kolleginnen und Kollegen der scientific community und den Generationen von Studierenden, die ich im Studium der zeitgenössischen Kunst begleiten durfte. Für die kritische Lektüre des Manuskripts danke ich herzlich Lars Blunck und Henry Thorau.

Einführung: Der ‚Verlust der Mitte' als Gewinn der Vielfalt – Sedlmayr und Adorno

Die Kontroversen um einen fixierten, an der Kunst der Alten Meister orientierten Kunstbegriff, gegen den ein offener, den Entwicklungen der modernen und zeitgenössischen Kunst folgender Begriff von Kunst geltend gemacht wurde, haben in den 1950er-Jahren exemplarisch Hans Sedlmayr (1896–1984) und Theodor W. Adorno (1903–1969) bestimmt. Mit der Analyse ihrer Argumente, die an jene der *Querelle des Anciens et des Modernes* des 17. Jahrhunderts und des Streits zwischen ‚Salon' und ‚Refusés' im 19. Jahrhundert erinnern, soll die Bedeutung der Konflikte um die Begründung einer jeweils zeitgenössischen Kunst ersichtlich werden.

Noch im 20. Jahrhundert hatte Sedlmayr versucht, der dynamisch sich entwickelnden Moderne einen axiomatischen Begriff von Kunst entgegenzuhalten, den er aus ihrer Rolle im Ancien Régime vor 1789 ableiten wollte. Mit seinen Ressentiments gegen den angeblichen ‚Verlust der Mitte' (1948) zielte er als katholischer Christ auf die raschen Veränderungen und die Pluralisierung des Kunstbegriffs. Im sogenannten *Darmstädter Gespräch* zum „Menschenbild in unserer Zeit" (1950) stieß seine Auffassung noch auf viel Zuspruch, aber auch schon auf Gegenrede. Sedlmayr hatte der modernen Kunst, besonders dem Surrealismus und der Abstraktion, auf dieser Tagung vorgeworfen, sich von religiösen Werten abgewandt und stattdessen ein „falsches Selbstbewusstsein" entwickelt zu haben. Adorno hielt ihm entgegen, der Zivilisationsbruch 1933–1945 habe auch der Kunst alle traditionellen Gewissheiten positiver Sinnstiftung genommen: Nur aus ihrer ungesicherten Freiheit heraus könne gegenwärtige Kunst noch glaubwürdig sein, die Rückversicherung an einer religiösen ‚Mitte' sei verlogen. Brisant war ihr Streitgespräch zur modernen Kunst auch deshalb, weil Sedlmayr, Professor für Kunstgeschichte in Wien, als NSDAP-Mitglied belastet war, 1945 entlassen, 1951 an den Universitäten von München und Salzburg jedoch rehabilitiert worden war, Adorno dagegen, Professor für Philosophie und Soziologie, 1934 nach Oxford und 1938 in die USA hatte emigrieren müssen, bevor er 1949 zeitweilig und 1953 endgültig an die Universität Frankfurt/Main zurückkehren konnte. Gleichwohl erhielt Sedlmayr mit seiner Sicht auf die historische Kunst, welche die Zeit vor der Französischen Revolution insgesamt verklärte und zum Maßstab für die Gegenwart machen wollte, in breiten Kreisen weiterhin Zustimmung, während Adornos ‚Kritische Theorie', formuliert aus der Erkenntnis der ‚Negativität' der geschichtlichen Erfahrung, die Mehrheit der Intellektuellen seiner Zeit überzeugte.

Als Sedlmayr 1948 den angeblichen ‚Verlust der Mitte' für die Kunst der Moderne beklagte, ging er davon aus, dass eine solche ‚Mitte' einmal bestanden habe, als gesellschaftlicher Konsens, an den auch die Kunst gebunden war. Die vielfältigen Konzepte zeitgenössischer Kunst, die seiner Idee einer verbindlichen ‚Mitte' in dieser Studie gegenübergestellt werden, unterlagen und unterliegen einem schnellen Wechsel, sie galten niemals dauerhaft und allgemein, auch wenn manche Künstler dies beanspruchten – denn sie waren stets zeitgenössische und wurden als solche verfasst. Der vermeintlich absoluten Gültigkeit des Sedlmayrschen Kunstbegriffs steht eine historische Vielfalt einander relativierender Auffassungen von Kunst gegenüber. Der für sie genutzte Begriff der ‚zeitgenössischen Kunst' ist jedoch komplizierter, als seine häufige Verwendung es vermuten lässt. Die Formel ‚contemporary art' ersetzt im kunstkritischen und kunsttheoretischen Diskurs Mitte der 1960er-Jahre den Begriff ‚modern art', zu einer Zeit, als die Moderne einer Postmoderne weichen musste, die sich im Unterschied zur Moderne nun als ‚zeitgenössisch' begriff. In dieser periodisierenden Abgrenzung war nunmehr eine kritische Positionierung ‚zur' eigenen Zeit angelegt, ‚Zeitgenossenschaft' als strategische Option – anders als für die moderne Kunst, die selbstbewusst ‚in' der Moderne entstand und emphatisch an ihr partizipierte. So hatte Alfred H. Barr 1929 in New York das Museum of Modern Art und damit die moderne Kunst als fortschrittlich und zukunftsorientiert etabliert.[1] Das Konzept zeitgenössischer Kunst bleibt aber insofern fragwürdig, als es die fiktive Einheit einer ‚Zeit' konstruiert, der gegenüber es sich als ‚zeitgenössisch' versteht – dennoch hat sich dieser Sammelbegriff für die bildende Kunst durchgesetzt, weil bislang kein besserer gefunden wurde.[2] Mit der Suggestion einer implizit kritischen Haltung zur eigenen Zeit wird der Begriff ‚zeitgenössische Kunst' deshalb hier auch rückwirkend für frühere Epochen der Kunstgeschichte des 20. Jahrhunderts verwendet, sofern sich ihre Werke durch eben jene ‚ästhetische Negativität' auszeichnen, die seit den maßgeblichen Theorien von Walter Benjamin und Theodor Adorno als eines ihrer Wesensmerkmale gilt. Erst mit den ‚social turns' und ‚ethical turns' seit dem Millenium wurde ‚Zeitgenossenschaft' erneut als eine politisch konforme Kunst denkbar, wenngleich sie dafür ihre moderne Eigenständigkeit aufgeben musste.

Unterschiedliche Auffassungen von zeitgenössischer Kunst konkurrierten und konkurrieren im hier behandelten Zeitraum seit 1900 miteinander und anstelle ihrer gemeinsamen Orientierung auf eine religiös bestimmte ‚Mitte' trat und tritt in der Moderne und darüber hinaus ein andauerndes Ringen um individuelle Erneuerung und Erweiterung des Begriffs und der Modalitäten einer darin autonomen Kunst. Die Vielfalt dessen, was ‚Kunst' seit 1900 war, ist und sein könnte sowie die spezifischen Qualitäten ihrer jeweiligen Werke werden hier deshalb in einer historischen Perspektive erörtert.[3] In entschiedener Opposition zu Sedlmayrs Suggestion einer religiösen ‚Mitte' argumentierte Adorno mit jener geschichtlichen Erfahrung von Negativität, aus der er sein Konzept „ästhetischer Negativität" herleitete:

> Je mehr die Emanzipation des Subjekts alle Vorstellungen vorgegebener und sinnverleihender Ordnung demolierte, desto fragwürdiger wird der Begriff des Sinns als Refugium der verblassenden Theologie. Schon vor Auschwitz war es angesichts der geschichtlichen Erfahrungen affirmative Lüge, irgend dem Dasein positiven Sinn zuzuschreiben. [...] [Die] Subjektivierungstendenz [der Kunstwerke] [...] ist

> kein geistesgeschichtlicher Unglücksfall, sondern dem Stand der Wahrheit gemäß. [...] Indem [sie] unerbittlicher stets den sinnstiftenden Zusammenhang abklopfen, wenden sie sich gegen diesen und gegen Sinn überhaupt. [...] Kunstwerke, die des Scheins von Sinnhaftigkeit sich entäußern, verlieren dadurch nicht ihr Sprachähnliches. Sie sprechen, mit der gleichen Bestimmtheit wie die traditionellen ihren positiven Sinn, als den ihren Sinnlosigkeit aus. (Adorno, 1970)[4]

Jacques Rancière hat diese moderne Zersplitterung der Künste ins Vielfältige ebenfalls sozialgeschichtlich begründet – mit der einsetzenden Differenz zwischen der Repräsentation des Ganzen und den divergierenden sinnlichen Erfahrungen der Einzelnen, und er bezog sich dabei auf Friedrich Schiller, der diese Differenz zwischen ‚Vernunft' und ‚Gefühl', ‚Staat' und ‚Natur' des Menschen, schon 1795 grundlegend abgehandelt hatte. Es sei gerade deren Vielstimmigkeit, die im ‚Spiel' der Künste gesellschaftsfähig werde, denn diese vermittelten den ‚Stofftrieb' mit dem ‚Formtrieb':

> Mitten in dem furchtbaren Reich der Kräfte und mitten in dem heiligen Reich der Gesetze baut der ästhetische Bildungstrieb unvermerkt an einem dritten, fröhlichen Reiche des Spiels und des Scheins, worin er dem Menschen die Fesseln aller Verhältnisse abnimmt und ihn von allem, was Zwang heißt, sowohl im Physischen als im Moralischen entbindet. (Schiller, 1795)[5]

Daran anschließend heißt es bei Rancière:

> Das moderne ästhetische Regime der Kunst [wird demgemäß begründet im Dissens des Sinnlichen bzw. ‚Stofflichen' durch den] Bruch des Einklangs zwischen den [traditionellen] Regeln der Kunst und den Gesetzen der Sinnlichkeit, welcher die klassische Ordnung der Repräsentation markierte. [...] Der Widerstand der Kunst bestimmt so eine eigene ‚Politik', die sich für geeigneter als die andere erklärt, eine neue menschliche Gemeinschaft zu befördern, die nicht mehr durch die abstrakten Formen des Gesetzes, sondern durch die Bande der erlebten Erfahrung geeinigt ist. (Rancière, 2008)[6]

Sedlmayrs Klageschrift zum ‚Verlust der Mitte' bleibt diesem freiheitlichen ‚Spiel' der Kunst gegenüber jedoch wegen ihrer hartnäckigen Popularität bis heute ein wichtiger Referenztext, obwohl es keine gemeinsame Ebene argumentativer Auseinandersetzung mit ihr geben kann, da die Sichtweisen einander diametral gegenüber stehen: „Hier scheiden sich die Geister, und hier können wir uns nicht mehr verständigen", erkannte Sedlmayr selbst im *Darmstädter Gespräch* 1950 gegenüber Adorno,[7] denn er argumentierte nicht als Kunsthistoriker sondern als Katholik: Er beurteilte die Phänomene aus seiner konfessionellen Sicht und begriff daher eine ‚Mitte' der Menschen in Gott als Tatsache und nicht als Erzählung des Christentums. So unbestimmt diese ‚Mitte' in seinem Buch auch geblieben ist, so war sie doch eine so absolute Glaubensgewissheit für ihn, dass er andere Glaubensgemeinschaften als minderwertig und Religionsferne oder Atheismus als Krankheitsverlauf beschreiben konnte. Moderne Kunstwerke erschienen Sedlmayr deshalb als „Symptom und Symbol" einer gravierenden Krise. Aus dieser Sicht gelangen ihm feine Beobachtungen zur Kunst und Kultur des 19. Jahrhunderts, in denen er das allmähliche Schwinden der religiösen Gewissheiten des Menschen in Gott ausmachte, mit ersten Indizien ab etwa 1770. Doch die nachfolgenden Hasstiraden auf die Kunst seiner Zeit, im Besonderen auf den Surrealismus, gehen an der Sache vorbei, da dieser ja gerade die Religion als falschen Trost bekämpfen wollte. Insofern Sedlmayr die Moderne aus katholischer Sicht nur als Verfall in die Gottlosigkeit der Freiheit beurteilen konnte, fehlten ihm die Begriffe und das Verständnis, um spezifische Formen zeitgenössischer Kunst beschreiben und in der Geschichte ihrer Ablösung von kirchlichen Funktionen und Glaubensinhalten positiv fassen zu können. Gegen Sedlmayrs Thesen zum ‚Verlust der Mitte' stehen mit der Aufklärung jedoch bereits Immanuel Kants und Schillers Begründungen der Freiheit der Kunst, die nicht ohne Gewalt zu einer erneuten Orientierung der Kunst an vorgegebenen Aufgaben wie der Religion revidiert werden kann.

> Der Begriff der schönen Kunst aber verstattet nicht, dass das Urteil über die Schönheit ihres Produkts von irgend einer Regel abgeleitet werde, die einen Begriff zum Bestimmungsgrunde habe. [...] Da nun gleichwohl ohne vorhergehende Regel ein Produkt niemals Kunst heißen kann, so muss die Natur im Subjekte (und durch die Stimmung der Vermögen desselben) der Kunst die Regel geben, d. h. die schöne Kunst ist nur als Produkt des Genies möglich. Man sieht hieraus, dass Genie 1. ein Talent sei, dasjenige, wozu sich keine bestimmte Regel geben lässt, hervorzubringen: nicht Geschicklichkeitsanlage zu dem, was nach irgend einer Regel gelernt werden kann; folglich, dass Originalität seine erste Eigenschaft sein müsse. (Kant, 1790)[8]

‚Originalität' als Kriterium hat aber eben jene moderne Dynamisierung des Kunstbegriffs zur Folge, die eine vermeintliche ‚Mitte' auf Dauer zersetzt. So konnte Sedlmayr auch Georg W. Hegels Erkenntnis, dass „die Kunst nach der Seite ihrer höchsten Bestimmung [sich des Absoluten bewusst zu werden] für uns ein vergangenes [ist und bleibt]", nicht anerkennen. Aus heutiger Sicht wäre indes auch umgekehrt zu fragen, ob Sedlmayrs katholischer Glaube nicht auch seine Sicht auf die vormoderne Kunst getrübt haben könnte, deren schönen Schein er nicht etwa als Medium sozialer Konflikte zur Konsolidierung der Gesellschaften begriff, sondern als Beweis ihrer Homogenität. Ist die Kirche Notre Dame in der ‚Mitte' von Paris nicht eher als ein Traumschiff für die gemeinsame Reise in ein besseres Jenseits zu verstehen, keineswegs aber als dessen bauliche Vergegenwärtigung, wie manche Kleriker glauben machen wollten? Es beschleicht einen mithin der Verdacht, Sedlmayr könnte durch seinen Glauben gleich doppelt verblendet gewesen sein, gegen die moderne ebenso wie gegen die vormoderne Kunst: „Die verlorene Mitte des Menschen ist eben Gott: der innerste Kern der Krankheit ist das gestörte Gottesverhältnis. […] Wie für die Kunst und für die Künste ist auch für den Menschen die Proklamation der Autonomie das Vorspiel zum Verlust des Wesens."[9] Tatsächlich ist die mit ihrer Autonomie möglich gewordene moderne Funktion der Kunst, z. B. gesellschaftliche Missstände aufzudecken, nicht vergleichbar mit jener der traditionellen Kunst, diese (im Namen des Göttlichen) zu verdecken. Und so konnte Sedlmayr auch das vermeintlich „Vor-, Außer- und Unmenschliche, das Barbarische und Infernalische", das er in der Kunst der biomorphen Abstraktion, des Surrealismus und des Informel ausmachte, nicht etwa als Reaktion der Kunst auf das Vor-, Außer- und Unmenschliche, das Barbarische und Infernalische des Menschen verstehen, das in den beiden Weltkriegen und im Holocaust zu Tage getreten war, sondern nur als Abkehr von einer mutmaßlichen ‚Mitte'.

Adorno dagegen argumentierte aus dieser ‚Negativität' heraus, 1949 nach seiner Rückkehr aus den USA, in ein Land, das nur durch die Negation der Negativität zu legitimieren war. Nachdem er die Kategorie des ‚Offenen', ‚Skizzenhaften' im *Darmstädter Gespräch* in die Diskussion eingebracht hatte, führte er dort aus:

> In einem gewissen Sinne sind heute die Werke, so möchte ich es paradox ausdrücken, um so vollkommener, je mehr sie ein Maß an Unvollkommenheit, jenen Verzicht auf jede Art der scheinhaften Geschlossenheit, auf sich nehmen, während all das, was glaubt, an jener Harmonie festhalten zu dürfen, problematisch ist. […] Ich würde dialektisch sagen, dass die Harmonie des modernen Kunstwerkes darin besteht, dass es das Zerrissene, selber unversöhnt, unversetzt zum Ausdruck bringt und ihm standhält, und dass eigentlich in diesem Standhalten, in diesem Wortefinden für das, was sonst wortlos ist, das einzig Versöhnende liegt, während jeder Versuch, etwa unter Bezugnahme auf die Idee des Kosmischen nun diese Harmonie unmittelbar in der modernen Kunst durchzusetzen, eben doch darauf hinausläuft, dass wir uns der eigenen Exponiertheit schämen und so genau jene Brücke zur Vergangenheit schlagen wollen, die es abzubrechen gilt. (Adorno, 1950)[10]

Später hat er diese Argumente in seiner *Ästhetischen Theorie* (1970) auf einer Metaebene noch weiter zugespitzt:

> Zentral unter den gegenwärtigen Antinomien ist, dass Kunst Utopie sein muss und will und zwar desto entschiedener, je mehr der reale Funktionszusammenhang Utopie verbaut; dass sie aber, um nicht Utopie an Schein und Trost zu verraten, nicht Utopie sein darf. […] Die sinnlosen oder sinnfremden Werke des obersten Formniveaus sind darum mehr als bloß sinnlos, weil ihnen Gehalt in der Negation des Sinns zuwächst. […] Das Rohe, subjektiver Kern des Bösen, wird von Kunst,

> der das Ideal des Durchgeformten unabdingbar ist, a priori negiert: das, nicht die Verkündigung moralischer Thesen oder die Erzielung moralischer Wirkung ist ihre Teilhabe an der Moral und verbindet sie einer menschenwürdigeren Gesellschaft. (Adorno, 1970)[11]

Und er hielt Sedlmayrs retrospektive Wunschvorstellung von einem verlässlichen Konsens kultureller Werte in ihrer Bindung an die christliche Religion nicht nur wegen des Zivilisationsbruchs für erschüttert, sondern auch aus einer soziologischen Perspektive heraus für nicht mehr zeitgemäß: „In einer wesentlich nicht traditionalistischen Gesellschaft ist ästhetische Tradition a priori dubios."[12] Vielmehr entspricht Adornos eingangs zitierte Devise zur ständigen Veränderung des Begriffs von Kunst durch die Werke der Kunst jener des New Yorker Galeristen Seth Siegelaub, der seine Definition moderner Kunst ebenso apodiktisch klar formuliert hatte: „Art is to change what you expect from it." Plausibel übertrug Siegelaub ein Erfolgskriterium der kapitalistischen Wirtschaft, die Innovation, auf die zeitgenössische Kunst und es verwundert nicht, dass der von ihm propagierte permanente Paradigmenwechsel bereits seit Kants Kriterium der „Originalität" ein Merkmal auch der Kunst gewesen ist. Im Sinne dieser Innovationsdynamik profilierte Adorno die Eigenschaft der freien Selbstbestimmung nochmals schärfer: „Auf den Verlust ihrer Selbstverständlichkeit reagiert Kunst nicht bloß durch konkrete Änderungen ihrer Verhaltens- und Verfahrungsweisen, sondern indem sie an ihrem eigenen Begriff zerrt wie an einer Kette: der, dass sie Kunst ist."[13] Nicht nur ihre Modalitäten, auch ihr Begriff stehen demnach stets wieder neu zur Disposition:

> Der Wahrheitsgehalt der Kunstwerke ist fusioniert mit ihrem kritischen. Darum üben sie Kritik auch aneinander. Das, nicht die historische Kontinuität ihrer Abhängigkeiten, verbindet die Kunstwerke miteinander; ‚ein Kunstwerk ist der Todfeind des anderen'; die Einheit der Geschichte von Kunst ist die dialektische Figur bestimmter Negation. (Adorno, 1970)[14]

So sehr diese Bestimmungen zur Erneuerung der Kunst den bürgerlichen Vorstellungen von Kultur als Wahrung gesicherter Werte und Traditionen widersprechen, so genau entsprechen sie doch deren Basis im Wirtschaftsleben, hatte doch der Zwang zur permanenten Innovation überhaupt erst die ökonomischen Grundlagen des Bürgertums geschaffen. Daher entbehrt ein traditionalistischer Kunstgeschmack jeder Zeitgenossenschaft, gerät vielmehr in die Nähe konservativer Genügsamkeit, wenn nicht sogar reaktionärer Ideologie.

Insofern die als zeitgenössisch einzuschätzende Kunst in den kapitalistisch organisierten Gesellschaften des Westens also nicht primär bedarfsgerechte Waren liefert, sondern einen Bedarf mit sich selbst stets neu erfindet, überschreitet sie, in der Dynamisierung ihres Begriffs wie ihrer Erscheinungsformen, den bestehenden Erwartungshorizont – bevor sie dann selbst zu einer Ware wird. Dergestalt, ohne unmittelbaren Gebrauchswert, entsprechen ihre Produktionsverhältnisse strukturell jenem Prinzip der Geldvermehrung im Kapitalismus, demgemäß die spekulative Produktion neuer Waren neue Gebrauchswerte erst generiert. Max Weber hatte in seiner Studie zur protestantischen Ethik genau diese Innovationsdynamik, wertungebunden, als die treibende Kraft des Systems beschrieben: Die an Gebrauchswerten orientierte Agrarwirtschaft sei in der bürgerlichen Gesellschaft abgelöst worden vom Prinzip der wertfreien Geldvermehrung durch spekulative Warenproduktion.[15] Es galt und gelte weiterhin, Produkte anzubieten, die Erwartungen nicht nur erfüllen, sondern solche erst wecken. Diesem Gebot zur Erneuerung folgte im 20. Jahrhundert auch die bildende Kunst, insofern sie jeweils zeitgenössisch war und eben nicht nur überlieferte Erwartungen bediente.

Webers Diagnose einer Wertfreiheit der kapitalistischen Warenwirtschaft und deren strukturelle Parallele in der Innovationsdynamik der modernen Kunst hat Daniel Bell aus postmoderner Sicht zwar bestätigt, jedoch auch eine maßgebliche Verschiebung festgestellt: Die traditionellen moralischen und kulturellen Werte, gegen die sich die Moderne mit ihrem Aufklärungsanspruch gewandt und deren ideologischen Gehalt sie bekämpft hatte, seien mittlerweile durch die kulturellen Werte der Moderne selbst ersetzt oder besetzt worden – durch eine allgegenwärtige Diversifikation ins Individuelle:

> The Legitimation of social behaviour passed from religion to modernist culture. And with it there was a shift in emphasis from ‚character', which is the unity of moral codes and disciplined purpose, to an emphasis on ‚personality', which is the enhancement of self through the compulsive search for individual differentiation. (Bell, 1978)[16]

Die ökonomischen Konsequenzen dieser Diversifikation seien, salopp gesagt, die Ich-AG und der Hedonismus. Und so ist auch das genuin ‚symbolische Kapital' der modernen Kunst, ihre andauernde Innovationskraft, mittlerweile selbst zu einem Wirtschaftsfaktor geworden, wenn etwa die Qualität eines Standortes durch seine kulturelle Dynamik beworben wird.

Für die Entdeckung der Vielfalt der in der Moderne jeweils individuell bestimmten ‚Rand'-gebiete jenseits einer vermeintlichen ‚Mitte' der Gesellschaft ist daher zu konstatieren, dass diese inzwischen in ihrer Gesamtheit selbst den Rang einer ‚Mitte' eingenommen haben, besteht nun doch Konsens darüber, dass individuelle Freiheiten möglichst vielen gewährt werden sollen. Längst finden diese Freiheiten jedoch ihre Grenzen im Freiheitsanspruch der anderen, vor allem des sogenannten ‚Globalen Südens'. Bereits Bell schloss daraus, dass es unter den Bedingungen der ‚condition postmoderne' (Jean François Lyotard 1979) zu einer Revision der Moderne kommen werde. Die für Kapital und Kunst geltende Devise permanenter Erneuerung als Zeitgenossenschaft hat dabei jedoch, trotz aller Strategien postmoderner ‚Appropriation' bzw. ‚Nachhaltigkeit', ihre Gültigkeit, zumindest im Westen, bewahrt. Kunstwerke, die weiterhin an traditionellen, vermeintlich gesicherten

Vorstellungen von Kunst und kulturellen Werten einer mutmaßlichen ‚Mitte' orientiert sind, landen als fragwürdige Derivate in der Regel in den Magazinen der Museen, zumindest im Westen. Das Kriterium dynamischer Erneuerung gilt auch für die postmoderne Kunst, die dem Telos des Fortschritts abgeschworen hat und gerade dadurch die Erwartungen der inzwischen etablierten Avantgarden der Moderne revidiert.

Im Folgenden soll es nicht nur darum gehen, die theoretischen Begründungen der jeweils neuen Kunstrichtungen vorzustellen, sondern auch darum, die Erweiterungen des Begriffs von Kunst zu erläutern, die Künstlerinnen und Künstler durch ihre Werke bewirkt haben. Sie setzen spätestens mit jener Selbstermächtigung der Kunst ein, die Sedlmayr als „falsches Selbstbewusstsein der Kunst" gegeißelt hatte.[17] Schon im Kubismus hat sich dieses Selbstbewusstsein nachhaltig geäußert, mit der Entscheidung, die Funktion der Malerei als vermeintliches Fenster auf die Welt preiszugeben und sie stattdessen selbständig, mit ihren eigenwilligen Farben und Formen zur Geltung zu bringen: Unmissverständlich markierte Georges Braque den neuen Anspruch: „Le but n'est pas le souci de reconstituer un fait anecdotique mais de constituer un fait pictural." („Das Ziel ist nicht das Bestreben, eine anekdotische Tatsache wiederzugeben, sondern eine malerische Tatsache zu geben.")[18] Das künstlerische Bild wurde als „malerische Tatsache" definiert, als Medium des Verständnisses oder auch Entwurfs einer Welt, die nicht mehr allein über „anekdotisch" Sichtbares verstanden werden kann – wie auch die Naturwissenschaften die Welt nicht mehr allein über den Sehsinn analysieren konnten. Seine Gemälde stellten im Zusammenspiel von Formen und Farben und deren Evokation von Vielansichtigkeit, Bewegung und Veränderung, das alte zentralperspektivisch stabilisierte Weltbild infrage und entsprachen damit den maßgeblichen neuen physikalischen Modellen der Jahrhundertwende, von Henri Bergsons *Elan vital* (1907) bis zu Albert Einsteins *Relativitätstheorie* (1905, 1916), in Frankreich auch den wissenschaftstheoretischen Zweifeln Henri Poincarés, dessen *La science et l'hypothèse* (1902) und *La Valeur de la science* (1904) 1906 auch in Deutsch erschienen. Sie alle hatten den tradierten Humanismus und die überlieferte euklidische Geometrie obsolet werden lassen. So insistierte Bergson in seiner von vielen Künstlern rezipierten *L'évolution créatrice* (1907), *Schöpferische Entwicklung* (1912), auf das Prinzip ständiger Veränderung:

> Matière ou esprit, la réalité nous est apparue comme un perpétuel devenir. Elle se fait ou elle se défait, mais elle n'est jamais quelque chose de fait. Telle est l'intuition que nous avons de l'esprit quand nous écartons le voile qui s'interpose entre notre conscience et nous. Voilà aussi ce que l'intelligence et les sens eux-mêmes nous montreraient de la matière, s'ils en obtenaient une représentation immédiate et désintéressée. (Bergson, 1907)[19]

Anmerkungen

1 Die ‚Modernität' der Malerei ihrer Zeitgenossen Joseph Mallord William Turner bzw. Eugène Delacroix und Constantin Guys würdigten erstmals John Ruskin (*Modern painters,* 1843) und Charles Baudelaire (*Salon de 1845,* 1846; *Le peintre de la vie moderne,* 1863) nach Inhalt und Form, während Émile Zola mit der Betonung der dafür jeweils notwendigen Individualität (*Mon Salon,* 1866) die Innovationsdynamik der modernen Kunst begründete. John Ruskin, *Modern Painters. Their Superiority in the Art of Landscape Painting to All the Ancient Masters, Proved by Examples of the True, the Beautiful and the Intellectual, From the Works of Modern Artists, Especially From Those of J. M. W. Turner,* London 1843; Charles Baudelaire, *Salon de 1845* (1846); Charles Baudelaire, *Le peintre de la vie moderne* (1863), in: Ders., *Oeuvres complètes,* hrsg. v. Claude Pichois, 2 Bde., Paris: Gallimard 1976, Bd. 1, S. 351–407; Bd. 2, S. 683–724; Émile Zola, *Mon Salon,* in: Ders., *Écrits sur l'art,* hrsg. v. Jean-Pierre Leduc-Adine, Paris: Gallimard 1991, S. 87–135. Alfred Barr definierte modern als „more challenging, original and not yet accepted" („modern = fordernder, originär und noch nicht akzeptiert", H. D.): Alfred Barr, *Confidential Notes on ‚Modern Art' and the ‚American Public',* MoMA Archives, Alfred Barr Papers, AAA 2171-216, S. 4, zit. nach: Irving Sandler und Amy Newman (Hrsg.), *Defining Modern Art. Selected Writings of Alfred H. Barr,* New York: Abrams 1986, S. 32. („That is why we used the word when the Museum of Modern Art was named." So auch seine Argumentation in *Art in America in Modern Times,* New York 1934 („modern = ewig andauernde Gegenwart").

2 Zur Problematik der Definition von ‚Zeitgenossenschaft': Peter Osborne, *The Fiction of the Contemporary,* in: Ders., *Anywhere or Not at All: Philosophy of Contemporary Art,* London / New York: Verso 2013, S. 15–35, mit folgenden Kernaussagen: „Contemporary art appears, in its strongest critical sense, as the artistic construction and expression of contemporaneity." (S. 15) „In rendering present the absent time of a unity of present times, all constructions of the contemporary are ‚fictional', in the sense of fiction as a narrative mode." (S. 23) „Increasingly, ‚the contemporary' has the transcendental status of a condition of the historical intelligibility of social experience." (S. 26).

3 Die Umkehrung von Seldmayrs Metapher des ‚Verlusts der Mitte' zu einem ‚Gewinn' verdanke ich meinem wichtigsten Lehrer, Martin Warnke, Verlust der Mitte – *ein Gewinn,* in: Ders., *Schütteln Sie den Vasari… Kunsthistorische Profile,* hrsg. v. Matthias Bormuth, Göttingen: Wallstein 2017, S. 70f.

4 Theodor W. Adorno, *Ästhetische Theorie,* hrsg. v. Gretel Adorno und Rolf Tiedemann, Frankfurt/Main: Suhrkamp 1970, S. 229f.

5 Friedrich Schiller, *Über die ästhetische Erziehung des Menschen in einer Reihe von Briefen* (1795), in: Gerhard Fricke und Herbert Göpfert (Hrsg.), *Sämtliche Werke in fünf Bänden,* Bd. 5, 7, München: Hanser 1984, S. 570–669, hier S. 667. Jede Fiktion einer den Künsten vorgegebenen ‚Mitte' sei deshalb schon seit 1789 hinfällig, so Jacques Rancière (Anm. 6).

6 Jacques Rancière, *Ist Kunst widerständig?,* Vortrag gehalten in Brasilien 2004, in deutscher Sprache publiziert, Berlin: Merve 2008, S. 20, 22. Dazu dort auch der Kommentar von Frank Ruda und Jan Völker: „Dieses sinnliche Sein der Kunst zerrüttet die normativen Bestimmungen des Regimes der Repräsentation: Dieses Sein ist entregelt, dehierarchisiert und inszeniert sowohl sich selbst als wie auch in sich selbst den radikalen Einbruch der Gleichheit. Das ästhetische Regime der Kunst ist der Einbruch der Gleichheit in den anderen Regimes, und es kann dies nur sein, weil es selbst die Struktur der Gleichheit ist. Wie ist aber dieses ‚Spiel', wie es mit Schiller heißen kann, der Gleichheit zu begreifen? […] Im ästhetischen Regime wird […] die Gleichheit der Zeichen, der Themen, der Subjekte der entscheidende Einsatz der Kunst. Warum, so die implizite Herausforderung des ästhetischen Regimes, sollte es keine Gleichheit auch im Leben geben?" (ebd., S. 102f.).

7 Hans Sedlmayr, im *Darmstädter Gespräch* (1950), zit. nach: Hans Gerhard Evers (Hrsg.), *Erstes Darmstädter Gespräch. Das Menschenbild in unserer Zeit,* Darmstadt o. J., S. 127.

8 Immanuel Kant, *Kritik der Urteilskraft,* I, § 46 (=*Schöne Kunst ist Kunst des Genies*), in: Preußische Akademie der Wissenschaften (Hrsg.), *Kants Gesammelte Schriften,* I. Abt. (=*Werke*), Berlin: Georg Reimer 1902ff., Bd. 5 (1908), S. 307f.

9 Hans Sedlmayr, *Verlust der Mitte. Die bildende Kunst des 19. und 20. Jahrhunderts als Symptom und Symbol der Zeit* (Salzburg 1948), Frankfurt/Main: Ullstein 1955, S. 136f.
10 Theodor W. Adorno, im *Darmstädter Gespräch* (1950), zit. nach: Evers o. J., S. 194, 215f.
11 Adorno 1970, S. 55, 231, 344.
12 Ebd., S. 38.
13 Ebd., S. 32.
14 Ebd., S. 59f.
15 Max Weber, *Die protestantische Ethik und der Geist des Kapitalismus* (1920), in: Ders., *Gesammelte Aufsätze zur Religionssoziologie,* Tübingen: Mohr Siebeck 1972, Bd. 1 (Reprint), S. 17–206, bes. S. 30–63.
16 Daniel Bell, *Modernism and Capitalism,* in: *Partisan Review* 45 (1978), zit. nach: Charles Harrison und Paul Wood (Hrsg.), *Art in Theory 1900–2000. An Anthology of Changing Ideas,* Malden (Mass.): Blackwell 2003 (New Edition), S. 1117–1122, hier S. 1119.
17 Hans Sedlmayr, *Über die Gefahren der modernen Kunst,* in: Evers o. J., S. 48–62, hier S. 52.
18 Georges Braque, *Pensées et refléxions sur la peinture,* in: Pierre Reverdy (Hrsg.), *Journal Nord Sud* (Dezember 1917), zit. nach: Charles Harrison und Paul Wood (Hrsg.), *Art en théorie 1900–1990. Une Anthologie,* Paris: Hazan 1997, S. 246. Deutsche Übersetzung zit. nach: Harrison / Wood 1998, S. 253.
19 Henri Bergson, *L'évolution créatrice,* Paris: Librairie Felix Alcan 1907 (1941; 9. Aufl. 2001, S. 272f.).

Klassische Moderne – Dialog der Avantgarden

Das zerbrochene Fenster – Vom Abbild zum autonomen Bild

Schon in den Künsten des 19. Jahrhunderts war die vermeintliche ‚Mitte' der Religion verblasst, ihre Rolle als Instanz gedanklicher Orientierung hatte sie verloren. Der bewusste Bruch mit diesem Weltbild, das durch die „Perspektive als *symbolische Form*"[1] gefestigt worden war, wird in der Kunst des frühen 20. Jahrhunderts ästhetisch fassbar als Bruch mit der Perspektive selbst – in den Gemälden des Kubismus. Statt die Bildmotive auf eine kompositorische Mitte bzw. einen Blickpunkt auszurichten, setzen sie deren Vielansichtigkeit ins Bild. Die seit der Renaissance überlieferte Tradition des Tafelbildes als Medium eines perspektivisch geordneten Blicks auf die Welt – in Form eines imaginären Fensters – hatte an Gültigkeit und Glaubwürdigkeit verloren, seit sich die möglichen Standorte, Fragestellungen und damit Blickwinkel auf die sichtbare Welt vervielfältigt hatten und deren Verständnis nicht mehr vorrangig über den Sehsinn vermittelt werden konnte. Die Maler des Kubismus facettierten die Gegenstandsformen, um die Objekte in ihrer Existenz in Raum und Zeit vor Augen führen zu können. Das Bild als ‚Fenster' hatte ausgedient, stattdessen galt es, die Seinsweise der Dinge im Kontinuum der Veränderung zu veranschaulichen, sie nach den neuen Erkenntnissen der Philosophie und der Naturwissenschaften in ihrer Bewegtheit und Wandelbarkeit zu zeigen. Es ist bezeichnend, dass Braque und Pablo Picasso ihre neuen künstlerischen Formen für diese Sicht auf eine als dynamisch erlebte Welt in der experimentierfreudigen Phase um 1910 vor allem am Motiv von Musikinstrumenten erprobten, denn diese sind gerade nicht durch ihre sichtbaren Oberflächen darzustellen, sondern nur in malerischen Äquivalenten zum Spiel ihrer Klänge, die Raum und Zeit durchdringen. Picasso und Braque haben sich selber kaum theoretisch zu ihrer Arbeit am Verständnis von Bild und Kunst geäußert, doch ihr Mentor Guillaume Apollinaire hatte den damals vollzogenen Schritt – von der Nachahmung der sichtbaren zur Vorahmung der wirklichen Welt – als geistesgeschichtlich bedeutsam erkannt und mit großen Worten gewürdigt. Früh schon sah er die Zäsur des Kubismus im Zusammenhang mit dem Vitalismus, dem physikalischen Theorem der ‚vierten Dimension' und der nicht-euklidischen Geometrie, naturwissenschaftlichen Paradigmenwechseln, denen auch die Künstler nachgespürt hätten. „Once Picasso and Braque's *Analytical Cubism* had established the first genuine alternative to perspective space, Metzinger, Apollinaire, and others then based their explanations of this change on the existence of a fourth dimension."[2] Als kongenialer Interpret der in diesem Sinne ‚avant-gardistischen' Künstler seiner Generation begründete Apollinaire das neue Bildverständnis der Maler des Kubismus folgendermaßen:

> Or, aujourd'hui, les savants ne s'en tiennent plus aux trois dimensions de la géométrie euclidienne. Les peintres ont été amenés tout naturellement à se préoccuper

> de ces nouvelles mesures de l'étendue que dans le langage des ateliers modernes on désigne toutes ensemble et brièvement par la terme de ‚quatrième dimension'. [...] Je dirais que dans ces arts plastiques, la quatrième dimension est engendrée par les trois mesures connues: elle figure l'immensité de l'espace s'éternisant dans toutes les directions à un moment déterminé. Elle est l'espace même, la dimension de l'infini; c'est elle qui dote de plasticité les objets. [...] L'art grec avait de la beauté une conception purement humaine. Il prenait l'homme comme mesure de la perfection. L'art des peintres nouveaux prend l'univers infini comme idéal et c'est à la quatrième dimension seule que l'on doit cette nouvelle mesure de la perfection qui permet à l'artiste de donner aux objets des proportions conformes au degré de plasticité où il souhaite amener ses objets. (Apollinaire, 1912)[3]

Die Komposition der Formen und Farben, nicht ihr Gegenstand, sollte nun vorrangig wahrgenommen werden, und sie sollte die Betrachtenden, über den sichtbaren Gegenstand hinaus, in den Prozess des Sehens verwickeln und dabei einen Sinn für dessen Existenz in Raum und Zeit vermitteln. Rainer Maria Rilke hatte diese gleichsam musikalische Qualität schon in Gemälden von Paul Cézanne gesehen und beschrieben, wie deren Farben harmonieren, um einen Gegenstand nicht allein visuell zu ‚modellieren', sondern analog zu seiner raum/zeitlichen Seinsweise zu ‚modulieren', so Cézannes eigene Formulierung, um auf diese Weise eine stets neu (sich) schaffende Natur zu vergegenwärtigen.

> [...] wie sehr das Malen unter den Farben vor sich geht, wie man sie ganz allein lassen muss, damit sie sich gegenseitig auseinandersetzen. Ihr Verkehr untereinander: das ist die ganze Malerei. [...] und doch hat die Farbe kein Übergewicht über den Gegenstand, der so vollkommen in seine malerischen Äquivalente übersetzt erscheint, dass, so sehr er erreicht und gegeben ist, doch andererseits auch wieder seine bürgerliche Realität an ein endgültiges Bild-Dasein alle Schwere verliert. (Rilke, 1907)[4]

Ähnlich ist diese Zäsur – vom Primat des Dargestellten zum Primat der Darstellung – auch von Fernand Léger kommentiert worden, der in den Farbkontrasten einen Modus der Malerei erkannte, auch den Motiven des modernen Lebens, etwa der maschinellen Taktung motorisierter Bewegung, gerecht zu werden:

> J'insisterai tout particulièrement sur cette époque de la peinture française, car je pense que c'est à ce moment que les deux grands concepts picturaux, le ‚réalisme visuel' et le ‚réalisme de conception', se rencontrent, le premier finissant sa courbe qui comprend toute la peinture ancienne jusqu' aux impressionnistes et l'autre, le réalisme de conception, commençant avec eux. Le premier, je l'ai dit, comporte la nécessité de l'objet, du sujet, de moyens perceptifs qui sont considérés actuelle-

ment comme négatifs et antiréalistes. Le second négligeant tout ce bagage encombrant est déjà réalisé dans de nombreux tableaux actuels. (Léger, 1913)[5]

Die der Malerei neu zugeschriebene Rolle, die Essenz eines schnell sich wandelnden Lebens offenbaren zu können, sah Apollinaire dann nochmals übertroffen von den simultanen Farbkontrasten in der ‚reinen' Malerei Robert Delaunays, die er hymnisch lobte:

> Le contraste simultané assure le dynamisme des couleurs et leur construction, c-est-à-dire leur profondeur, leurs limites dans le tableau, et il est le moyen le plus fort d'expression de la realité. La simultanéité des couleurs, par le contraste simultané et toutes les mesures (impaires) issues des couleurs selon leur expression dans leur mouvement représentatif, voilà la seule réalité pour construire en peinture. Nous arrivons à un art de peinture purement expressive.[6] La peinture n'est pas un art reproducteur mais créateur. Avec ces mouvements, orphistes et cubistes, nous arrivons en pleine poésie à la lumière. J'aime l'art des jeunes peintres parce que j'aime avant tout la lumière. Et, comme tous les hommes aiment avant tout la lumière, ils ont inventé le feu. (Apollinaire, 1912)[7]

Den Vergleich des Künstlers mit Prometheus hat später auch Antonin Artaud gewählt, um die Bedeutung Vincent van Goghs hervorzuheben, habe der Maler doch mit dem Kolorit seiner Bilder, mit der durch die Simultankontraste der Farben gesteigerten Leuchtkraft, bereits das ‚Feuer' des Lebens in sublimierter Form veranschaulicht. Dies geschah im Übrigen fast gleichzeitig mit der Erfindung der Glühbirne, als habe van Gogh das künstliche Licht übertreffen wollen – wie eben Prometheus den Göttern das Feuer geraubt habe.[8]

In diesem Zusammenhang ist auch die Vorreiterrolle des italienischen ‚Futurismus' zu erwähnen, dessen Künstler in bewusster Entgegensetzung zum ‚Passatismus' bzw. Historismus des 19. Jahrhunderts und deren Orientierung an der Vergangenheit eine Zukunft im Zeichen der Maschinenwelt begrüßten. Ihr Wortführer Filippo Tommaso Marinetti hatte in seinem *Manifeste du Futurisme* (1909) gar zum Bildersturm aufgerufen und eine Malerei propagiert, die ihre Motive, Großstadt und Verkehr, dynamisiert darstellen solle, mit der Suggestion ständiger Bewegung und Veränderung:

> Nous déclarons que la splendeur du monde s'est enrichie d'une beauté nouvelle: la beauté de la vitesse. Une automobile de course avec son coffre orné de gros tuyaux tels des serpents à l'haleine explosive […] une automobile rugissante, qui a l'air de courir sur de la mitraille, est plus belle que *La Victoire de Samothrace*. Nous voulons chanter l'homme qui tient le volant, dont la tige idéale traverse la Terre, lancée elle-même sur le circuit de son orbite. […] Nous voulons démolir les musées, les bibliothèques, combattre le moralisme, le féminisme et toutes les lâchetés opportunistes et utilitaires. Nous chanterons les grandes foules agitées par le travail,

> le plaisir ou la révolte; les ressacs multicolores et polyphoniques des révolutions dans les capitales modernes; la vibration nocturne des arsenaux et des chantiers sous leurs violentes lunes électriques; les gares gloutonnes avaleuses de serpents qui fument; les usines suspendues aux nuages par les ficelles de leurs fumées [...] les locomotives au grand poitrail, qui piaffent sur les rails, tels d'énormes chevaux d'acier bridés de longs tuyaux, et le vol glissant des aéroplanes, dont l'hélice a des claquements de drapeau et des applaudissements de foule enthousiaste. (Marinetti, 1909)[9]

Anders als die Maler des französischen Kubismus haben die italienischen Futuristen die Modernität also nicht nur auf der Ebene der Form, sondern auch im Motivischen angestrebt. Mit ihrer blinden Begeisterung für die Maschinen und darüber hinaus auch für den Krieg waren sie nach 1918 jedoch allenthalben kompromittiert. Dagegen entwickelte beispielsweise Léger nach dem Krieg eine an der Tradition klassischer Malerei orientierte Bildform der Harmonie von Mensch und Maschine, organischen und technoiden Elementen, enthielt sich jeder Bildersturm-Rhetorik, um stattdessen eine positive Alternative zu entwerfen.

Wassily Kandinsky scheute in der autobiographischen Bekräftigung seiner persönlichen Erleuchtung auf dem Weg zur ‚abstrakten', für ihn ‚absoluten' Kunst nicht davor zurück, die neuen Erkenntnisse in den Naturwissenschaften, z.B. in der Atomphysik, direkt auch zur Begründung seines Paradigmenwechsels für die Malerei heranzuziehen. Bei der Definition des ‚Abstrakten' – das als ‚Geistiges' in der Abkehr vom ‚Materiellen' nicht mit dem ‚Gegenstandslosen' zu verwechseln ist, berief er sich auf zeitgenössische Entdeckungen zum Verhältnis von Materie und Energie. Er kommentierte die angeblich zeitgenössische Qualität seiner Kunst 1913 in *Rückblicke* mit dem Hinweis auf die Entdeckung des Zerfalls der Atome und die Energieformen von Licht, Wärme und Elektrizität (nach: Gustave Le Bon *Die Entwicklung der Materie*, deutsche Übersetzung 1909). Damit versuchte er seine Lösung vom Gegenstand plausibel zu machen – die Vergeistigung in der Abstraktion, welche, orchestriert in Farben und Formen, eine ‚Seelenvibration' auch beim Beschauer auslösen solle:

> Die Geigen, die tiefen Baßtöne und ganz besonders die Blasinstrumente (in der Musik Wagners) verkörperten damals für mich die ganze Kraft der Vorabendstunde. Ich sah alle meine Farben im Geiste, sie standen vor meinen Augen. Wilde, fast tolle Linien zeichneten sich vor mir. [...]. Ganz klar wurde mir aber, dass die Kunst im allgemeinen viel machtvoller ist, als sie mir vorkam, dass andererseits die Malerei ebensolche Kräfte, wie die Musik besitzt, entwickeln könnte. Und die Unmöglichkeit, selbst diese Kräfte zu entdecken, jedenfalls zu suchen, verbitterte noch mehr meine Entsagung. Ich war aber nie stark genug, um meinen Pflichten allem zum Trotz zu folgen, und unterlag der für mich zu starken Versuchung. Ein wissenschaftliches Ereignis räumte eins der wichtigsten Hindernisse auf diesem

> Wege. Das war die weitere Teilung des Atoms. Das Zerfallen des Atoms war in meiner Seele dem Zerfall der ganzen Welt gleich. Plötzlich fielen die dicksten Mauern, alles wurde unsicher, wackelig und weich. Ich hätte mich nicht gewundert, wenn ein Stein vor mir in der Luft geschmolzen und unsichtbar geworden wäre. […] Jedes Werk entsteht technisch so, wie der Kosmos entstand – durch Katastrophen, die aus dem chaotischen Gebrüll der Instrumente zum Schluss eine Symphonie bilden, die Sphärenmusik heißt. Werkschöpfung ist Weltschöpfung. So wurden diese Empfindungen von Farben auf der Palette […] zu seelischen Erlebnissen. Diese Erlebnisse wurden weiter zum Ausgangspunkt der Ideen, die sich vor zehn bis zwölf Jahren schon bewusst zu sammeln anfingen und die zum Buch *Über das Geistige in der Kunst* (1912)[10] führten. Dieses Buch hat sich mehr von selbst geschrieben als ich es geschrieben hätte. […] Ich glaube, dass die künftige Philosophie, außer dem Wesen der Dinge auch ihren Geist mit besonderer Aufmerksamkeit studieren wird. Dann wird die Atmosphäre gebildet, die den Menschen im allgemeinen die Fähigkeit ermöglichen wird, den Geist der Dinge zu fühlen, diesen Geist, wenn auch ganz unbewusst, zu erleben, so wie noch heute das Äußere der Dinge unbewusst von den Menschen im allgemeinen erlebt wird, was den Genuss des Publikums an der gegenständlichen Kunst erklärt. Dadurch aber wird den Menschen im allgemeinen erst das Erleben des Geistigen in den materiellen Dingen bedingt. Und durch diese neue Fähigkeit, die im Zeichen des ‚Geistes' stehen wird, kommt der Genuss der abstrakten = absoluten Kunst zustande."[11] (Beim Verweis auf den Zerfall der Atome folgte er wohl der Entdeckung der natürlichen Radioaktivität am Uran durch Henri Becquerel, 1886). (Kandinsky, 1913)

Kandinskys Verständnis der physikalischen Zusammenhänge stammte nicht direkt aus der Fachliteratur, sondern war gefiltert durch die Lektüre okkulter und theosophischer Schriften, die neue wissenschaftliche Erkenntnisse im Sinne ihres Weltbildes für Laien vereinfacht dargestellt hatten, darunter jene Rudolf Steiners, der explizit das Verhältnis von Materie und Geist beschrieben hat: *Die Erkenntnis der Seele und des Geistes* (1907/1908, Dornach 1965).[12] Gleichwohl ging Kandinsky aufs Ganze und begründete seine abstrakte Malerei im Manifest *Über das Geistige in der Kunst* (1912) mit der Wissenschaftsgeschichte:

> Hier finden wir auch professionelle Gelehrte, die die Materie wieder und wieder prüfen […] und die endlich die Materie, auf welcher noch gestern alles ruhte […], in Zweifel stellen. Die Theorie der Elektronen, d. h. der bewegten Elektrizität, die die Materie vollständig ersetzen soll, findet momentan kühne Konstruktoren, die hie und da über die Grenze der Vorsicht gehen und an der Eroberung der neuen wissenschaftlichen Burg zugrunde gehen. […] Aber – ‚es gibt keine Festung, die man nicht nehmen kann.' […] [Selbst die] positive Wissenschaft steht vor der Tür der Auflösung der Materie. (Kandinsky, 1913)[13]

Kaum ein Künstler des 20. Jahrhunderts hat für seine Arbeit derart hohe Ansprüche formuliert: die aus der Materie freigesetzten Kräfte im Zusammenspiel der Farben und Formen seiner Malerei veranschaulichen zu können. Wie viele seiner Generation fühlte sich Kandinsky dabei durch Wilhelm Worringers einflussreiche und mehrfach aufgelegte Studie *Abstraktion und Einfühlung* (München 1908) ermutigt: „Je weniger sich die Menschheit kraft ihres geistigen Erkennens mit der Erscheinung der Außenwelt befreundet und zu ihr ein Vertraulichkeitsverhältnis gewonnen hat, desto gewaltiger ist die Dynamik, aus der heraus jene höchste abstrakte Schönheit erstrebt wird."[14]

Etwas vorsichtiger in seinen Aussagen zu den neuen naturwissenschaftlichen Erkenntnissen und ihrer möglichen Bedeutung für die Kunst war Marcel Duchamp, der diese – gegen den Materialismus seiner Zeit – „wieder in den Dienst des Geistes stellen wollte" („I wanted to put painting once again at the service of the mind"), aber eben nicht mehr durch religiöse Vorgaben, sondern umgekehrt, durch das „falsche Selbstbewusstsein" (Sedlmayr) seiner Kunst.[15] Nach dem Bruch mit der traditionellen Vorstellung vom Bild als Fenster hatte er sich quasi sein eigenes ‚Fenster' gebaut, das *Große Glas* (1915–1923), das nunmehr wie eine Lupe tiefere Blicke in die Welt vermitteln und in der ‚vierten Dimension' die allem zugrundeliegende Erotik erkennen lassen sollte. Nachdem er sich gründlich mit Geometrie und Perspektive befasst hatte, bekannte Duchamp, neben den Naturwissenschaften und der Ingenieurstechnik seine eigene Sichtweise als Künstler etablieren zu wollen. Aufgabe der Kunst bzw. seiner Kunst sei es, gegen den weit verbreiteten Materialismus einen Sinn für die spirituellen Dimensionen des menschlichen Lebens zu schaffen, was der Religion nicht mehr gelinge. So heißt es zur Rolle des Künstlers:

> Il se trouve face-à-face avec un monde fondé sur un matérialisme brutal où tout s'évalue en fonction du Bien-être-matériel et où la religion, après avoir perdu beaucoup de terrain, n'est plus la grande dispensatrice de valeurs spirituelles. Aujourd'hui l'Artiste est un curieux réservoir de valeurs paraspirituelles en opposition absolue avec le fonctionalisme quotidien pour lequel la science reçoit l'hommage d'une aveugle admiration. (Duchamp, 1960)[16]

Duchamp war sich indes der Problematik bewusst, auf einen Kenntnisstand der modernen Wissenschaften Bezug nehmen zu wollen, der für jeden Laien, also auch für ihn als Künstler, schwer verständlich sei. Sein Selbstbewusstsein mag er deshalb aus der Lektüre Friedrich Nietzsches gewonnen haben, der es als Aufgabe des Künstlers bestimmt hatte, die Wissenschaft mit eigenen Augen zu sehen: „Die Wissenschaft unter der Optik des Künstlers zu sehen, die Kunst aber unter der des Lebens." (Friedrich Nietzsche, *Die Geburt der Tragödie. Versuch einer Selbstkritik* (1872, franz. 1886). Duchamps Verständnis der mehrdimensionalen Geometrie war nach eigener Aussage vermittelt über die ironische ‚Science Fiction' von Gaston de Pawlowski, *Voyage au pays de la quatrième dimension* (1912), aber auch über die Schriften des Mathematikers und Physikers Poincaré. Nach einem Besuch der Pariser Luftfahrtausstellung – zusammen mit Braque und Léger – zweifelte er, ob die traditionelle Malerei angesichts technischer Errungenschaften wie der Überwindung der Schwerkraft durch die Luftfahrt überhaupt noch sinnvoll fortgeführt werden könne. Er suchte nach neuen Formen, die vom technischen und wissenschaftlichen Fortschritt ausgingen – statt ihn zu ignorieren – ein für die Kunst des 20. Jahrhunderts grundlegender Anspruch. Neue Erkenntnisse aus der Physik, aber auch der Psychologie, versuchte Duchamp mit adäquaten Darstellungsmitteln, etwa Motiven aus der Welt der Automechanik und der Präzisionsoptik, künstlerisch zu fassen. Gattungstraditionen und handwerkliche Herstellungsmodalitäten der Kunst wurden dabei hinfällig. Mit der Verwendung industriell vorgefertigter Gebrauchsgegenstände erweiterte Duchamp, mit lang anhaltender Wirkung bis in die Gegenwart, das strategische Repertoire der bildenden Kunst. Wie zeitgenössisch seine komplementäre, nämlich künstlerische Auffassung der Naturwissenschaften und der Welt moderner Maschinen gewesen ist, hat zuerst André Breton erkannt, als er das *Große Glas* 1934 im Sinne des Surrealismus deutete:

> À vrai dire, nous nous trouvons ici en présence d'une interprétation mécaniste, cynique, du phénomène amoureux: le passage de la femme de l'état de virginité à l'état de non-virginité pris pour thème d'une spéculation foncièrement asentimentale – on dirait d'un être extra-humain s'appliquant à se figurer cette sorte d'opération. (Breton, 1934)[17]

In diesem Sinne ist das *Große Glas* kein imaginäres Fenster mehr, sondern eine Art Vergrößerungsglas zur Erkenntnis der sonst unsichtbaren physisch-psychischen Mehrdimensionalität des menschlichen Lebens im Zeichen von Erotik und Sexualität.

Abstraktion und Gegenstandslosigkeit

Nachdem das ‚Fenster' als Metapher des Bildes für die Kunst ausgedient hatte, galt es andere Modelle zu ihrer Begründung zu finden, sie gegenüber den neuen technischen Bildmedien als ästhetische Utopie zu profilieren. Für die Kunst Paul Klees oder auch Joan Mirós wird eine neuartige Auffassung des Bildes als ‚Feld' geltend gemacht, die Walter Benjamin schon 1917 formuliert hatte. Ihre quasi horizontale Konzeption wurde als eine im wörtlichen Sinne radikal neue Qualität bestimmt, insofern das zeitgenössische Bild nicht mehr als vertikaler Schnitt durch die sichtbare Wirklichkeit, sondern als horizontaler Schnitt durch ihre interagierenden Zeichen zu verstehen sei: „Man könnte von zwei Schnitten durch die Weltsubstanz reden: der Längsschnitt der Malerei und der Querschnitt gewisser Graphiken. Der Längsschnitt scheint darstellend zu sein, er enthält irgendwie die Dinge, der Querschnitt symbolisch: er enthält die Zeichen."[18] Mit dieser Definition des Bildes als Feld beschrieb Benjamin Tendenzen der Kunst seiner Zeit, die vom Illusionismus des Tafelbildes zur Evidenz des modernen Bildobjekts führten.

Klee machte in seinen ‚Bild-Feldern' bevorzugt Phänomene der Natur mit Hilfe von Chiffren kenntlich, denn er war nach eigenen Worten nicht an den ‚Form-Enden', sondern an den ‚formenden Kräften' der Natur interessiert. So kombinierte er visuelle Zeichen für Phänomene der Natur mit solchen für die Zivilisation und die Kultur und rückte sie in einen Modus des Konjunktivischen. Sie scheinen im malerischen Farbkontinuum wie in einem Aquarium zu schwimmen, sind nicht perspektivisch fixiert, ähnlich den Bildern Kandinskys, als würden hier neue Konstellationen erprobt. Als biomorphe Abstraktion bot seine Malerei, wie jene Mirós, eine Alternative zur geometrischen Abstraktion am Bauhaus. Dessen Orientierung am Rationalismus haben Klee und Kandinsky, die in Dessau ein Atelier- und Wohnhaus teilten, ihr Gespür für Wachstumsprozesse in der Natur zur Seite gestellt. So verglich Klee die Genese seiner Bilder mit jener von Bäumen – er schöpfe als Künstler abstrahierend aus einem ‚Wurzelwerk' verborgener Kräfte und Eindrücke, um sie in Bildern sublimiert wie in einer Baumkrone sichtbar zu machen. In seinem Jenaer Vortrag *Über die moderne Kunst* (1924) erläuterte Klee sein künstlerisches Konzept mit Hilfe vegetabilischer Metaphern:

> Der Künstler ist so gut orientiert, dass er die Flucht der Erscheinungen und der Erfahrungen zu ordnen vermag. Die Orientierung in den Dingen der Natur und des Lebens, diese vielverästelte und verzweigte Ordnung möchte ich dem Wurzelwerk des Baumes vergleichen. Von daher strömen dem Künstler die Säfte zu, um durch ihn und durch sein Auge hindurchzugehen. So steht er an der Stelle des Stammes. Bedrängt und bewegt von der Macht jenes Strömens, leitet er Erschautes weiter ins Werk. Wie die Baumkrone sich zeitlich und räumlich nach allen Seiten hin sichtbar entfaltet, so geht es auch mit dem Werk. Es wird niemand einfallen, vom Baum zu verlangen, dass er die Krone genau so bilde, wie die Wurzel. Jeder wird verstehn, dass kein exaktes Spiegelverhältnis zwischen unten und oben sein kann. […] Und [doch tut der Künstler] an der ihm zugewiesenen Stelle beim Stamme doch gar nichts anderes als aus der Tiefe Kommendes zu sammeln und weiterzuleiten. Weder dienen noch herrschen, nur vermitteln. Er nimmt also eine wahrhaft bescheidene Position ein. Und die Schönheit der Krone ist nicht er selber, sie ist nur durch ihn gegangen. (Klee, 1924)[19]

Als Maßstab seines Schaffens machte Klee somit erneut die ‚natura naturans' geltend, rief sie in den kunsttheoretischen Diskurs zurück, um die Welt so darzustellen, wie sie sein könnte, nicht, wie sie ist.[20] Ähnlich der Malerei seines Zeitgenossen Miró und der Plastik von Hans Arp kam damit eine andere, mutmaßlich flexiblere Ordnung als ästhetischer Maßstab in die Diskussion. Mit der Abkehr von der ikonischen Qualität des Bildes als Fenster und der Hinwendung zur Horizontalität und Indexikalität transformierter Zeichen und Spuren stand Klees abstrahierende Malerei den Assemblage-Techniken seiner Zeitgenossen nahe.

Seit Beginn des 20. Jahrhunderts hatten figürliche und gegenständliche Motive ihre Bedeutung zugunsten der Modalitäten der jeweiligen Kunstgattung – Farbe, Form, Material – eingebüßt. Kandinsky beschrieb diesbezüglich einen Dreischritt der Abstraktion von der „Impression" über die „Improvisation" zur „Komposition" (*Über das Geistige in der Kunst*, 1912), so dass zuletzt, bei a priori bestimmter Gegenstandslosigkeit, die Morphologie der Kunst thematisch werden sollte. So basiert auch die Malerei Piet Mondrians konzeptuell auf den Grundfarben, deren geometrisierte Proportionierung in klar konturierten Flächen er auf universelle Prinzipien zu beziehen versuchte, seien es vorgegebene der ‚Schöpfung' oder anzustrebende einer harmonisch organisierten Gesellschaft. Seine Auffassung von der Notwendigkeit dieses sogenannten ‚Neo-Plastizismus' legte Mondrian in der poetischen Fiktion eines Gesprächs mit einem Musiker dar, der von der bildenden Kunst weiterhin naturalistische Abbildhaftigkeit verlangt hatte:

> My work [...] progressively abandoned the naturalistic appearance of things and increasingly emphasized the plastic expression of relationships. [...] In naturalistic form, in naturalistic color and in naturalistic line, plastic relationships are veiled. To be expressed plastically in a determinate way, relationships must be represented only through color and line. [...] Painting has shown me that the equilibrated composition of color relationships ultimately surpasses naturalistic composition and naturalistic plastic – when the aim is to express equilibrium, harmony, as purely as possible. (Mondrian, 1919)[21]

Ohne den von Mondrian adaptierten theoretischen Überbau der Theosophie strapazieren zu wollen, sei hier doch betont, dass er der gegenstandslosen Gestaltung, die er mit seinen platonisch aufgefasst reinen Farben und Formen sowie ihren Proportionen in seinen Gemälden vornahm, auch eine soziale Modellfunktion zusprach, zunächst im Hinblick auf die Architektur:

> [La Plastique Nouvelle dans la Peinture] est une composition de plans rectangulaires en couleur exprimant la réalité la plus approfondie. Elle y arrive par l'expression plastique des rapports et non par l'apparition naturelle. Elle réalise ce que toute la peinture a voulu, mais n'a pas pu exprimer autrement que d'une manière voilée. Les plans colorés, tant par position et dimension que par valorisation de la couleur, n'expriment plastiquement que des rapports et non des formes. La Plastique Nouvelle met ses rapports en équilibre esthétique et exprime par là l'harmonie nouvelle. L'avenir de la Plastique Nouvelle et sa réalisation proprement dite dans la Peinture réside dans la Chromoplastique dans l'architecture. (Mondrian, 1921)[22]

Dieser Aufgabe sollte sich auch Mondrians Umfeld in der Gruppe ‚De Stijl', vornehmlich Theo van Doesburg, widmen.

Unter völligem Verzicht auf gegenständliche Anklänge verabsolutierte auch Kasimir Malewitsch die Grundelemente der Malerei, und auch seine Schüler bezogen aus der Kunst dezidiert eine Modellfunktion für eine neue Gesellschaft, mit der Perspektive auf deren Neugestaltung nach der Oktoberrevolution 1918. Aus den vermeintlichen Gesetzmäßigkeiten der Farben, Formen und Materialien seien ästhetische Maßstäbe zu entwickeln, die dem gesellschaftlichen Zusammenleben auf der Grundlage technologischer Innovationen zum Vorbild dienen sollten. Sowohl die russischen Künstler in Malewitschs Umfeld als auch die am Bauhaus unter der Regie von Walter Gropius wirkenden Maler und Bildhauer sahen sich genötigt, die Kunst an einen potentiellen Gestaltungsauftrag in einer progressiven Industriekultur zu binden, ohne den sie kaum mehr zu legitimieren sei. Später wurden sie jedoch durch den Stalinismus bzw. den Nationalsozialismus zur inneren bzw. äußeren Emigration gezwungen. In der Sowjetunion verdrängte die staatliche Kulturpolitik alle ästhetischen Experimente und jeden Eigensinn der Kunst, mit dem die Künstlerinnen und Künstler dem neuen Staat hatten pragmatisch zuarbeiten wollen. Ausgehend von seinen frühen Überlegungen zu einem sogenannten ‚Suprematismus' in der Kunst deutete Malewitsch an, in welche Richtung der ‚Konstruktivismus' in der Arbeit seiner Schüler und Schülerinnen hätte gehen sollen:

> Die Dinge sind verschwunden wie Rauch – um der neuen künstlerischen Kultur willen; denn die Kunst befindet sich auf dem Weg zum schöpferischen Werk als Selbstzweck, zur Herrschaft über die Naturformen. [...] Der Künstler kann nur dann Schöpfer sein, wenn die Formen auf seinem Bild nichts mit der Natur gemein haben. Denn Kunst ist die Fähigkeit, eine Konstruktion zu erschaffen, die nicht aus der Wechselbeziehung zwischen Formen und Farbe entsteht und auch nicht auf der Grundlage des ästhetischen Sinns für die Schönheit der Komposition, sondern auf der Grundlage der Bedeutung, Geschwindigkeit und Richtung der Bewegung. Man muss den Formen Leben und das Recht auf individuelle Existenz verleihen. [...] Die Formen des Suprematismus, des neuen Realismus in der Malerei, bilden bereits den Beweis für den Aufbau von Formen aus dem Nichts, die von der Intuitiven Vernunft gefunden wurden. (Malewitsch, 1916)[23]

Malewitsch sah demnach in der Gegenstandslosigkeit seiner Kunst eine Voraussetzung ihrer künftigen Rolle für die schöpferische Neu-Konstruktion auch der gesellschaftlichen Wirklichkeit in der neu entstehenden Sowjetunion, aus ihr seien spirituelle Maßstäbe zu beziehen:

> Es wird ein System in der Zeit und im Raum konstruiert, das unabhängig ist von irgendwelcher ästhetischen Schönheit, von Erfahrungen, Stimmungen; eher ist es ein philosophisches Farbsystem zur Verwirklichung der neuen Errungenschaften meiner Vorstellungen, wie ein Erkenntnisvermögen. Im gegenwärtigen Augenblick

> verläuft der Weg des Menschen durch den Raum, der Suprematismus ist der Signalmast der Farbe in ihrer unendlichen Vielfalt. Die blaue Farbe des Himmels ist durch das suprematistische System überwunden und durchbrochen worden und ist in das Weiß als die wirkliche, reale Verkörperung der Unendlichkeit eingegangen, weshalb es vom farbigen Hintergrund des Himmels befreit ist. (Malewitsch, 1919)[24]

Konkret zur politisch konnotierten Farbe Rot heißt es schon 1920:

> Die Erfahrung der Macht aber lässt sich nur in der abstrakten Form eines Rot ausdrücken, das gegen ein Weiß vorgeht. Wie man die kraftvollen Bewegungen einer Maschine nicht durch ein menschliches Porträt darstellen kann, so kann man die eigentliche Kraft des Rot nicht durch das Porträt eines Arbeiters im roten Kittel darstellen. Das Wesen der neuen Kunst ist nicht die Abbildung, sondern die schöpferische Konstruktion: Indem wir durch Konstruktionen uns selbst erhöhen, erreichen wir die höchste natürliche Entwicklungsstufe der gesamten Menschheit. Wir sind in eine Welt unterwegs, in der jedermann schöpferisch tätig sein wird. (Malewitsch, 1920) [25]

In der Generation seiner Schüler wurde diese ‚suprematistische' Spiritualisierung der Malerei in pragmatische Gestaltung überführt, so bemerkte z. B. Alexander Rodtschenko zu seinem Malerei-Triptychon *Reine Farben Rot Gelb Blau* (1921): „Alles ist zu Ende. Es sind die Grundfarben. Jede Fläche ist eine Fläche, und es soll keine Darstellungen mehr geben."[26] Auf der Grundlage derart apodiktischer Statements sollten die Farben künftig als Gestaltungsmittel eingesetzt werden. Vladimir Tatlin führte parallel dazu als Bildhauer in seinen Studien zur ‚Materialkunst' vor Augen, wie die Materialien maßgeblich wirken sollten, indem er etwa Holz- und Metallteile in einem *Eckrelief* (1914) aufspannte, um ihre Spannkraft und Belastbarkeit zu demonstrieren:

> Die Arbeit war der Gestaltung des Materials im Raum gewidmet; wir haben, entsprechend diesem Ziel, Untersuchungen der Relief- und Konterreliefkonstruktion durchgeführt, unsere Erfahrungen bei der Entdeckung des vollständigen Materialumfangs erweitert und schließlich die Bedeutung des Materials als unbegrenztes und einziges Gestaltungselement der Kultur bestätigt. (Tatlin, 1924)[27]

Von den Schrecken des mit modernster Technik geführten Ersten Weltkrieges weniger beirrt als die deutschen Künstler hielt auch der Ungar Laszlo Moholy-Nagy an den von den Futuristen und Konstruktivisten formulierten Hoffnungen auf den Segen moderner Technologie fest, die unter Leitung konstruktivistischer Künstler zum Aufbau des Sozialismus beitragen könne:

> Die Wirklichkeit ist der Maßstab des menschlichen Denkens. Durch sie orientieren wir uns im Universum. [...] Und diese Wirklichkeit unseres Jahrhunderts ist die Technologie: die Erfindung, Konstruktion und Wartung von Maschinen. Maschinen benutzen, heißt, im Geiste des Jahrhunderts handeln. [...] Die Technologie kennt keine Tradition und kein Klassenbewußtsein. Jeder kann Herr über die Maschine sein oder ihr Sklave. Hier liegt die Wurzel des Sozialismus. [...] Das ist unser Jahrhundert: die Technologie, die Maschine, der Sozialismus. [...] Konstruktivismus ist der Sozialismus des Sehens. (Moholy-Nagy, 1922)[28]

Die Perspektive einer utilaristischen Aufhebung der Kunst bzw. ihrer Integration in gesellschaftliche Aufgaben ist nicht nur im sowjetrussischen Konstruktivismus wiederholt formuliert worden, sie prägte auch Walter Gropius' *Programm des Staatlichen Bauhauses in Weimar* von 1919, dem seine *Antwort auf eine Umfrage des Arbeitsrates für Kunst* (1919) vorausgegangen war:

> ‚Das Endziel aller bildnerischen Tätigkeit ist der Bau!' [...] Architekten, Maler und Bildhauer müssen die vielgliedrige Gestalt des Baues in seiner Gesamtheit und in seinen Teilen wieder kennen und begreifen lernen, dann werden sich von selbst ihre Werke wieder mit architektonischem Geiste füllen, den sie in der Salonkunst verloren. [...] Diese nur zeichnende und malende Welt der Musterzeichner und Kunstgewerbler muss endlich wieder eine ‚bauende' werden. [...] ‚Architekten, Bildhauer, Maler, wir alle müssen zum Handwerk zurück!' [...] Kunst und Staat sind unvereinbare Begriffe. Sie bekämpfen sich aus ihrer Natur heraus. Der beweglich-lebendige Schöpfergeist, ungewöhnlich und unberechenbar, bäumt sich gegen die engen Grenzen des staatlichen Gesetzes, gegen das Zwangskleid des bürgerlichen Durchschnitts auf. Verhindert jedoch der Staat mit seinen Mitteln der Gewalt das freie Wachstum dieser ‚anormalen' Geistesbefruchter, so schneidet er sich selbst den Lebensfaden ab. (Gropius, 1919)[29]

Während Gropius diese neue Zielorientierung der Kunst auf Zweckmäßigkeit für die Gesellschaft mit der Berufung ‚freier Künstler', deren „beweglich-lebendigen Schöpfergeist" er am Bauhaus nicht nur tolerierte, sondern förderte, noch in einem Spannungsverhältnis zu eben dieser Freiheit hielt, die Funktionalität zudem auf die Architektur beschränkte, nicht auf die gesamte Gesellschaft ausdehnte und Distanz zum neuen Staat wahrte, sollten der ästhetische Vorschein freier Kunst – Spiel, Fiktion – im sowjetrussischen Konstruktivismus eingeebnet werden zugunsten des Anspruchs auf eine pragmatische ‚Organisation' des Lebens aus den verbliebenen Elementen einer aufgelösten Kunst.[30]

> ‚Konstruktion' ist eine moderne Forderung nach ‚Organisation' und zweckbestimmter Nutzung des Materials. ‚Konstruktives Leben ist die Kunst der Zukunft.' Kunst,

> die nicht ins Leben eingeht, wird unter irgendeiner Nummer im archäologischen Museum der ‚Altertümer' abgelegt werden. Es ist an der Zeit, dass die ‚Kunst' zum organischen Bestandteil des Lebens wird. [...] Bewusstes und organisiertes ‚Leben', das ‚Sehen' und ‚Konstruieren' kann, ist moderne Kunst. Der ‚Mensch', der sein Leben, seine Arbeit und sich selbst organisiert hat, ist ein ‚moderner Künstler.' [...] ‚Nieder' mit den Klöstern, Instituten, Studios, Ateliers, Kabinetten und Inseln. Bewusstsein, ‚Experiment', Ziel, ‚Konstruktion', Technik und Mathematik sind die ‚Brüder' der modernen ‚Kunst'. (Rodtschenko, 1921)[31]

Allen Ernstes glaubte auch Tatlin, nach den Prinzipien einer ‚Konstruktion der Materialien' – „Malerei + Ingenieurskunst – Architektur = Konstruktion der Materialien (a+b-o = k)"[32] – das Gebäude für die neue Regierung errichten zu können, den *Turm der III. Internationale* (1919 für Petrograd geplant), eine bis zu 400 Meter Höhe spiralförmig sich aufrichtende Konstruktion aus Eisen und Glas, und El Lissitzky pflichtete ihm bei, „das Eisen [sei] so stark wie der Wille des Proletariats, das Glas so rein wie sein Gewissen."

Mit ihrem totalitär begründeten Programm scheiterten die russischen Konstruktivisten jedoch auf ganzer Linie, als die Kulturpolitik der neuen Sowjetunion auf eine Propaganda umschwenkte, deren Inhalte sie in einen populären Traditionalismus, den ‚Sozialistischen Realismus', kleidete. El Lissitzky gelang es durch seine ästhetische Operationalisierung der Prinzipien des Konstruktivismus in seinen Demonstrationsräumen (*Prounenraum* für die *Große Berliner Kunstaustellung* 1923; *Proun=Pro Unowis=Für die neue Gestaltung*) die Optionen einer neuen Gestaltung durch seine Kontakte in den Westen noch weiterzutragen. Dazu schrieb er programmatisch:

> Proun ist die schöpferische Gestaltung (Beherrschung des Raumes) vermittels der ökonomischen Konstruktion des umgewerteten Materials. [...] Proun beginnt auf der Fläche, geht zum räumlichen Modellaufbau vor und weiter zum Aufbau aller Gegenstände des allgemeinen Lebens. So geht der Proun über das Gemälde und dessen Künstler einerseits, die Maschine und den Ingenieur andererseits hinaus und schreitet zum Aufbau des Raumes, gliedert ihn durch die Elemente aller Dimensionen und baut eine neue vielseitige, aber einheitliche Gestalt unserer Natur. (Lissitzky, 1920)[33]

Um jedoch den russischen Konstruktivismus mit seinem Idealismus ästhetischer Gesetze für die Gestaltung in einem neuen Staat (bzw. sogar eines neuen Staates) vom deutschen Bauhaus und der Vielstimmigkeit seiner Akteure unterscheiden zu können, bietet sich ein Begriffspaar an, das Rancière für politische Konstellationen verwendet hat, die in den gegenwärtigen Debatten um die moralische Aufrüstung der Kunst wiederkehren. Er unterschied zwischen ‚Polizei' und ‚Politik', um eine gesetzlich fixierte Ordnung von jener freiheitlichen zu unterscheiden, die ihr Potential in der Aushandlung individueller Stimmen bei der „Neuaufteilung des Sinnlichen“ („partage du sensible“) entfaltet: ‚Polizeiliche‘ und ‚politische‘ Positionen sind demgemäß auch in der Kunst zu unterscheiden, auch in der unmittelbaren Gegenwart, wenn diese sich etwa auf einen ethischen Fundamentalismus oder identitätspolitische Forderungen gründet bzw., als freie Kunst, divergierende Kräfte im Sinne von Schillers ‚Bildungstrieb‘ moderiert. Rancières Gegenüberstellung kann dazu dienen, die Positionen einerseits Malewitschs und seiner Schüler sowie andererseits Mondrians und des Bauhauses zu differenzieren, hatte sich die moderne Kunst des frühen 20. Jahrhunderts doch mit diesen beiden Formen der Radikalisierung ihrer ästhetischen Autonomie selten so klar, wenn auch andersartig, der Gesellschaft gegenüber positioniert:

> On appelle généralement du nom de politique l’ensemble des processus par lesquels s’opèrent l’agrégation et le consentement des collectivités, l’organisation des pouvoirs, la distribution des places et fonctions et les systèmes de légitimation de cette distribution. Je propose de donner un autre nom à cette distribution et au système de ces légitimations: Je propose de l’appeler ‚police‘. [...] La police est, en son essence, la loi, généralement implicite, qui définit la part ou l’absence de part des parties. Mais pour définir cela, il faut d’abord définir la configuration du sensible dans lequel les unes et les autres s’inscrivent. La police est ainsi d’abord un ordre des corps qui définit les partages entre les modes du faire, les modes d’être et les modes du dire, qui fait que tels corps sont assignés par leur nom à telle place et à telle tache; c’est un ordre du visible et du dicible qui fait que telle activité est visible et que telle autre ne l’est pas, que telle parole est entendue comme du discours et telle autre comme du bruit. [...] Je propose maintenant de réserver le nom de politique à une activité bien déterminée et antagonique à la première: celle qui rompt la configuration sensible où se définissent les parties et les parts ou leur absence par une présupposition qui n’y a par définition pas de place: celle d’une part des sans-part. Cette rupture se manifeste par une série d’actes qui refigurent l’espace où les parties, les parts et les absences de part se définissaient. L’activité politique est celle qui déplace un corps du lieu qui lui était assigné ou change la destination d’un lieu; elle fait voir ce qui n’avait pas lieu d’être vu, fait entendre un discours là où seul le bruit avait son lieu, fait entendre comme discours ce qui n’était entendu que comme bruit. [...] Pour qu’une chose soit politique, il faut qu’elle donne lieu à la rencontre de la logique policière et de la logique égalitaire, laquelle n’est jamais préconstituée. [...] La subjectivation politique produit un multiple qui n’était pas donné dans la constitution policière de la communauté, un multiple dont le compte se pose comme contradictoire avec la logique policière. (Rancière, 1995)[34]

Die bislang vorgestellten ‚Konzeptionen zeitgenössischer Kunst‘ werden der ‚klassischen Moderne‘ zugerechnet, gingen sie doch mit der gesellschaftlichen Moderne in den Bereichen der Naturwissenschaften und der Technik, der Architektur und der parlamentarischen Demokratie grundsätzlich einher, versuchten ihr zu folgen, an ihr zu partizipieren, sie durch die Arbeit am Weltbild des Publikums zu fördern. Von Verlusterfahrungen gegenüber einer vermeintlichen ‚Mitte' findet man in den programmatischen Verlautbarungen der beteiligten Künstler und Künstlerinnen sowie Kommentatoren keine Spur, vielmehr prägte der Tenor der Hoffnung auf gesellschaftlichen Fortschritt deren teils euphorische Entwürfe einer zukunftsorientierten Kunst. Mit den Schrecken des Ersten Weltkrieges wurden diese Erwartungen jedoch erschüttert.

Collage, Assemblage, Montage

Die neue Auffassung des künstlerischen Bildes als Medium der Wahrnehmung der Welt in ihrer dritten und vierten Dimension, jenseits einer perspektivisch geordneten Fixierung ihrer sichtbaren Oberflächen, hatten Braque und Picasso mit dem frühen, analytischen Kubismus etabliert. Durch die Verwendung von Chiffren und visuellen Zeichen im Verständnis des Bildes als horizontal konzipiertem Feld hatten dann u. a. Klee und Kandinsky abstrahierende Bildformen für komplexe Inhalte gefunden. Die Facettierung der Bildgegenstände zugunsten einer räumlich-zeitlichen Wahrnehmung ist mit der tatsächlichen Auffächerung der Bildfläche in disparate Collage- oder Montage-Elemente konsequent weitergeführt worden. Nach dem Ersten Weltkrieg operierte die nächste Generation von Künstlern (damals noch wenigen Künstlerinnen) de facto mit Fragmenten des Gegenständlichen in unterschiedlichen Assemblage-Techniken. Dieses nochmals erweiterte Verständnis des Bildes als eines nun auch materiell mehrschichtig zu bespielenden Feldes, als Äquivalent verschiedener Realitätsebenen, wurde auch mit der Präsenz neuer technischer Bildmedien, wie etwa der Illustrierten, begründet. Konsequent führte Hannah Höchs Berliner Collage *Schnitt mit dem Küchenmesser Dada durch die letzte Weimarer Bierbauchkulturepoche Deutschlands* (1919) die Erfahrung kriegsbedingter Zerstörung mit der kaleidoskopartigen Vielfalt möglicher Sichtweisen auf die Welt zusammen. Diese hatte Höch als Bildredakteurin illustrierter Zeitschriften im Berliner Ullstein-Verlag kennengelernt.[35] Mit Zeitungsausschnitten brachte die Künstlerin zeitgeschichtliche Themen so vielstimmig ins Bild, dass ihre Collagen nicht mehr als imaginäre Fenster aufgefasst werden können, sondern als komplexe Felder des Nach-Denkens über die politischen Verwerfungen der Zeit. Neben solchen a-logischen Verfahren bei der Kombination von Bild- und Textelementen, die jede konsensuelle Lesbarkeit der neuen Printmedien irritieren sollten, gab es auch Verfahren der Montage, z. B. John Heartfields, die heterogene Elemente mit eigener Logik zu einer politisch konträren Aussage fixierten.

Auch die internationale Dada-Bewegung bespielte tradierte Vorstellungen von einer (in Bildern) sinnvoll geordneten Welt, unterlief und zerstörte den herkömmlichen Bildbegriff z. B. durch die Kategorie des Zufalls. Explizit Kurt Schwitters hat den Zerfall der homogenen Einheit des Bildes in die Vielstimmigkeit der Collage und Montage auch auf die Schrecken des Ersten Weltkrieges bezogen, der viele Zeitgenossen an der Kontinuität eines humanistisch geprägten Weltbildes hatte zweifeln lassen:

> Denn es gibt keinen Sinn mehr. (1919) Ich werte Sinn gegen Unsinn. Den Unsinn bevorzuge ich, aber das ist eine rein persönliche Angelegenheit. Mir tut der Unsinn leid, dass er bisher so selten künstlerisch ausgeformt wurde, deshalb liebe ich den Unsinn. (1920) Man kann auch mit Müllabfällen schreien, und das tat ich, indem ich sie zusammenleimte und -nagelte. Ich nannte es MERZ, es war aber mein Gebet über den siegreichen Ausgang des Krieges, denn noch einmal hatte der Frieden wieder gesiegt. Kaputt war so sowieso alles, und es galt, aus den Scherben Neues zu bauen. Das aber ist MERZ. Ich malte, nagelte, klebte, dichtete und erlebte die Welt in Berlin. (Schwitters 1919–1930)[36]

In seiner Studie zu den 1920er-Jahren lieferte Peter Sloterdijk zahlreiche Beispiele für diese Ästhetik des Fragments, des Zerfalls der formalen und inhaltlichen Einheit von Bildern und Texten (*Kritik der zynischen Vernunft*, 2 Bde., Frankfurt/Main 1983). Unter dem Stichwort „Dissent and Disorder“ behandelten Harrison / Wood kunsttheoretische Aussagen zum Verhältnis von Sinn und Unsinn in der Kunst dieser gesellschaftlich turbulenten Nachkriegszeit. Benjamin hatte die Montage in seinem Aufsatz *Der Autor als Produzent* (1934) zum avantgardistischen Verfahren schlechthin erklärt, könne sie doch der „Umfunktionierung“ des bestehenden medialen Apparates dienen, seine gesellschaftlich homogenisierende Wirkung durch kritische Kombination der Bilder mit Text bzw. Schrift unterlaufen. Wie das bewerkstelligt werden könne, als Intervention in die Produktionsverhältnisse, erläuterte Benjamin am Beispiel der Photographie:

> Was wir vom Fotografen zu verlangen haben, das ist die Fähigkeit, seiner Aufnahme diejenige Beschriftung zu geben, die sie dem modischen Verschleiß entreißt und ihr den revolutionären Gebrauchswert verleiht. […] Die beste Tendenz ist falsch, wenn sie die Haltung nicht vormacht, in der man ihr nachzukommen hat. (Benjamin, 1934) [37]

Der politisch engagierte Zweig der Dada-Bewegung hat deren prinzipiell nihilistische Sicht der Dinge weiter zugespitzt. Eine bewusste Zeitgenossenschaft in der aggressiven Zielrichtung gegen die bürgerliche Gesellschaft der Nachkriegszeit spricht sich in Richard Huelsenbecks (später als *Dadaistisches Manifest* bezeichnetem) Vortrag *Der Dadaismus im Leben und in der Kunst* (Berlin 1918) aus:

> Die Kunst ist in ihrer Ausführung und Richtung von der Zeit abhängig, in der sie lebt, und die Künstler sind Kreaturen ihrer Epoche. Die höchste Kunst wird diejenige sein, die in ihren Bewußtseinsinhalten die tausendfachen Probleme der Zeit

> präsentiert, der man anmerkt, dass sie sich von den Explosionen der letzten Woche werfen ließ, die ihre Glieder immer wieder unter dem Stoß des letzten Tages zusammensucht. Die besten und unerhörtesten Künstler werden diejenigen sein, die stündlich die Fetzen ihres Leibes aus dem Wirrsal der Lebenskatarakte zusammenreißen, verbissen in den Intellekt der Zeit, blutend an Händen und Herzen. [...] Der Dadaismus steht zum ersten Mal dem Leben nicht mehr ästhetisch gegenüber, indem er alle Schlagworte Ethik, Kultur und Innerlichkeit, die nur Mäntel für schwache Muskeln sind, in seine Bestandteile zerfetzt. [...] Dada will die Benutzung des neuen Materials in der Malerei. (Hülsenbeck, 1918)[38]

Schwitters und Max Ernst haben nach dem Ersten Weltkrieg die Verfahren der Collage und Montage, d.h. der Sinn-Zerstückelung ihrer jeweiligen Bildvorlagen und des Arrangierens der Fragmente in graphischen Zyklen bzw. Gemälden zu einer bildhaften Form weiterentwickelt. Wie die Gemälde Klees sind auch ihre Arbeiten eher als horizontal konzipierte zu denken. Die Kontingenz der Teile, gefundener Materialien, geschichteter Abdrucke, lässt das Arrangement von Chiffren und Markierungen, Spuren und Notizen in den Assemblagen jeweils als nur eine von möglichen Anordnungen erscheinen. Die Intaktheit des Bildes als konsistente Form wurde erschüttert, aber auch angereichert durch fremde Elemente, vor allem Trouvaillen aus der alltäglichen Lebenswelt, darunter schon frühzeitig auch Ausschnitte aus den Printmedien. Ihre Konstellation auf der Leinwand erscheint nun nicht mehr sinnstiftend, sondern eher sinnbefragend, kein Fenster mit perspektivisch fixierter Sicht, sondern ein vielstimmig offenes Feld der Reflexion. Benjamin hat diese zentralen künstlerischen Phänomene der Zeit erfasst und kommentiert. Die (teils sogar wörtliche) Vielschichtigkeit der Werke hatte er als eine ästhetische Qualität profiliert:

> Im Ausdruckslosen erscheint die erhabne Gewalt des Wahren, wie es nach Gesetzen der moralischen Welt die Sprache der wirklichen bestimmt. Dieses nämlich zerschlägt was in allem schönen Schein als die Erbschaft des Chaos noch überdauert: die falsche, irrende Totalität – die absolute. Dieses erst vollendet das Werk, welches es zum Stückwerk zerschlägt, zum Fragmente der wahren Welt, zum Torso eines Symbols. (Benjamin, 1917)[39]

Das Montage-Verfahren in der Kombination von ‚ausdruckslosen' Fundstücken prägte dann auch sein eigenes Schreiben, insbesondere das *Passagen-Werk*; er hat dessen Methode in Analogie zur zeitgenössischen Kunst der Avantgarde explizit begründet: „Methode dieser Arbeit: literarische Montage. Ich habe nichts zu sagen. Nur zu zeigen. Ich werde nichts Wertvolles entwenden und mir keine geistvollen Formulierungen aneignen."[40] Auch Ernst Bloch hat das Montage-Verfahren in Benjamins Schriften als methodisch bedeutsam und exemplarisch für die Kunst seiner Zeit gewürdigt: „Bei Benjamin wurden diese Taten philosophisch: als Form der Unterbrechung, als Form für Improvisation und plötzliche

Querblicke, für Einzelheiten und Bruchstücke, die ohnedies keine ‚Systematik' wollen."[41] Seine theoretische Begründung der Collage und Montage bezog sich mit Hinweisen auf James Joyce und Bertolt Brecht zwar primär auf die Literatur, betrifft aber ebenso die bildende Kunst. Sie war am Geschichtsverständnis Benjamins orientiert, demnach seien es die Fragmente vergangener Realitäten, aus denen der ‚poetische Funken' einer besseren, künftigen zu schlagen sei, womit auch künstlerische Strategien des nachfolgenden Surrealismus bereits angesprochen wurden.[42]

> Die Montage des Bruchstücks aus dem alten Dasein ist hier das Experiment seiner Umfunktionierung in ein neues. Maschinelle, dramaturgische, gar philosophische Montage ist mit mehr oder minder rascher Umfunktionierung, das ist: mit dem Gebrauch kurzer und wegwerfbarer Modelle gewiß nicht zu Ende. In den philosophischen Querbohrungen Benjamins etwa zeigt sich: Montage holt sich das Ihre aus manchem Stegreif, der früher beliebig gewesen wäre, aus mancher betonten Unterbrechung, die früher nur unbetonte Störung geblieben wäre; sie holt eingreifende Mittel aus verachteten oder verdächtigen Formen und aus Formen ehemals zweiter Hand. Aus den Trümmer-Bedeutungen zerfallender Großwerke dazu und aus dem Dickicht eines nicht mehr glatt arrangierten Materials. Montage hat den Zug zum Interim, zu neuer ‚Passagenbildung' durch die Dinge und zur Auslage von bisher weit Entferntem; an anderen Stellen, so in manchen merkwürdigen Versuchen der Surrealisten, von Max Ernst bis Aragon, ist sie eine Art Kristallbildung am gekommenen Chaos, die die kommende Ordnung bizarr versucht zu spiegeln. (Bloch, 1935)[43]

Adorno hat Überlegungen von Benjamin und Bloch aufgenommen, als er in der *Ästhetischen Theorie* bezüglich der „Negation der Synthesis als Gestaltungsprinzip" im Hinblick auf die Kunst auch seiner Zeit, nach dem Zweiten Weltkrieg, Folgendes programmatisch formulierte:

> Kunstwerke jedoch, die den Sinn negieren, müssen in ihrer Einheit auch zerrüttet sein; das ist die Funktion der Montage, die ebenso, durch die sich hervorkehrende Disparatheit der Teile, Einheit desavouiert, wie, als Formprinzip, sie auch wieder bewirkt. [...] Der Schein der Kunst, durch Gestaltung der heterogenen Empirie sei sie mit dieser versöhnt, soll zerbrechen, indem das Werk buchstäbliche, scheinlose Trümmer der Empirie in sich einlässt, den Bruch einbekennt und in ästhetische Wirkung umfunktioniert. [...] Damit beginnt Kunst den Prozess gegen das Kunstwerk als Sinnzusammenhang. Die montierten Abfälle schlagen erstmals in der Entfaltung von Kunst dem Sinn sichtbare Narben. Das rückt die Montage in einen weit umfassenderen Zusammenhang. (Adorno, 1970)[44]

‚Der Surrealismus im Dienst der Revolution'

Mit explizitem Bezug auf den Marxismus einerseits und andererseits die Erkundung des Unbewussten durch Sigmund Freud, besonders in dessen *Traumdeutung* (1905, engl. 1920), versuchte Breton neben der Literatur auch die bildende Kunst für die revolutionären Ziele der von ihm koordinierten Pariser Gruppe der Surrealisten zu gewinnen: auf der Suche nach Alternativen zum Rationalismus, als dessen Scheitern man die Schrecken des Ersten Weltkriegs erlebt hatte. Unter Vermeidung vordergründiger Bezüge auf die visuelle Wirklichkeit der Außenwelt seien vielmehr psychische Inhalte der Innenwelt ästhetisch zur Geltung zu bringen, abseits narrativer Logik, gerade durch die bereits in der Dada-Bewegung entwickelten Verfahren der Collage, Montage und Assemblage oder auch der Objektverfremdung, wie sie Meret Oppenheims *Pelztasse* (1936) vor Augen führte. Die Freistellung gebräuchlicher Gegenstände zugunsten möglicher erweiterter Bedeutungen, die sie im ungewohnten Zusammenspiel gewinnen können, geht, nicht nur aus kunsthistorischer Perspektive, sondern auch in der Sicht vieler Künstler der 1920er-Jahre auf die *Pittura metafisica* des italienischen Künstlers Giorgio de Chirico zurück, der sie unter dem Motto „Et quid amabo nisi quod aenigma est?" („Und was soll ich lieben, wenn nicht das Rätsel?"), das unter seinem *Selbstbildnis* (1911) steht, konzipiert hatte. Die Möglichkeiten herkömmlicher Malerei, an diesem Programm des Surrealismus mitzuwirken, beurteilte Breton wegen ihrer handwerklichen Schwerfälligkeit dennoch skeptisch. Nach seiner Hymne auf Picasso, den er für die Bewegung zu vereinnahmen versuchte, erörterte Breton künstlerische Strategien, die sich für die Ziele des Surrealismus eignen könnten. Neben dem Automatismus, analog zur ‚écriture automatique', eigne sich die Montage, entsprechend den Verfahren des Traums, die Freud in der *Traumdeutung* beschrieben hatte. Wirksam im Sinne der Revolution seien die surrealen Bildwelten insofern, als sie dem logozentrischen Rationalismus zuwiderliefen:

> Si les profondeurs de notre esprit recèlent d'étranges forces capables d'augmenter celles de la surface, ou de lutter victorieusement contre elles, il y a tout intérêt à les capter, à les capter d'abord, pour les soumettre ensuite, s'il y a lieu, au contrôle de notre raison. (Breton, 1924)[45]

Und speziell zur Malerei:

> Une conception très étroite de l',imitation', donnée pour but à l'art, est à l'origine du grave malentendu que nous voyons se perpétuer jusqu'à nos jours. Sur la foi que l'homme n'est capable que de reproduire avec plus ou moins de bonheur l'image de ce qui le touche, les peintres se sont montrés par trop conciliants dans le choix de leur modèles. [...] L'oeuvre plastique, pour répondre à la nécessité de révision

> absolue des valeurs réelles sur laquelle aujourd'hui tous les esprits s'accordent, se référa donc à un ‚modèle purement intérieur', ou ne sera pas. (Breton, 1928)[46]

Während Breton von der politischen Programmatik des Surrealismus aus argumentierte und über die mögliche Beteiligung bildender Künstler und Künstlerinnen nachdachte, bezog Ernst – umgekehrt – seine bereits entwickelten künstlerischen Verfahren auf die Ziele der surrealistischen Bewegung:

> Da jeder ‚normale' Mensch (und nicht nur der ‚Künstler') bekanntlich im Unterbewusstsein einen unerschöpflichen Vorrat an vergrabenen Bildern trägt, ist es Sache des Muts oder befreiender Verfahren (wie der ‚écriture automatique'), von Entdeckungsfahrten ins Unbewusste, unverfälschte (durch keine Kontrolle verfärbte) Fundgegenstände (‚Bilder') ans Tageslicht zu fördern, deren Verkettung man als irrationale Erkenntnis oder poetische Objektivität bezeichnen kann. [...] Wenn man also von den Surrealisten sagt, sie seien Maler einer stets wandelbaren Traumwirklichkeit, so darf das nicht etwa heißen, dass sie ihre Träume abmalen (das wäre deskriptiver, naiver Naturalismus), oder dass sich ein jeder aus Traumelementen seine eigene kleine Welt aufbaue, um sich in ihr gütlich oder boshaft zu gebärden (das wäre ‚Flucht aus der Zeit'), sondern dass sie sich auf dem physikalisch und psychisch durchaus realen (‚surrealen'), wenn auch noch wenig bestimmten Grenzgebiet von Innen- und Außenwelt frei, kühn und selbstverständlich bewegen, einregistrieren, was sie dort sehen und erleben, und eingreifen, wo ihnen ihre revolutionären Instinkte dazu raten. (Ernst, 1934)[47]

Unter dem Eindruck der Invektiven Bretons gegen die von ihm als bürgerlich und allzu behäbig abgelehnte Kunstform der Malerei fand dann auch Salvador Dali treffliche Argumente, um sich als Maler der Bewegung anschließen zu können – mehr noch: Breton zu widersprechen, indem er dessen Surrealismus-Definition, nach der die Welt des Unbewussten in der „absoluten Realität" aufgehen solle – „Je crois à la résolution future de ces deux états, en apparence si contradictoires, que sont le rêve et la réalité, en une sorte de réalité absolue, de surréalité, si l'on peut ainsi dire"[48] – tatsächlich in der Malerei vor Augen zu führen versprach. So seien die revolutionären Impulse –

> Le surréalisme repose sur la croyance à la réalité supérieure de certaines formes d'associations négligées jusqu' à lui, à la toute-puissance du rêve, au jeu désintéressé de la pensée. Il tend à ruiner définitivement tous les autres mécanismes psychiques et à se substituer à eux dans la résolution des principaux problèmes de la vie (Breton, 1924)[49]

– nämlich noch besser zu entfalten, als Breton es jemals erwarten konnte:

> Une activité à tendance morale pourrait être provoquée par la volonté violemment paranoiaque de systématiser la confusion. [...] Je crois qu'est proche le moment où, par un processus de caractère paranoiaque et actif de la pensée, il sera possible (simultanément à l'automatisme et autres états passifs) de systématiser la confusion et de contribuer au discrédit total du monde de la réalité. [...] La paranoia se sert du monde extérieur pour faire valoir l'idée obsédante, avec la troublante particularité de rendre valable la réalité de cette idée pour les autres. La réalité du monde extérieur sert comme illustration et preuve, et est mise au service de la réalité de notre esprit. [...] L'activité mortelle de ces nouvelles images peut encore, parallèlement à d'autres activités surréalistes, contribuer à la ruine de la réalité, au profit de tout ce qui, à travers les infâmes et abonimables idéaux de tous ordres, esthétiques, humanitaires, philosophiques etc., nous ramèner aux sources claires de la masturbation de l'exhibitionnisme, du crime, de l'amour. Idéalistes sans participer à aucun idéal. Les images idéales du surréalisme au service de l'imminente crise de la conscience, au service de la Révolution. (Dali, 1930)[50]

Zwischenbemerkung: Die Ismen

So fremd die 1925 als *Kunstismen* von El Lissitzky und Hans Arp[51] publizierten konträren Tendenzen der Kunst der klassischen Moderne einander waren – Dadaismus und Surrealismus auf der einen Seite, die Varianten der Abstraktion, Bauhaus, De Stijl und Konstruktivismus auf der anderen Seite – erkannte doch Werner Hofmann, ausgehend von der Feststellung, dass die herkömmlichen semantischen Ordnungen und Repräsentationssysteme zerbrochen seien, auch verbindende Momente. Er berief sich dabei auf eine zeitgenössische Künstleraussage van Doesburgs aus dem Jahre 1929:

> Aus dem Chaos der alten, zertrümmerten Welt hat Dada mit der Macht des Wortes eine neue, imaginäre Welt geschaffen, eine Welt der Verwandlung, der reinen Poesie. Es ist kein Zufall, dass die beiden einander diametral entgegengesetzten Strömungen, Neue Gestaltung und Dada (jetzt Surrealismus), Parallelen aufweisen: die schöpferische Kunst des Wortes. Das erklärt, dass die Führer der De-Stijl-Bewegung ungeachtet der Opposition vieler Mitarbeiter mit dem Dadaismus sympathisierten und das öffentlich bekundeten. (Doesburg, 1929)[52]

Hofmann erkannte Gemeinsamkeiten in der modernen Haltung des Aufbruchs nach der Zäsur des letzten Kriegsjahres 1918:

> Das Verlangen nach Lebensgewinn, nach schöpferischer Durchdringung und Bewältigung der modernen Zivilisation läßt zwei Weltentwürfe entstehen: der eine, von Dadaisten und Surrealisten getragen, geht mit religiös-mystischer Entschlos-

> senheit daran, die Fassade der Vernunft und der von ihr geprägten kategorialen Weltordnung zu zerstören; der andere, von De-Stijl, den Russen und dem Bauhaus verfochten, bereitet dem herkömmlichen Kunstbegriff ein Ende, indem er die Kunst nicht der Überwältigung durch das Leben aussetzt, sondern die Gesamtheit des Lebens, der Natur und die vom Menschen geschaffene Welt der Gegenstände und Geräte, dem ordnenden Zugriff der Formprägung ausliefert. [...] Dehnt also der Surrealismus die Gesamtheit des Lebens auf die unerschöpflichen Tiefen des Unbewußten aus, so versucht der andere Flügel, dieses Leben nach den durchsichtigen Koordinaten des Bewußtseins zu ordnen. Obzwar diese instrumentale Auffassung des künstlerischen Handelns hier wie dort zu Extrempositionen führte, die das Ende der Kunst verkündeten und auch demonstrierten, sieht sich die geschichtliche Bestandsaufnahme der Tatsache konfrontiert, daß sowohl von den Surrealisten wie im Bauhaus Kunstwerke geschaffen wurden, Kunstwerke, denen das antikünstlerische Pathos unerläßlich war, weil es die herkömmlichen Vorstellungen von Kunst in dem Maße zersetzte, in dem es den Künstler zum Vorstoß in neue Dimensionen der Form und des Inhaltes legitimierte. (Hofmann, 1966)[53]

Mit seinen *Gegenstimmen* formulierte Hofmann als einer der ersten Kunsthistoriker dezidiert eine Antwort auf Sedlmayrs bis dahin prägende Invektiven gegen die Moderne unter dem Schlagwort des ‚Verlusts der Mitte'. Der in diesem Zusammenhang angesprochene ästhetische Positivismus, bei Mondrian und Malewitsch vielleicht am deutlichsten fassbar, führte später zu einer Befreiung aus der Malerei-Tradition Europas, im Horizont neuer Gesellschaftsmodelle in den USA.

Figuration in neuer Form – Trauerarbeit

Die zu den Avantgarden der 1920er- und 30er-Jahre gegenläufigen Tendenzen einer Erneuerung des Menschenbildes können für eine Kunstgeschichte der Moderne nur in jenen Formen als relevant erachtet werden, die auf die Vernichtung von Menschenleben in den beiden Weltkriegen Bezug nehmen. Andere Formen figürlicher Malerei, die mitunter restaurativen Tendenzen einer ‚Neuen Sachlichkeit' in Deutschland oder eines Neo-Klassizismus in Frankreich und Italien, fallen in eine andere Kategorie von Kunst, die sich nicht primär künstlerischer Zeitgenossenschaft verpflichtet fühlte, sondern vorangegangene, aus der Kunstgeschichte überlieferte Traditionen restaurieren oder adaptieren wollte. Als quasi ‚nachgeahmte Kunst' erfüllte sie bestehende Erwartungen, statt neue zu provozieren. Sowohl der ‚Sozialistische Realismus' stalinistischer Prägung als auch die Propaganda-Kunst des Nationalsozialismus verfehlten darüber hinaus mit ihren ideologischen Prämissen sämtliche Kriterien der zeitgenössischen Kunst im 20. Jahrhundert, vielmehr waren sie ihr reaktionäres Gegenprogramm.

Otto Dix' Verismus in den Darstellungen des Kriegsgeschehens, die mit großer Präzision im Detail und einer szenischen Verdichtung das Konkurrenzmedium der Photographie zu übertreffen suchten, Max Beckmanns allegorische Konstellationen mit seinem als brutalistisch zu charakterisierenden Malgestus, Picassos *Guernica* als künstlerische Intervention in die Bildpropaganda der Diktaturen, Jean Fautriers *Otages* und die aller Bindung an äußere Formen entledigte, die schiere Körperlichkeit des Menschen bloßstellende Kunst von Francis Bacon und Alberto Giacometti nach dem Zweiten Weltkrieg, sie verdienen mehr Beachtung als die Tendenzen eines Recyclings der Malerei und Plastik der Alten Meister. Die sechs hier exemplarisch genannten Künstler haben in unterschiedlicher Weise Trauerarbeit zu den Verwerfungen der beiden Weltkriege geleistet, durch eine adäquate, weil jeweils neuartige künstlerische Form. Dass ihre figürliche Kunst der Jahre nach dem Ersten bzw. dem Zweiten Weltkrieg weitgehend ohne Manifeste und größere Verlautbarungen ausgekommen ist, dass sie einer den übrigen Tendenzen der Moderne vergleichbaren theoretischen Legitimation entbehrt, dürfte zum einen am großen Erfahrungsdruck bislang so nicht erlebter Gewalt in den beiden Kriegen liegen, den die Künstler ihren Interviewpartnern auch anvertraut haben. Zum anderen fehlen solche Texte wohl auch deshalb, weil das Menschenbild der Malerei und Plastik in einer derart langen Tradition der Geschichte der Kunst stand und steht, dass es einer neuerlichen Begründung nicht bedurfte. Dennoch gab es sie: entschiedene Worte zur Legitimation eines neuen Menschenbildes in der Kunst, zur strengen Wiederaufrichtung der Figur, gegen die Kontingenz der photographischen Bilder, erhoben beispielsweise von den Kunsthistorikern Gustav Hartlaub und Franz Roh im Zusammenhang mit der Mannheimer Ausstellung zur *Neuen Sachlichkeit* (1925). Dix und Beckmann haben den hohen Anspruch an eine angemessene Reaktion auf die Schrecken des Krieges 1914–1918 erkannt und sich als Maler mit Bedacht dazu geäußert, im Wissen darum, wie schwierig der moralische Anspruch einzulösen ist, das Geschehene in der Kunst aufzuarbeiten. Dix äußerte sich im Kreis der ‚Opposition zur Novembergruppe':

> Es muss als Ziel angesehen werden, die ästhetische Formelkrämerei zu überwinden, durch eine neue Gegenständlichkeit, die aus der Abscheu über die ausbeutende bürgerliche Gesellschaft geboren wird, oder durch vorbereitende Versuche ungegenständlicher Optik, die ebenfalls in Ablehnung dieser Ästhetik und Gesellschaft eine Überwindung der Individualität zu Gunsten eines neuen Menschentypus sucht. (Dix, 1921)[54]

Später ergänzte er:

> Jedenfalls liegt für mich das Neue in der Malerei in der Verbreiterung des Stoffgebietes, in der Steigerung der eben bei den alten Meistern bereits im Kern vorhandenen Ausdrucksformen. Für mich bleibt jedenfalls das Objekt das Primäre, und die

> Form wird erst durch das Objekt gestaltet. Daher ist mir stets die Frage von größter Bedeutung gewesen, ob ich dem Ding, das ich sehe, möglichst nahekomme, denn wichtiger als das Wie ist mir das Was! Erst aus dem Was entwickelt sich das Wie. (Dix, 1927)[55]

Mit diesem Anspruch auf veristische Treue zum Gesehenen, den etwa die akribischen Oberflächentexturen seiner Malerei erfüllen, war doch auch die Hoffnung verbunden, das Dargestellte bildlich bannen und bewältigen zu können, das Erlebte auch der Erkenntnis zu erschließen, wie es der Kunstkritiker Paul Westheim gewürdigt hat:

> Das Eindringliche, Einbohrende geradezu, der Wirkung wird auf äußerste gesteigert durch die Technik. [...] Eine präzis-klare Formgebung, eine bis zur letzten Einzelheit peinlich sorgsam durchgeführte Detaillierung, eine, man wäre versucht zu sagen: maschinelle Exaktheit. Technik, die adäquat ist moderner Präzisionsmaschinenarbeit, die in der Faktur etwas hat von der Sauberkeit und spiegelnden Eleganz eines gedrehten Kugellagers, etwas auch von der Tatsächlichkeit des Photogramms. (Westheim, 1926)[56]

Dix deutete die von ihm minutiös geschilderten Augenblicke des Kriegsgeschehens in seinem Triptychon *Der Krieg* (1932) durch eine zyklische Anordnung im Sinne von Nietzsches nihilistischem „Werden und Vergehen". Den Erlösungsanspruch von Christi Tod am Kreuz wandte er zum deiktischen Hinweis auf das Sterben an der Front, das nur durch die säkularisierte Geste einer helfenden Soldaten-Hand im rechten Flügel unterbrochen werden könne. Beckmann ging in seiner Verzweiflung über das Geschehene und Gesehene noch weiter:

> Unser Herz und unsere Nerven müssen wir preisgeben dem schaurigen Schmerzensgeschrei der armen getäuschten Menschen. Gerade jetzt müssen wir uns den Menschen so nah wie möglich stellen. Das ist das einzige, was unsere eigentlich recht überflüssige und selbstsüchtige Existenz einigermaßen motivieren kann. Dass wir den Menschen ein Bild ihres Schicksals geben und das kann man nur, wenn man sie liebt. [...] Je stärker und intensiver mein Wille wird, die unsagbaren Dinge des Lebens festzuhalten, je schwerer und tiefer die Erschütterung über unser Dasein in mir brennt, um so verschlossener wird mein Mund, um so kälter mein Wille, dieses schaurig zuckende Monstrum von Vitalität zu packen und glasklarer [sic] scharfe Linien und Flächen einzusperren, niederzudrücken, zu erwürgen. (Beckmann, 1920)[57]

Und später noch einmal, aus der Emigration in Amsterdam, vorgetragen in London zur Ausstellung *Twentieth Century German Art* (1938), äußerte er:

> Es handelt sich für mich immer wieder darum die Magie der Realität zu erfassen, und diese Realität in Malerei zu übersetzen. Das Unsichtbare sichtbar machen durch die Realität. Das mag vielleicht paradox klingen, – es ist aber wirklich die Realität – die das eigentliche Mysterium des Daseins bildet! [...] Die Abänderung des optischen Eindrucks der Welt der Objekte durch eine transcendente Mathematik der Seele. Das ist die Vorbedingung. Prinzipiell ist jede Veränderung des Gegenstands erlaubt, die sich durch ausreichende Gestaltungskraft legitimieren kann. [...] Für mich entscheidend ist die gleichmäßige Anwendung eines Formprinzips, das bei der Veränderung des Objekts der Imagination vorgenommen wird. Das Eine ist sicher, wir brauchen die Übersetzung des Dreifachen Raums der Welt der Objekte in den Zweifachen der Bildfläche. (Beckmann, 1920)[58]

Einen solchen Anspruch auf formale Bannung des „zuckenden Monstrums von Vitalität" findet man auch in Gottfried Benns Essay *Nach dem Nihilismus*, auf den Olaf Peters aufmerksam gemacht hat:

> Alle die verlorenen Werte verloren sein zu lassen, alle die ausgesungenen Motive der theistischen Epoche ausgesungen sein zu lassen, und alle Wucht des nihilistischen Gefühls, alle Tragik des nihilistischen Erlebnisses in die formalen und konstruktiven Kräfte des Geistes zu legen, bildend zu züchten eine für Deutschland ganz neue Moral und Metaphysik der Form. (Benn, 1932)[59]

Beckmanns Kunstauffassung zeigt sich in diesem Sinne auch geprägt von den für die Moderne grundlegenden *Schriften zur Kunst*, in denen Konrad Fiedler das Paradigma der ‚Nachahmung' zu jenem der ‚Vorahmung' durch die Kunst verkehrte, mit welcher sie uns lehre, die Wirklichkeit zu sehen:

> Nicht die Wirklichkeit der Dinge ist das Beharrende, sondern allein die Form, die das Wirkliche durch uns annimmt. [...] Das, wodurch sichtbare Natur zur Kunst wird, ohne dass sie doch aufhörte, Natur zu sein, ist die Entwicklung, die sich für ihre Sichtbarkeit in der Tätigkeit des Künstlers vollzieht. Kunst ist nicht Natur, denn sie bedeutet eine Erhebung, eine Befreiung aus den Zuständen, an die gemeiniglich das Bewusstsein einer sichtbaren Welt gebunden ist; und doch ist sie Natur: denn sie ist nichts anderes als der Vorgang, in dem die sichtbare Erscheinung der Natur gebannt und zu immer klarerer und unverhüllterer Offenbarung ihrer selbst gezwungen wird. [...] Im Künstler regt sich ein mächtiger Trieb, jenes enge dunkle Bewußtsein, mit dem er die Welt bei seinem ersten geistigen Erwachen ergriffen hatte, zu steigern, auszudehnen, zu entfalten, zu immer größerer Klarheit zu entwickeln. (Fiedler, 1896)[60]

Diese Vorstellung von einer Art Offenbarung der Wirklichkeit durch die Kunst hat Beckmann noch weiter aufgeladen im Bezug auf die Gewalt, die er im Krieg als Eskalation der Leidenschaften erlebt hatte. Er suchte nach Deutungsmustern aus der Mythologie und der Literatur, sein Figurenrepertoire ist in diesem Sinne als ‚Welttheater' zu verstehen, das die ansonsten unverständlich bleibenden Konstellationen bildlich zu fassen versuchte. Dabei nahm seine Malerei eine fast haptische Qualität an, als habe er sich gegen den Andrang des „zuckenden Monstrums von Vitalität" sperren wollen.

Picasso sah sich bei seiner Aufgabe, im Rahmen der Pariser Weltausstellung 1937 ein Bild für den Spanischen Pavillon zu malen, also Staatskunst im herkömmlichen Sinne zu liefern, nun aber für eine Republik, vor eine zunächst kaum lösbare Aufgabe gestellt. Er bewältigte sie in der neuartigen Form eines vielfigurigen Historienbildes im kubistischen Stil, das die Bombardierung von Guernica thematisiert.[61] Seine Malerei musste sich behaupten inmitten des Spektakels einer Weltausstellung zu den neuesten Errungenschaften der Elektrotechnik, die von Millionen Besucherinnen und Besuchern bewundert wurden. Picassos Entscheidung für ein abstraktes Schwarz/Weiß und zugleich gegen den Naturalismus in den Details ist einerseits mit der Undarstellbarkeit des Luftkrieges und der Brandbomben zu erklären, andererseits mit seiner Suche nach einer würdevollen Form des Protestes und der Trauer, die Michel Leiris eindringlich beschrieben hat:

> En un rectangle noir et blanc, telle que nous apparait l'antique tragédie, Picasso nous envoie notre lettre de deuil: tout ce que nous aimons va mourir, c'est pourquoi il était à ce point nécessaire que tout ce que nous aimons se resumât, comme l'effusion des grands adieux en quelque chose d'inoubliament beau. (Leiris, 1937)[62]

Diesen bleibenden Eindruck erreichte Picasso durch eine figürliche Malerei zweiten Grades, denn es sind Chiffren, Silhouetten, die zerbrochen liegen, nicht reale Körperteile, z. B. die Scherben der Statue eines Kämpfers im linken Vordergrund. Damit hat Picasso die Aufmerksamkeit von den nicht darstellbaren, grauenhaften Einzelheiten auf die abstrakte Ebene der Form geführt, die mit ihrer Zerstörung die Zerstörung bildlich zu fassen versucht, in der Funktion eines ‚Trauerbriefes'.

Nach 1945 am traditionellen Menschenbild festzuhalten, schien so unmöglich, wie „nach Auschwitz Gedichte zu schreiben."[63] Gleichwohl fanden Künstler und Dichter, wie z. B. Paul Celan mit der *Todesfuge* (1948), Formen der Artikulation im Gedenken an die Verbrechen dieser Zeit. Für die *Otages* (1943) von Jean Fautrier, die auf die Opfer von Folter und Mord an französischen Widerstandskämpfern und Juden bezogen sind, fand Francis Ponge ähnliche Worte der Würdigung wie zuvor Leiris für Picasso:

> En somme, il satisfait par le choix de son sujet notre goût de la vérité (de la hiérarchie des valeurs, de la vérité relative, de la vérité humaine) et par la façon dont il le traite, notre goût de la beauté. Il transforme en beauté l'horreur humaine actuelle.

> [...] Ces faces, ce sont aussi des lunes et je suppose que chaque amateur qui en possédera une accrochée dans son intérieur la considéra ainsi, aura une tête martyrisée ainsi tournant à jamais comme un satellite-à-face tournant autour de sa propre tête et à jamais inséparable de lui. [...] Le hurlement de l'Espagne martyrisée avait été exprimé plastiquement par la toile illustre de Picasso, Guernica. Huit ans après, voici Les Otages: l'horreur et la beauté mêlées dans le constat. (Ponge, 1945)[64]

Ohne direkten Bezug auf diese Geschehnisse entwickelte Alberto Giacometti eine plastische Form, die als Existenzversicherung beschrieben werden kann, ohne jeden Halt an Konventionen, ohne die Gewissheit humanistischer Tradition, vielmehr der Fragilität und Vergänglichkeit menschlichen Daseins ein Zeichen setzend. Jean-Paul Sartre hat Giacomettis Plastik in seinem Essay *La Recherche de l'Absolu* (1948, zuerst in Englisch publiziert), kongenial beschrieben, wohl auch deshalb, weil sie seiner eigenen existentialistischen Sicht des Menschen in dieser Zeit so genau entsprach:

> There is a definitive goal to be attained, a single problem to be solved: how to mould a man in stone without petrifying him? [...] What bothers him is that these moving outlines, always half-way between nothingness and being, always modified, bettered, destroyed and begun once more, setting out at last on their own and for good, are commencing a social career far from him. [...] But it is true that his figures, by the very fact that they have been fated to die in the very night wherein they were born, are, of all the sculptures I know, the only ones able to keep the ineffable grace of seeming perishable. Never was matter less eternal, more fragile, nearer to being human. (Sartre, 1948)[65]

In seiner Philosophie hatte Sartre gleichzeitig Folgendes formuliert:

> L'existentialisme athée, que je represente, [...] déclare que si Dieu n'existe pas, il y au moins un être chez qui l'existence précède l'essence, un être qui existe avant de pouvoir être defini par aucun concept et que cet être c'est l'homme ou, comme dit Heidegger, la réalité humaine. [...] L'homme n'est rien d'autre que se qu'il se fait. Tel est le premier principe de l'existentialisme. (Sartre, 1946)[66]

Im malerischen Werk von Francis Bacon, dessen Genese im Paris der späten 1920er-Jahre primär in Auseinandersetzung mit Picasso anzusiedeln ist, scheint ebenfalls ein motivischer Zusammenhang mit der Zeitgeschichte erkennbar. Die lädierte, malträtierte Leiblichkeit seiner versehrten Figuren ist jedoch wie bei Giacometti kein direkter ikonographischer Hinweis auf die Verbrechen, sondern ebenso ein existentialistisches Stilmittel des dem Zivilisationsbruch Entkommenen. Der Schmerz wird nicht dargestellt, sondern malerisch evoziert, Bacon will die Beschauer auf einer anderen Ebene berühren, sie sich ihrer Verletzlichkeit bewusst machen, deshalb ist die Malerei selbst in Mitleidenschaft gezogen, informell, und das vor einem homogen, illusionslos wie eine Wand verschlossenen Bildhintergrund:

> The paint moving from one contour into another made a likeness of this person I was trying to paint. [...] It will go right out from abstraction but will really have nothing to do with it. It's an attempt to bring the figurative thing up onto the nervous system more violently and more poignantly. [...] What has never yet been analysed is why this particular way of painting is more poignant than illustration. I suppose because it has a life completely of its own. It lives on its own, like the image one's trying to trap; it lives on its own, and therefore transfers the essence of the image more poignantly. So that the artist may be able to open up or rather, should I say, unlock the valves of feeling and therefore return the onlooker to life more violently. (Bacon, 1963) [67]

Was hier maltechnisch erläutert wird, kann aus Sicht der Psychoanalyse als eine symbolische Umkehrung des von Jacques Lacan erörterten *Spiegelstadiums in der Bildung der ‚Ich'-Funktion* des Menschen beschrieben worden, eine Umkehrung, die sein (bzw. ihr) Selbstbild malerisch in die schier leibliche Existenz zurückfallen lässt.[68] Und in der Ästhetischen Theorie hat Bacons Malerei dementsprechend eine Voraussetzung in Georges Batailles Plädoyer für das ‚Informe' und den ‚Matérialisme':

> Il faudrait en effet, pour que les hommes académiques soient contents, que l'univers prenne forme. La philosophie entière n'a pas d'autre but: il s'agit de donner une redingote à ce qui est, une redingote mathématique. Par contre, affirmer que l'univers ne ressemble à rien et n'est qu' ‚informe' revient à dire que l'univers est quelque chose comme une araignée ou un crachat. [...] Il est temps, lorsque le mot ‚materialiste' est employé, de désigner l'interprétation directe, ‚excluant tout idéalisme.' (Bataille, 1929)[69]

Avant-Garde and Kitsch – The New York School

Es war die umfassende Bildung, das intellektuelle Interesse und das kommunikative Talent von Walter Gropius, die verschiedenen Tendenzen der europäischen Kunst seiner Zeit zusammenzuführen, sie mit den Publikationen der *Bauhaus-Bücher* bekannt zu machen und die jeweiligen Implikationen ein Stück weit umzusetzen, sie in die Lehre einzubringen, wenn nicht sogar in die Architektur und angewandte Kunst für die *Weimarer Republik*, die ihn für die USA qualifizierten. Mit diesem Erfahrungsschatz und Wissen emigrierte er 1937. Die Perspektive einer Integration der Kunst in die Kultur, und sei es nur in ihrer modellhaften Funktion, blieb ein Versprechen der aus Europa ausgewanderten Moderne.

Es trat in den USA jedoch in dem Maße zurück, in dem dieses Land, zumindest seinem Selbstverständnis nach als ‚promised land', die Prinzipien des modernen Lebens in der Demokratie bereits realisiert hatte. So verwundert es denn – nach der Emigration europäischer Künstler der ‚klassischen Moderne' in die USA – auch nicht, dass die maßgeblichen US-amerikanischen Künstler der nächsten Generation, die sogenannte ‚New York School', ihre eigene, ebenfalls essentialistische Begründung der Kunst durch deren vermeintlich maßgebliche Modalitäten – Farbe, Form, Material – nun mit einer anderen Zielrichtung formulierten: Weniger die egalitäre Ordnung der Gesellschaft stand ihnen vor Augen – war diese doch in anderer Weise als im kriegsverwüsteten Europa bereits gegeben – vielmehr richteten sie sich mit der ästhetischen Erfahrung ihrer Werke nun direkt auf die Bildung und Behauptung der Freiheit und Individualität des Einzelnen.[70]

Nach dem Abstreifen aller außerkünstlerischen Bezüge – seien sie motivischer, literarischer oder politischer Art – sollten nun die Modalitäten der Malerei und Plastik in einer als ‚modernistisch' sich bekennenden Kunst selbst zur Geltung kommen. Clement Greenberg hatte dies schon 1939 in seiner Theorie der Avantgarde, sowohl gegenüber der europäischen Kunsttradition als auch gegenüber dem zeitgenössischen ‚Kitsch' in den USA, kulturhistorisch begründet.

> It has been in search of the absolute that the avant-garde has arrived at ‚abstract' or ‚non-objective' art – and poetry, too. The avant-garde poet or artist tries in effect to imitate God by creating something valid solely on its own terms, in the way nature itself is valid, in the way a landscape – not its picture – is aesthetically valid; something given, increate, independent of meanings, similars or originals. Content is to be dissolved so completely into form that the work of art or literature cannot be reduced in whole or in part to anything not itself. But the absolute is absolute, and the poet or artist, being what he is, cherishes certain relative values more than others. The very values in the name of which he invokes the absolute are relative values, the values of aesthetics. And so he turns out to be imitating, not God – and here I use ‚imitate' in its Aristotelian sense – but the disciplines and processes of art and literature themselves. This is the genesis of the ‚abstract'. In turning his attention away from subject matter of common experience, the poet or artist turns it in upon the medium of his own craft. The nonrepresentational or ‚abstract', if it is to have aesthetic validity, cannot be arbitrary and accidental, but must stem from obedience to some worthy constraint or original. This constraint, once the world of common, extroverted experience has been renounced, can only be found in the very processes or disciplines by which art and literature have already imitated the former. These themselves become the subject matter of art and literature. If, to continue with Aristotle, all art and literature are imitation, then what we have here is the imitation of imitating. (Greenberg, 1939)[71]

Damit war die ästhetische Autonomie der Kunst absolut gesetzt, potentielle inhaltliche Referenz zugunsten der Möglichkeit emphatischer Erfahrung der Werke aufgegeben. So ist hier nicht mehr von einer abstrahierenden, sondern von einer abstrakten, gegenstandslosen, oder nach anderer Auffassung ‚konkreten Kunst' zu sprechen,[72] deren morphologische Bedingungen fortan so genutzt wurden, dass sich das Individuum in seiner Freiheit von gesellschaftlichen Bindungen manifestieren (Pollock) oder aber, als Betrachterin bzw. Betrachter, zu Erfahrungen des Sublimen (Newman) bzw. des Transzendenten (Rothko) gelangen konnte. Diese Neuausrichtung, in der das Kunstwerk seine gegenstandsbezogene Bildlichkeit einbüßte, besser noch: abstreifte, und zu einem Gegenstand sui generis wurde, vollzogen die US-amerikanischen Künstler, die ihren spezifischen Beitrag zur Kunstgeschichte frühzeitig reflektiert haben, noch während des Zweiten Weltkrieges – in der allmählichen Ablösung von europäischen Traditionen.

Pollock verzichtete auf die Markierung motivischer Inhalte durch Chiffren, die er zunächst noch in seine gestische Malerei einfügte, bereits Ende der 1940er-Jahre. Abstrakt im Sinne von gegenstandslos war sein Malduktus nun (im Gegensatz zur vegetabilischen Bildsprache Kandinskys, Klees oder Ernsts), insofern er nicht mehr figürliche oder landschaftliche Inhalte einer Abstraktion unterzog, sondern die Bewegung seines eigenen Körpers, gleichsam als Pinsel, protokollierte. Zunächst indexikalisch als Spur fixiert, richtete er sie ikonisch auf zur egalitären ‚All over'-Struktur. Mit ihrer Notation im Kontinuum von Raum und Zeit wurde die freie, von motivischen Bindungen befreite Pinselbewegung zum Zeugnis und Zeichen bloßer Präsenz, zur Bekräftigung diesseitiger Vitalität. Kurz vor seinem Tod malte Pollock dann sogar auf Glas, um diese Energie atmosphärisch im Ausstellungsraum wahrnehmbar werden zu lassen. Bildtheoretisch betrachtet, kann seine Malerei als Schritt zu einer referenzfreien Autonomie des Bildes als Bildobjekt verstanden werden, das den Diskurs der nächsten Generation bestimmen wird.

> William Wright: Mr Pollock, the classical artists had a world to express and they did so by representing the objects in that world. Why doesn't the modern artist do the same thing? Jackson Pollock: H'm – the modern artist is living in a mechanical age and we have a mechanical means of representing objects in nature such as the camera and photograph. The modern artist, it seems to me, is working and expressing an inner world – in other words – expressing the energy, the motion, and other inner forces. William Wright: Would it be possible to say that the classical artist expressed his world by representing the objects, whereas the modern artist expresses the world by representing the effects the objects have upon him? Jackson Pollock: Yes, the modern artist is working with space and time, and expressing his feelings rather than illustrating. (Pollock, 1950)[73]

Kunsttheoretisch und auch kunstpolitisch wird Pollocks neue Bildstrategie frühzeitig von Harold Rosenberg als genuin amerikanischer Paradigmenwechsel der Malerei – ‚down to earth' – profiliert:

> At a certain moment the canvas began to appear to one American painter after another as an arena in which to act – rather than as a space in which to reproduce, redesign, analyse or ‚express' an object, actual or imagined. What was to go on the canvas was not a picture but an event. [...] The gesture on the canvas was a gesture of liberation, from Value – political, aesthetic, moral. (Rosenberg, 1952)[74]

Mit seiner betont gestischen, gegenstandslosen Malerei schloss Pollock aber insofern an z. B. Mondrians New Yorker Spätwerk an, als dieser mit der Verwendung farbiger Streifen bereits auf die zeichnerische Linie verzichtet und damit das aus sich heraus evidente Bild vorbereitet hatte. Pollocks Evokation dynamischer ‚energy' oder ‚motion', sei es in der Großstadt oder der Natur, hatte Mondrian mit seinen *New York Boogie Woogie*-Bildern vorweggenommen – pulsierende Rhythmen. Mondrians Theorie des ‚Neo-Plastizismus' kann als Vorstufe jener Malerei verstanden werden, die sich noch dezidierter auf die Modalitäten ihres Mediums besann: mit der Schichtung von Flächen lasierender Farben sollten dann beispielsweise im Werk Mark Rothkos Transzendenzerfahrungen ausgelöst werden, die aus der Unbestimmtheit ihrer Formen und damit der Irritation der Statik hervorgehen könnten. In ihrem genuin malerischen Bezug auf das Licht sollten seine Gemälde Gegenstand einer ästhetischen Erfahrung werden, die zwischen Diesseits und Jenseits vermittelt.

Barnett Newmans Farbfeldmalerei dagegen, scharfkantig akzentuiert, wollte noch darüber hinaus ästhetische Prinzipien der Schönheit – Proportion und Komposition – entgrenzen zur Erfahrung des Erhabenen: durch Asymmetrie oder die ‚Zips' als Streifen bzw. Risse in der ansonsten homogenen Fläche der Gemälde. Newman verkannte in seiner diesbezüglich rigiden Argumentation gegenüber der europäischen Tradition jedoch, dass gerade Kant es gewesen war, der die ästhetischen Kategorien des Schönen und des Erhabenen präzise und durchaus in seinem Sinne voneinander unterschieden hatte, wenn auch für die Naturerfahrung:

> Zum Schönen der Natur müssen wir einen Grund außer uns suchen, zum Erhabenen aber bloß in uns und der Denkungsart, die in die Vorstellung der ersteren Erhabenheit hineinbringt. [...] Also heißt die Natur hier erhaben, bloß weil sie die Einbildungskraft zu Darstellung derjenigen Fälle erhebt, in welchen das Gemüt die eigene Erhabenheit seiner Bestimmung selbst über die Natur sich fühlbar machen kann. [...] Also ist die Erhabenheit in keinem Dinge der Natur, sondern nur in unserem Gemüt enthalten, sofern wir der Natur in uns und dadurch auch der Natur (sofern sie auf uns einfließt) außer uns überlegen zu sein uns bewußt werden können. (Kant, 1790)[75]

In diesem Sinne deutete Newman sein frühes Gemälde *Onement I* (1948) als Resultat einer solchen Erfahrung des Erhabenen, die in der scheinbar unendlichen Weite der USA andere Voraussetzungen habe als in Europa. In der Abkehr von dessen kulturellem Erbe definierte Newman seine genuin amerikanische Aufgabe, gleichsam Pionier im ‚Land der unbegrenzten Möglichkeiten' zu sein und begründete seine Malerei durch eine gleichsam anthropologische Metapher:

> Man's hand traced the stick through the mud to make a line before he learned to throw the stick as a javelin. [...] What is the raison d'être, what is the explanation of the seemingly insane drive of man to be painter and poet, if it is not an act of defiance against man's fall and an assertion that he return to the Adam of the Garden of Eden? For the artists are the first men. (Newman, 1947)[76]

In diesem Vergleich frönte Newman den Mythen vom ‚promised land', vom Selbstbehauptungswillen und Freiheitsanspruch gegen eine maßlose Natur bzw. gegen eine verhärtete Gesellschaft. Mit seinem frühen Gemälde *Onement I* (1948), einem Schlüsselbild innerhalb seines Oeuvres, wurde dieser Anspruch sichtbar, eine Linie im Nichts markiert die Orientierung des Individuums, als sinnfällige Artikulation (menschlicher) Existenz, und dieser Anspruch ging auf die Erfahrung des Kunstwerks über:

> That painting called *Onement I*: what it made me realize is that I was confronted for the first time with the thing that I did, whereas up until that moment I was able to remove myself from the act of painting, or from the painting itself. The painting was something that I was making, whereas somehow for the first time with this painting the painting itself had a life of its own in a way that I don't think the others did, as much. (Newman, 1965)[77]

Die von Newman betonte existenzielle Dimension der Markierung einer Linie im strukturlosen Grund des Gemäldes, die auch negativ als ‚Zip', als Riss, wahrgenommen werden kann, ist primär als ein Akt der Selbstbehauptung gegenüber der Kontingenz zu erleben, doch führte sie in der beunruhigenden Ambivalenz von Linie und Fläche, Figur und Grund, auch zu einem ästhetischen ‚life of its own', zu einem ‚Eigenleben' als Bildobjekt. Newman variierte diese Konstellation in wechselnden Formaten und Farben, welche auch die Betrachtenden seiner Gemälde einer solchen Bildpräsenz aussetzen sollten. In der jeweils ungelösten Ambivalenz von Figur und Grund, die seine ‚Zips' als Streifen oder Risse erzeugen, wurde das Bild tendenziell zu einem Objekt, das auch die Betrachtenden ästhetisch beunruhigt. So suchte Newman das Erhabene aus der Naturerfahrung in die Kunsterfahrung zu übertragen, wobei, mit Armin Zweite formuliert, „aus einer Ästhetik des Schreckens [...] ein Schrecken des Ästhetischen [werden sollte]".[78] Die Betrachtenden sollten nach anfänglicher Desorientierung eines kathartischen Erlebnisses teilhaftig werden, das sich Newman weniger im Sinne Kants als Erhebung, eher im Sinne Edmund Burkes (*A Philosophical Inquiry Into the Original of Our Ideas of the Sublime and the Beautiful*, London 1759) als Erschütterung dachte.

Das Erhabene einer Naturerfahrung, wie Kant es beschrieben hatte, bestimmte Adorno dann rückwirkend schon für die Romantik als mögliche Kategorie der Kunsterfahrung, ja als „geschichtliches Konstitutens von Kunst selber“:

> Mit der Kritik an der absolutistischen, Natur als ungestüm, ungehobelt, plebejisch tabuierenden Formenwelt drang in der europäischen Gesamtbewegung gegen Ende des 18. Jahrhunderts in die Kunstübung ein, was Kant als erhaben der Natur reserviert hatte und was in ansteigenden Konflikt mit dem Geschmack geriet. Die Entfesselung des Elementarischen war eins mit der Emanzipation des Subjekts und damit dem Selbstbewusstsein des Geistes. Es vergeistigt als Natur die Kunst. Ihr Geist ist Selbstbesinnung auf sein eigenes Naturhaftes. Je mehr Kunst ein Nichtidentisches, unmittelbar dem Geist Entgegengesetztes in sich hineinnimmt, desto mehr muss sie sich vergeistigen. [...] Das Erhabene, das Kant der Natur vorbehielt, wurde nach ihm zum geschichtlichen Konstituens von Kunst selber. Das Erhabene zieht die Demarkationslinie zu dem, was später Kunstgewerbe hieß. Kants Vorstellung von der Kunst war insgeheim die eines Dienenden. Kunst wird human in dem Augenblick, da sie den Dienst kündigt. (Adorno, 1970)[79]

Während die Reduktion der Malerei auf ihre Grundfarben für Malewitsch und vor allem für Mondrian Vorbedingung dafür war, mit ihren Kompositionen Modelle einer besseren Welt zu entwerfen, blieb die Malerei Ad Reinhardts und Newmans eher weltabgewandt, allein daran interessiert, mit der Artikulation von Farbe, Linie, Proportion, Format, Hell-Dunkel, derart bewegende ästhetische Erfahrungen auszulösen. Ihre Verweigerung bildlicher Figuration, sei sie nun jüdisch kabbalistisch motiviert oder nicht, war im Kontext des neuen Bilderkonsums aus den Massenmedien auch ein Versuch, die Betrachtenden Erfahrungen (des Erhabenen) auszusetzen, mit denen sich die Kunst inmitten der Kulturindustrie amerikanischer Prägung eine spezifische Funktion zu sichern suchte. In bestechender Diktion hat Newman diese Zäsur gegenüber der europäischen Tradition zu begründen versucht, einerseits historisch, andererseits anthropologisch, auch mit einem explizit politischen Anspruch, in dem sich ein genuin amerikanischer Individualismus äußert.

> I believe that here in America, some of us, free from the weight of European culture, are finding the answer [whether beauty was in nature or could be found without nature] by completely denying that art has any concern with the problem of beauty and where to find it. The question that now arises is how, if we are living in a time without a legend or mythos that can be called sublime, if we refuse to admit any exaltation in pure relations, if we refuse to live in the abstract, how can we be creating

> a sublime art? We are reasserting man's natural desire for the exalted, for a concern with our relationship to the absolute emotions. We do not need the obsolete props of an outmoded and antiquated legend. We are creating images whose reality is self-evident and which are devoid of the props and crutches that evoke associations with outmoded images, both sublime and beautiful. We are freeing ourselves of the impediments of memory, association, nostalgia, legend, myth, or what have you, that have been the devices of Western European painting. Instead of making ‚cathedrals' out of Christ, man or ‚life', we are making (them) out of ourselves, out of our own feelings. The image we produce is the self-evident one of revelation, real and concrete, that can be understood by anyone who will look at it without the nostalgic glasses of history. (Newman, 1948)[80]

Mit der radikalen Absage an jede soziale Bindung der Kunst, mit der Hoffnung auf ihren möglichen Impuls für eine freiheitliche Selbstbesinnung, Selbstbestimmung, korrespondieren Adornos (zeitgleiche) Überlegungen zur Kategorie des Erhabenen in ihrer Übertragung von der Natur auf die nun in neuer Weise ideell aufgeladene Kunst:

> Als Vergeistigtes wird das Kunstwerk an sich, was man ihm sonst als Wirkung auf anderen Geist, als Katharsis zusprach, Sublimierung von Natur. [...] Unvereinbar ist (die) Humanität (der Kunst) mit jeglicher Ideologie des Dienstes am Menschen. Treue hält sie den Menschen allein durch Inhumanität gegen sie. Durch ihre Transplantation in die Kunst wird die Kantische Bestimmung des Erhabenen über sich hinausgetrieben. [...] Je dichter die empirische Realität dagegen sich sperrt, desto mehr zieht sich Kunst ins Moment des Erhabenen zusammen; zart verstanden, war, nach dem Sturz formaler Schönheit, die Moderne hindurch von den traditionellen ästhetischen Ideen seine allein übrig. (Adorno, 1970)[81]

Tatsächlich maß Newman der Malerei inmitten der staatlich verwalteten Welt der USA als neuer Weltmacht des Kapitalismus eine geradezu therapeutische Funktion für die ungebundene Freiheit des Einzelnen zu:

> Harold Rosenberg challenged me to explain what one of my paintings could possibly mean to the world. My answer was that if he and others could read it properly it would mean the end of all state capitalism and totalitarianism. That answer still goes. (Newman, 1962)[82]

In seltener Prägnanz hat dann Greenberg diesen neuen Bildbegriff kunsthistorisch profiliert, ohne direkten politischen Anspruch, aber doch mit klarer Opposition zu einem traditionellen europäischen Verständnis von Kultur:

> The picture has now become an object of literally the same spatial order as our bodies, and no longer the vehicle of an imagined equivalent of that order. It has lost its ‚inside' and become almost all ‚outside', all plane surface. The spectator can no longer escape into it from the space in which he himself stands; on the contrary, the abstract or quasi-abstract picture returns him to that space in all its brute literalness. (Greenberg, 1954)[83]

Das als ‚modernistisch' sich bekennende „Selbstbewusstsein" der Kunst (Sedlmayr) war in der modernen Weltmacht USA – und doch gedanklich gegen sie gerichtet – auf einem vorläufigen Höhepunkt angekommen, das Bild verstanden als Akteur, nicht mehr nur Medium, ästhetischer Erfahrung im – wie Greenberg betont – selben Raum.

Anmerkungen

1 Erwin Panofsky, *Perspektive als* ‚symbolische Form' (=*Vorträge der Bibliothek Warburg,* IV, 1924/1925), in: Ders., *Deutschsprachige Aufsätze,* hrsg. v. Karen Michels und Martin Warnke, 2 Bde., Berlin: Akademie Verlag 1998, Bd. 2, S. 644–758.

2 Vgl. dazu: Linda Dalrymple Henderson, *The Fourth Dimension and Non-Euclidian Geometry in Modern Art,* Princeton University Press 1983, S. 81.

3 Guillaume Apollinaire, *La Peinture nouvelle. Notes d'Art,* in: *Les Soirées de Paris* (April – Mai 1912), zit. nach: Harrison / Wood 1997, S. 216f., hier S. 216.

4 Rainer Maria Rilke an Clara Rilke, in Briefen vom 21. und 22.10.1907, in: *Rainer Maria Rilke, Briefe über Cézanne,* hrsg. v. Clara Rilke (1952) Frankfurt/Main: Insel 1977, S. 37, 39.

5 Fernand Léger spricht in der Lösung vom „imitativen visuellen Realismus" zu einem „Realismus der Konzeption": *Les origines de la peinture et sa valeur représentative,* in: *Montjoie!* 1913, zit. nach: Harrison / Wood 1997, S. 231–235, hier S. 232f.

6 Guillaume Apollinaire, *Notes,* in: *Les Soirées de Paris* (11. Dezember 1912), S. 348f., zit. nach: *Robert Delaunay 1906–1914. De l'impressionisme à l'abstraction,* Ausstellungskatalog, Centre Georges Pompidou, Paris 1999, S. 246f.

7 Guillaume Apollinaire, *Die moderne Malerei (La peinture moderne),* in: *Der Sturm* (Februar 1913) (=*Chroniques d'art* 1902–1918, Paris: Gallimard 1993, S. 350–356), zit. nach: Kat. *Robert Delaunay* 1999, S. 247.

8 Antonin Artaud, *Van Gogh, le suicidé de la société* (1947), in: Ders., *Oeuvres complètes,* Paris: Gallimard 1974, Bd. 13, S. 25–62.

9 Filippo Tommaso Marinetti, *Manifeste du Futurisme,* in: *Le Figaro* (20. Februar 1909), § 4, 5, 10, 11, zit. nach: *Les grands manifestes de l'art des XIXe et XXe siècles,* choisis e commentés par Antje Kramer, Paris: Beaux Arts Éditions 2011, S. 42–46, hier S. 43.

10 Wassily Kandinsky, *Über das Geistige in der Kunst,* München: Piper 1912; Reinhard Zimmermann, *Die Kunsttheorie von Wassily Kandinsky,* 2 Bde., Berlin: Mann 2002, Bd. 1, S. 288.

11 Wassily Kandinsky, *Rückblicke,* Berlin 1913; hier nach der Ausgabe Bern 1977, S. 14f., 24, 32.

12 Rudolf Steiner, *Die Erkenntnis der Seele und des Geistes* (1907/1908), Dornach: Rudolf Steiner Verlag 1965; vgl. dazu: Sixten Ringbom, *The Sounding Cosmos. A Study in the Spiritualism of Kandinsky and the Genesis of Abstract Painting,* Abo: Abo 1970, S. 31–39; Zimmermann 2002, Bd. 1, S. 287–296.

13 Wassily Kandinsky, *Über das Geistige in der Kunst* (München 1912), 10. Aufl., Bern 1952, S. 40, 115.

14 Wilhelm Worringer, *Abstraktion und Einfühlung. Ein Beitrag zur Stilpsychologie,* hier zit. nach der 3. Aufl., München 1911, S. 19; vgl. zur Parallelität der Rhetorik von Kandinsky und Worringer: Wolfgang Ullrich, *Was war Kunst? Biographien eines Begriffs,* Frankfurt/Main: Fischer Taschenbuch 2005, S. 194–206.

15 Marcel Duchamp, *Propos recueillis* par James Johnson Sweeney, in: *The Bulletin of the Museum of Modern Art* 13 (1946), S. 4–5, 19–21, hier zit. nach: Michel Sanouillet (Hrsg.), *Marchand du sel. Écrits de Marcel Duchamp,* Paris: Le Terrain Vague 1959, S. 108–115, hier S. 111 (Übersetzung H. D.).

16 Marcel Duchamp, *L'artiste doit-il aller à l'université?* (1960), in: Michel Sanouillet (Hrsg.), *Duchamp du signe. Écrits,* Paris: Flammarion 1994, S. 236–239, hier S. 237.

17 André Breton, *Marcel Duchamp, La phare de ‚La Mariée',* in: *Minotaure* 6 (1934), S. 48, in: Ders., *Le Surréalisme et la peinture,* 2. Aufl., Paris: Gallimard 1965, S. 85–98, hier S. 94.

18 Walter Benjamin, *Malerei und Graphik* (1917) in: Ders., *Aufsätze, Essays, Vorträge* (=*Gesammelte Schriften,* Bd. 2, 2), hrsg. v. Rolf Tiedemann und Hermann Schweppenhäuser, Frankfurt/Main: Suhrkamp 1977, S. 602f., hier S. 603.

19 Paul Klee, *Über die moderne Kunst* (1924), Bern: Benteli 1945, S. 11f.

20 Klee 1924, passim.

21 Piet Mondrian, *Dialogue on the New Plastic* (=*Dialoog over de nieuwe beelding*), in: *De Stijl* (1919), zit. nach: Harrison / Wood 2003, S. 284–288, hier S. 284, 288.

22 Piet Mondrian, *Le Néo-plasticisme: principe général de l'équivalence plastique,* Paris 1921, zit. nach: Harrison / Wood 1997, S. 327–331, hier S. 329.

23 Kasimir Malewitsch, *Ot kubizma i futurizma k suprematizmu: Novyi zivopisnyi realizm,* Moskau 1916 (deutsch als *Vom Kubismus und Futurismus zum Suprematismus: der neue Realismus in der Malerei*), zit. nach: Charles Harrison und Paul Wood (Hrsg.), *Kunsttheorie im 20. Jahrhundert. Künstlerschriften, Kunstkritik, Kunstphilosophie, Manifeste, Statements, Interviews,* 2 Bde., Ostfildern-Ruit: Hatje Cantz 1998, S. 208–220, hier S. 209f., 215.

24 Kasimir Malewitsch, *Suprematizm,* in: *10 ya-Gos,* Ausstellungskatalog, Moskau 1919, deutsch zit. nach: Harrison / Wood 1998, S. 327–329, hier S. 328.

25 Kasimir Malewitsch, *Das Problem der abbildenden Kunst,* 1920, deutsch zit. nach: Harrison / Wood 1998, S. 336–343, hier S. 339.

26 Alexander Rodtschenko, deutsch zit. nach: *Alexander Rodtschenko und Warwara Stepanova,* Ausstellungskatatlog, Wilhelm Lehmbruck Museum, Duisburg 1983, S. 17.

27 Vladimir Tatlin, *Rechenschaftsbericht über die Forschungsarbeit im Jahre 1924, Abteilung Materialkultur 1924,* deutsch zit. nach: Harrison / Wood 1998, S. 368–369, hier S. 369.

28 Laszlo Moholy-Nagy, *1922,* deutsch zit. nach: Sybil Moholy-Nagy, *Laszlo Moholy-Nagy – ein Totalexperiment,* Mainz: Kupferberg 1972, S. 30f.

29 Walter Gropius, *Programm des Staatlichen Bauhauses in Weimar,* 1919, zit. nach: Karl-Heinz Hüter, *Das Bauhaus in Weimar. Studie zur gesellschaftspolitischen Geschichte einer deutschen Kunstschule,* Berlin: Akademie Verlag 1976, S. 207f., hier S. 208; *Stimmen des Arbeitsrates für Kunst,* 1919, zit. nach: Hüter 1976, S. 206–210, hier S. 206.

30 Boris Groys hat diese totalitäre Tendenz des Konstruktivismus in seiner Studie *Gesamtkunstwerk Stalin. Die gespaltene Kultur in der Sowjetunion* (München: Hanser 1988) dargelegt.

31 Alexander Rodtschenko, *Losungen und Organisationsprogramm der Arbeitsgruppe für das Malereistudium in staatlichen Kunstanstalten,* 1920/1921, übers. von Annette Friedrich, in: *Alexander Rodtschenko, Warwara Stepanova. Die Zukunft ist unser einziges Ziel,* Ausstellungskatalog, Österreichisches Museum für angewandte Kunst, Wien, München: Prestel 1991, S. 158.

32 Zit. nach: *Die große Utopie, Die russische Avantgarde 1915–1923,* Ausstellungskatalog, Schirn Kunsthalle, Frankfurt/Main 1992, S. 267.

33 El Lissitzky, *Proun* (1920), in: *De Stijl* 5, 6 (1922), zit. nach: Sophie Lissitzky-Küppers (Hrsg.), *El Lissitzky. Maler. Architekt, Typograf, Fotograf,* Dresden: Verlag der Kunst 1976, S. 348f.

34 Jacques Rancière, *La Mésentente: Politique et philosophie,* Paris: Galilée 1995, S. 51–53, 56, 60.

35 Vgl. dazu: Jula Dech, *Hannah Höch, Schnitt mit dem Küchenmesser Dada durch die letzte Weimarer Bierbauchkulturepoche Deutschlands,* Frankfurt/Main: Fischer 1989.

36 Kurt Schwitters, *Selbstbestimmungsrecht der Künstler,* in: *Anna Blume. Dichtungen,* Hannover 1919 (*Die Silbergäule,* 39/40), S. 37 (=*Kurt Schwitters, Das literarische Werk,* hrsg. v. Friedhelm Lach, 5 Bde., Köln: DuMont 1973–1981, Bd. 5, S. 38); Kurt Schwitters, *MERZ 1920,* in: Kurt Schwitters, *MERZ (19.12.1920),* in:

Der Ararat 2, 1 (1921), S. 3–9 (=*Schwitters 1973–1981,* Bd, 5, S. 77); *Kurt Schwitters (Biographie),* in: Heinz und Bodo Rasch (Hrsg.), *Gefesselter Blick,* Stuttgart 1930, S. 88f. (=*Schwitters 1973–1981,* Bd. 5, S. 335).

37 Walter Benjamin, *Der Autor als Produzent* (1934), in: Ders., *Aufsätze, Essays, Vorträge* (=*Gesammelte Schriften,* Bd. 2, 2), hrsg. v. Rolf Tiedemann und Hermann Schweppenhäuser, Frankfurt/Main: Suhrkamp 1977, S. 683–701, hier S. 693, 696.

38 Richard Huelsenbeck, *Dadaistisches Manifest,* in: Ders. (Hrsg.), *DADA. Eine literarische Dokumentation,* Reinbek: Rowohlt 1964, S. 27–29, hier S. 27f.

39 Walter Benjamin, *Goethes Wahlverwandtschaften* (1917), in: Ders., *Abhandlungen* (=*Gesammelte Schriften,* Bd. 1, 1), hrsg. v. Rolf Tiedemann und Hermann Schweppenhäuser, Frankfurt/Main: Suhrkamp 1974, S. 123–201, hier S. 181.

40 Walter Benjamin, *Das Passagen-Werk* (=Ders., *Gesammelte Schriften,* Bd. 5, 1), hrsg. v. Rolf Tiedemann, Frankfurt/Main: Suhrkamp 1982, S. 574.

41 Ernst Bloch, *Revueform in der Philosophie* (1928), in: Ders., *Erbschaft dieser Zeit* (1935), in: Ders., *Gesamtausgabe,* Frankfurt/Main: Suhrkamp 1962, Bd. 4, S. 368–371, hier 369.

42 Vgl. zur Programmatik einer ‚Esthétique de la non-cohérence': Jean-Marc Laschaud, *Collages, Montages, Assemblages au XXe siècle,* 2 Bde., Paris 2018, Bd. 2 (=*Le fragment à l'oeuvre*): *Ernst Bloch: une esthetique de la réalité interrompue,* S. 273–284.

43 Ernst Bloch, *Montage, mittelbar,* in: Ders., *Erbschaft dieser Zeit* (1935), in: Ders., *Gesamtausgabe,* Frankfurt/Main: Suhrkamp 1962, Bd. 4, S. 225–228, hier 227.

44 Adorno 1970, S. 231–233.

45 André Breton, *Manifeste du surréalisme* (1924), in: Ders., *Manifestes du surréalisme,* Paris: Gallimard 1985, S. 13–60, hier S. 20.

46 André Breton, *Le Surrealisme et la peinture* (1928), in: Ders., *Le Surréalisme et la peinture,* 2. Aufl., Paris: Gallimard 1965, S. 1–82, hier S. 4.

47 Max Ernst, *Was ist Surrealismus?,* in: *Was ist Surrealismus?,* Ausstellungskatalog, Kunsthaus Zürich 1934, S. 3–7, zit. nach: *Max Ernst,* hrsg. v. Werner Spies, Ausstellungskatalog, Tate Gallery London / Staatsgalerie Stuttgart, München: Prestel 1991, S. 309f.

48 Breton 1985, S. 24.

49 Ebd., S. 36.

50 Salvador Dali, *L'âne pourri,* in: Salvador Dali, *La Femme visible,* in: *Éditions surrealistes,* Paris 1930, zit. nach: Harrison / Wood 1997, S. 534–537, hier 535, 537.

51 El Lissitzky und Hans Arp (Hrsg.), *Die Kunstismen, Les Ismes de l'art, The Isms of Art,* Erlenbach-Zürich / München / Leipzig: Rentsch 1925.

52 Theo van Doesburg, 1929, zit. nach: Werner Hofmann, *Grundlagen der modernen Kunst. Eine Einführung in ihre symbolischen Formen,* Stuttgart: Kröner 1966, S. 453.

53 Hofmann 1966, S. 454f.

54 Opposition der Novembergruppe, *Offener Brief an die Novembergruppe,* in: *Der Gegner* 1, 8/9 (1921), S. 297–301, zit. nach: Harrison / Wood 1998, S. 312–314, hier S. 313.

55 Otto Dix, *Das Objekt ist das Primäre* (1927), in: *Berliner Nachtausgabe* (3. Dezember 1927), zit. nach: Harrison / Wood 1998, S. 488.

56 Paul Westheim, *Otto Dix,* in: *Das Kunstblatt* 10 (1926), S. 145.

57 Max Beckmann, *Ein Bekenntnis. Beitrag zu* Schöpferische Konfession (1920), 1918, in: Ders., *Die Realität der Träume in den Bildern. Aufsätze und Vorträge 1903–1950,* hrsg. v. Rudolf Pillep, 2. Aufl., Leipzig: Reclam 1987, S. 89–91, hier S. 90, 89.

58 Beckmann 1987, S. 138f.

59 Gottfried Benn, *Nach dem Nihilismus,* in: *Der Vorstoß. Wochenschrift für die deutsche Zukunft* (19. Juli 1932), zit. nach: Olaf Peters, *Vom schwarzen Seiltänzer. Max Beckmann zwischen Weimarer Republik und Exil,* Berlin: Reimer 2005, S. 166.

60 Konrad Fiedler, *Schriften zur Kunst,* 2 Bde., Nachdruck der Ausgabe München 1896; 1913/1914, München: Fink 1971, Bd. 2, S. 66; Bd. 1, S. 314f., 54f.

61 Vgl. Marlen Schneider, *Picasso auf der Suche. Guernica und die Atelierstudie zur Weltausstellung,* in: *Zeitschrift für Kunstgeschichte* 75 (2012), S. 239–266.

62 Michel Leiris, *Faire-part,* in: *Cahiers d'art* 12, 4–5 (1937), S. 128.

63 Adorno bekräftigte seine Aussage noch 1962: „Den Satz, nach Auschwitz noch Lyrik zu schreiben, sei barbarisch, möchte ich nicht mildern." Theodor W. Adorno, *Engagement oder künstlerische Autonomie,* in: *Die neue Rundschau* 73, 1 (1962), in: Ders., *Gesammelte Schriften,* Bd. 2, *Noten zur Literatur III,* hrsg. v. Rolf Tiedemann, Frankfurt/Main: Suhrkamp 1974 (1984), S. 409–430, hier S. 422; ursprünglich in: *Kulturkritik und Gesellschaft I* (1951), in: Ders., *Gesammelte Schriften,* Bd. 10, 1, hrsg v. Rolf Tiedemann, Frankfurt/Main: Suhrkamp 1972, S. 30.

64 Francis Ponge, *Note sur ‚Les Otages'. Peintures de Fautrier* (Januar 1945), in: Ders., *Oeuvres complètes,* hrsg. v. Bernard Beugnot, 2 Bde., Paris: Gallimard 1999, Bd.1, S. 92–115, hier S. 96, 105, 115.

65 Jean-Paul Sartre, *The Search for the Absolute,* in: *Alberto Giacometti. Sculptures, Paintings, Drawings,* Ausstellungskatalog, Pierre Matisse Gallery, New York 1948, S. 2–22, hier S. 4–6.

66 Jean Paul Sartre, *L'Existentialisme est un humanisme,* Paris: Gallimard 1946, S. 2f.

67 Francis Bacon, im Gespräch mit David Sylvester (1963), in: David Sylvester, *The Brutality of Fact: Interviews with Francis Bacon,* London: Thames and Hudson 1975, S. 8–29, hier S. 9, 11.

68 Vgl. dazu: Darian Leader, *Revisiting the Mirror Phase,* in: Ben Ware (Hrsg.), *Francis Bacon, Painting, Philosophy, Psychoanalysis,* London: Thames and Hudson 2019, S. 57–68; Jacques Lacan, *Le stade du miroir comme formateur de la fonction du Je* (1949), in: Ders., *Écrits* 1, Paris: Éditions du Seuil 1966, S. 93–100 (*Das Spiegelstadium als Bildner der Ichfunktion, wie sie uns in der psychoanalytischen Erfahrung erscheint* (1949), in: Ders., *Schriften I,* hrsg. v. Norbert Haase, Olten: Walter 1973, S 61–70).

69 Georges Bataille, *Dictionnaire critique*; *‚Informe'*, *‚Matérialisme',* in: Ders., *Documents* 1929, Bd.1, 7, S. 382; Bd. 1, 3, S. 170 (Paris 1968).

70 Vgl. Harrison / Wood 2003, S. 797–803.

71 Clement Greenberg, *Avant-Garde and Kitsch,* in: *Partisan Review* 6, 5 (1939), S. 34–49, zit. nach: Ders., *The Collected Essays and Criticism,* Bd. 1 (=*Perceptions and Judgements 1939–1944*), hrsg. v. John O'Brian, Chicago / London: The University of Chicago Press 1986, S. 5–22, hier S. 8f.

72 So schon Theo van Doesburg, *Base de la peinture concrète*; *Commentaires sur la base de la peinture concrète,* in: *Art concrète* 1 (1930), S. 1–4.

73 Jackson Pollock, *Interview with William Wright* (1950), in: *Jackson Pollock,* Ausstellungskatalog, Museum of Modern Art, New York 1967, S. 79–81, zit. nach: Harrison / Wood 2003, S. 583–586, hier S. 584.

74 Harold Rosenberg, *The American Action Painters,* in: *Art News* 51 (Dezember 1952), S. 22–26, zit. nach: Harrison / Wood 2003, S. 589–592, hier S. 589, 591.

75 Immanuel Kant, *Kritik der Urteilskraft,* I, § 23, 28, 29 (=*Analytik des Erhabenen*), in: *Kants Gesammelte Schriften,* 1908, Bd. 5, S. 246, 262, 264.

76 Barnett Newman, *The First Man Was an Artist,* in: *Tiger's Eye* 1, 1 (1947), S. 57–60, hier S. 60, zit. nach: Ders., *Selected Writings and Interviews,* hrsg. v. John P. O'Neill, New York: Alfred A. Knopf 1990, S. 156–160, hier S. 159f.

77 Barnett Newman, *Interview with David Sylvester* (1965), zit. nach: Newman 1990, S. 254–259, hier S. 256. Zur zentralen Bedeutung dieses Bildes auch: Yve-Alain Bois, *Perceiving Newman,* in: *Painting as Model,* Cambridge (Mass.): The MIT Press 1993, S. 187–213.

78 Armin Zweite, *Barnett Newman. Bilder, Skulpturen, Graphik,* Ostfildern-Ruit: Hatje 1994, S. 56.

79 Adorno 1970, S. 292f.

80 Barnett Newman, *The Sublime is Now,* in: *The Tiger's Eye* 1, 6 (1948), S. 51–53, hier S. 53, zit. nach: Newman 1990, S. 170–173, hier S. 173.

81 Adorno 1970, S. 293f.

82 Barnett Newman, *‚Frontiers of Space'. Interview with Dorothy Gees Seckler,* in: *Art in America* 50, 2 (1962), S. 83, 86–87, hier S. 87, zit. nach: Newman 1990, S. 247–251, hier S. 251.

83 Clement Greenberg, *Abstract and Representational* (1954), zit. nach: Ders., *The Collected Essays and Criticism,* Bd. 3 (=*Affirmations and Refusals 1950–1956*), hrsg. v. John O'Brian, Chicago / London: The University of Chicago Press 1999, S. 186–193, hier S. 191.

Zweite Moderne und Neo-Avantgarde

Diesseits des Bildes – ‚The Flatbed of Information' – Assemblage in der Neo-Avantgarde – *Das offene Kunstwerk*

Der von Leo Steinberg 1972 in die Ästhetische Theorie eingebrachte Begriff des ‚Flatbed Picture Plane' beschreibt einen erneuten Paradigmenwechsel in der Kunst, die Abwendung von der Vertikalität des Tafelbildes zur Horizontalität des Bildes als Protokoll und Palimpsest tatsächlicher Ereignisse und Gegenstände, wie es bereits in den Assemblagen der Avantgarde begegnete und auch mit Pollocks ‚Action painting' vorbereitet wurde. Die neue Auffassung der Bildfläche als Ebene, ihre Offenheit für Objekte und Phänomene diesseits ikonischer Sublimierung ging ihrerseits der späteren Aktionskunst voraus, die schließlich sogar das Publikum einbeziehen sollte. Steinberg erörterte diese polymorphe Form der Bildlichkeit anhand verschiedener Beispiele aus der damals zeitgenössischen Kunst:

> The Flatbed Picture Plane: I propose to use the word to describe the characteristic picture plane of the 1960s – a pictorial surface whose angulation with respect to the human posture is the precondition of its changed content. […] Yet these pictures no longer simulate vertical fields, but opaque flatbed horizontals. They no more depend on a head-to-toe correspondence with human posture than a newspaper does. The flatbed picture plane makes its symbolic allusion to hard surfaces such as tabletops, studio floors, charts, bulletin boards – any receptor surface on which objects are scattered, on which data is entered, on which information may be received, printed, impressed – whether coherently or in confusion. The pictures of the last fifteen to twenty years insist on a radically new orientation, in which the painted surface is no longer the analogue of a visual experience of nature but of operational processes. […] I tend to regard the tilt of the picture plane from vertical to horizontal as expressive of the most radical shift in the subject matter of art, the shift from nature to culture. […] The flatbed picture plane lends itself to any content that does not evoke a prior optical event. […] The all-purpose picture plane underlying this post-Modernist painting has made the course of art once again non-linear and unpredictable. What I have called the flatbed is more than a surface distinction if it is understood as a change within painting that changed the relationship between artist and image, image and viewer. Yet this internal change is no more than a symptom of changes which go far beyond questions of picture planes, or of painting as such. It is part of a shakeup which contaminates all purified categories. The deepening inroads of art into non-art continue to alienate the connoisseur as art defects and departs into strange territories leaving the old stand-by criteria to rule an eroding plain. (Steinberg, 1972)[1]

Steinbergs Beobachtungen diagnostizieren einen grundsätzlichen Paradigmenwechsel gegenüber der Malerei der ‚New York School'. Als Kritiker formulierte er dabei zugleich ein künstlerisches Programm, bedeutete die Horizontalisierung der Kunst doch eine Hinwendung zum Alltagsleben. Kaum ein Kunstwerk veranschaulicht diese neue Tendenz besser als Robert Rauschenbergs Zyklus der Illustrationen zu Dantes *Göttlicher Komödie* (1958–1960), der den vielsinnigen Stoff der ‚Canti' veranschaulicht und aktualisiert mit abgeriebenen Fragmenten aus zeitgenössischen Illustrierten und – umgekehrt – Dantes Gesellschaftskritik auf die US-amerikanische Gesellschaft der späten 1950er-Jahre überträgt.[2] Gleichzeitig hat auch Jasper Johns Motive der visuellen Kommunikation seiner Zeit, z. B. Flaggen, Zielscheiben, Zahlen, gemalt, auf Bildträgern aus collagierten Zeitungsausschnitten in der Enkaustik-Technik. Wie Rauschenberg befragt er damit den Status der Medien ebenso wie den der Malerei, im ironischen Echo der Motive, die Flagge als Malerei, die Malerei als Flagge. Später büßte die Kunst ihre ikonische Abbildfunktion gänzlich ein, um stattdessen indexikalische Qualitäten zu gewinnen, wie es Rosalind Krauss für einige Strategien zeitgenössischer Skulptur (*Passages in Modern Sculpture* 1977) und die Kunst mit Photographie beschrieben hat:

> If the Symbolic finds its way into pictorial art through the human consciousness operating behind the forms of representation, forming a connection between objects and their meaning, this is not the case for photography. Its power is as an index and its meaning resides in those modes of identification which are associated with the Imaginary. […] Whatever else its power, the photograph could be called sub- or pre-symbolic, ceding the language of art back to the imposition of things. […] The functioning of the index in the art of the present, the way that it operates to substitute the registration of sheer physical presence for the more highly articulated language of aesthetic conventions (and the kind of history which they encode) […] involve a much wider field than the types of objects, I have just named. They include a shifting conception of abstract art as well. (Krauss, 1977)[3]

Mit ihrem Hinweis auf die Abkehr von der „hochdifferenzierten Sprache ästhetischer Konventionen" und dem „Symbolischen" generell nahm Krauss Bezug auf die in den USA frühzeitig rezipierten Diskurse des französischen (Post-)Strukturalismus. Dem Schritt vom Bild als genuin malerischem Farbfeld zum Bild als ‚flatbed', den Johns, Rauschenberg und Cy Twombly als erste vollzogen hatten, folgten auch andere Künstlerinnen und Künstler ihrer Generation, indem sie experimentell mit indexikalischen Verfahren arbeiteten. Während Newman stets die Einheit der vertikal stehenden, homogen bemalten Bildfläche betonte, ließen sie eine heterogene Vielfalt disparater Elemente auf der Bildfläche interagieren, die beispielsweise aus Illustrierten und Printmedien entnommen waren. Und statt, wie Pollock, eine Analogie zur Natur im Akt des Malens zu deklarieren, wurden nun mit der Referenz auf Zivilisation und Kultur gesellschaftliche Bezüge relevant. Parallel dazu hatten insbesondere US-amerikanische Künstler mit ihrer Orientierung an der Populärkultur und der Werbung die ‚Pop Art' etabliert. Die vorangegangene Bekräftigung der Modalitäten der Malerei, die in den 1940er-Jahren noch mit dem Anspruch auf individuelle Freiheit in der Produktion wie der Rezeption der Werke verbunden war, hatte ihr innovatives Potential eingebüßt, seitdem die ‚New York School' sich in den 1950er-Jahren quasi als offizielle US-Kunst durchgesetzt hatte.[4] Der neue Weg, den die maßgeblichen Künstler der nächsten Generation, viele ehemals Schüler am Black Mountain College, einschlugen, Johns, Rauschenberg, Twombly, ist vergleichbar mit Duchamps Abschied von der seinerzeit schon anerkannten Malerei des Kubismus; die Zäsur um 1960 war ebenso durch die Ästhetik John Cages motiviert. In neo-avantgardistischer Haltung eigneten sich die Künstler und Künstlerinnen Strategien der Assemblage an, ihre Figuration und Gegenständlichkeit war also keineswegs naiv, sondern reflexiv vermittelt über eine ironische Auseinandersetzung mit den Massenmedien, die mit der Einführung des TV in den USA kulturell prägenden Einfluss gewonnen hatten.

Steinberg hat in diesen Verfahren erstmals eine ‚postmoderne' Komponente ausgemacht, der Begriff taucht in seiner Würdigung des jungen Rauschenberg erstmals auf. Dessen neo-avantgardistische Verwendung von Fundstücken, beispielsweise aus Zeitschriften, unterscheidet sich nämlich insofern von ähnlichen Arbeitsweisen in der Avantgarde der 1920er-Jahre (Hannah Höch, Kurt Schwitters, John Heartfield), als die Verwendung von Collage, Montage und Assemblage nicht mehr von einem Anti-Kunst Impuls getragen war, sondern bewusst innerhalb der Malerei eingesetzt wurde. Peter Bürger kommentierte diese Aneignung der Vorbilder mit kritischem Vorbehalt:

> Das ‚objet trouvé', das Ding, das gerade nicht Resultat eines individuellen Produktionsprozesses ist, sondern zufälliger Fund, in dem sich die avantgardistische Intention der Verbindung von Kunst und Lebenspraxis materialisierte, ist heute ‚als Kunstwerk' anerkannt. Damit verliert das ‚objet trouvé' seinen Charakter als Antikunst, wird autonomes Werk neben anderen im Museum. (Bürger, 1974)[5]

Dieses integrative Vorgehen kann jedoch auch als spezifisch neue Qualität der damaligen Kunst gewertet werden, insofern diese aus dem System der Künste nicht gänzlich ausbrach, sondern versuchte, es zu öffnen und anzureichern. So hat es Umberto Eco in seiner auf die Literatur bezogenen Studie zum ‚offenen Kunstwerk', *L'opera aperta* (1962), ausgeführt. Seine Diagnosen können auf die bildende Kunst übertragen werden: Im Dialog mit tradierten Formaten der Kunst wurden neue Verfahren zugelassen, neue Motive und Medien eingefügt, die sowohl die Kunstgattung der Malerei befragten als auch von dieser befragt wurden, so dass sich ein altes System der Kunst neuen Erfahrungen öffnete und diese umgekehrt im Horizont der Geschichte einer künstlerischen Reflexion erschlossen werden konnten.

> Mentre l'arte classica introduceva movenze originali all'interno di un sistema linguistico di cui sostanzialmente rispettava le regole basilari, l'arte contemporanea attua la sua originalità nel porre un nuovo sistema linguistico che ha in sé le sue nuove leggi. Ciò facendo attua continuamente un movimento pendolare tra il rifiuto del sistema linguistico tradizionale e la conservazione di esso: se introducesse un sistema assolutamente nuovo, il suo discorso si disolverebbe nell'incommunicazione; la dialettica tra ‚forma' e ‚possibilità' di significati multipli che già ci è parsa essenziale alle opere ‚aperte', si attua proprio in questo moto pendolare. (Eco, 1962)[6]

Eco beschrieb den Bruch mit einer bestehenden Ordnung (der Sprache, des Bildes) zugunsten neuer Erfahrungen und ihrer Reflexion als Wandel von der Sinnstiftung zur Sinnbefragung, durch welche nun auch die bildende Kunst eine kritische Auseinandersetzung mit den neuen Phänomenen kulturindustrieller Bewusstseinsbildung der Massenmedien aufnehmen könne. Diesen Ansatz unterschied er prinzipiell von den klassischen, sinnstiftenden Funktionen der Kunst und Literatur: „Il disordine fecondo di cui la cultura moderna ci ha mostrato la positività; la rottura di un Ordine tradizionale, che l'uomo occidentale credeva immutabile e definitivo e identicava con la struttura oggetiva del mondo." Eco sprach von einer „fruchtbaren Unordnung, deren Positivität die moderne Kultur uns gezeigt hat: dem Zerbrechen einer traditionellen Ordnung, die der westliche Mensch für unwandelbar hielt und mit der objektiven Struktur der Welt gleichsetzte", an deren Vermittlung das Kunstwerk bislang beteiligt war. Diese Dialektik von ‚Form und Offenheit' im ‚offenen Kunstwerk' wird nun als Merkmal eines dynamisch sich entwickelnden Kunstbegriffs aufgefasst: Nach der modernistischen Selbstbeschränkung der Kunst war gerade sie ein Versuch, die kulturellen Kommunikationsformen der Gegenwart in die Reflexion einzubeziehen und herkömmlich prästabilisierte Weltbilder zu befragen. Speziell zur Kunst seiner Zeit, zur informellen Malerei, bemerkte Eco zutreffend: „Una opera aperta affronta appieno il compito di darci una immagine della discontinuità: non la racconta, la è." („Ein offenes Kunstwerk stellt sich die Aufgabe, uns ein Bild von der Diskontinuität [der Welt und ihrer Phänomene] zu geben: es erzählt sie nicht, sondern ist sie.")[7]

Dabei waren es gerade auch Werke der italienischen Kunst der 1960er-Jahre, an denen sich die beschriebenen strukturellen Veränderungen beobachten lassen, z. B. die Material-Assemblagen von Alberto Burri, die ebenso als Materialisierung des Bildes wie als Verbildlichung des Materials verstanden werden können. Burri bereitete damit jenen ‚Ausstieg aus dem Bild' (Laszlo Glozer) vor, den die nächste Generation etwa durch die Inszenierung von Rohstoffen in der italienischen ‚arte povera' vollziehen sollte. Außerdem öffnete sich die Malerei zur Schrift, die ihr neue Inhalte und Formen zuführte, so beobachtete Adorno zur gleichen Zeit:

> Nähert heute, wie der Terminus ‚écriture' es anzeigt, Malerei sich der Schrift, so besagt das nichts anderes, als dass, wie alles Subkutane in der gegenwärtigen Kunst,

> die latente Zeitlichkeit, im Bild durchschlägt: vielleicht weil das Bild ihr nicht länger gewachsen ist. Es gibt die Illusion der absoluten Zeitlosigkeit mit anderen Illusionen preis. Schrift ist ein Zeitloses als Bild von Zeitlichem. Wie sie es fixiert, so wird sie in Zeit zurückübersetzt durch den Akt des Lesens, den sie vorschreibt. (Adorno, 1965)[8]

Das modernistisch evidente Bild werde bewusst aufgebrochen zugunsten einer polyphonen Vielstimmigkeit, etwa bei Twombly, dessen Gemälde sich nur der sukzessiven Betrachtung erschließen. In diesem Sinne kann die Destabilisierung künstlerischer Traditionen auch als Erweiterung und Anreicherung verstanden werden. Die Künstlerinnen und Künstler, die sich im Kontext der damaligen ‚Verfransung' der Künste (Adorno) profilierten, hatten indes noch eine weitere Zäsur zu reflektieren, die Roland Barthes und Michel Foucault mit ihren Überlegungen zum ‚Tod des Autors' ausgelöst hatten, nämlich die Destabilisierung der Künstleridentität. Die Rolle des Autors als ‚Instanz', wie es Foucault beschrieben hatte, war fragwürdig geworden, die „Subjekt-Funktion" solle zugunsten der „Diskurs-Funktion" relativiert werden (ähnlich hat es auch Barthes für das Verhältnis von ‚Werk' und ‚Text' beschrieben):

> Il s'agit de retourner le problème traditionnel. Ne plus poser la question: comment la liberté d'un sujet peut-elle s'insérer dans l'épaisseur des choses et lui donner sens, comment peut-elle animer, de l'intérieur, les règles d'un langage et faire jour ainsi aux visées qui lui sont propres? Mais poser plutôt ces questions: comment, selon quelles conditions et sous quelles formes quelque chose comme un sujet peut-il apparaître dans l'ordre des discours? Quelle place peut-il occuper dans chaque type de discours, quelles fonctions exercer, et en obéissant à quelles règles? Bref, il s'agit d'ôter au sujet (ou à son substitut) son rôle de fondement originaire, et de l'analyser comme une fonction variable et complexe du discours. [...] L'auteur – ou ce que j'ai essayé de décrire comme la fonction-auteur – n'est sans doute qu'une des spécifications possibles de la fonction-sujet. Spécification possible, ou nécessaire? À voir les modifications historiques qui ont eu lieu, il ne paraît pas indispensable, loin de là, que la fonction-auteur demeure constante dans sa forme, dans sa complexité, et même dans son existence. On peut imaginer une culture où les discours circuleraient et seraient reçus sans que la fonction-auteur apparaisse jamais." Oder anders gesagt: „La vérité est tout autre: l'auteur n'est pas une source indéfinie de significations qui viendraient combler l'oeuvre, l'auteur ne précède pas les oeuvres. Il est un certain principe fonctionnel par lequel, dans notre culture, on délimite, on exclut, on sélectionne: bref, le principe par lequel on entrave la libre circulation, la libre manipulation, la libre composition, décomposition, recomposition de la fiction. Si nous avons l'habitude de présenter l'auteur comme génie, comme surgissement perpétuel de nouveauté, c'est parce que qu'en réalité nous le faisons fonctionner sur un mode exactement inverse. (Foucault, 1969)[9]

Indem sie die Interdependenzen sprachlicher und ästhetischer Formen der Verständigung analysierten, konnten die französischen Strukturalisten die modernistische Reinheit der Kunstformen und auch die vermeintlich absolute Freiheit des Künstlers ein Stück weit relativieren. Nicht mehr die geniale Setzung des Einzelnen wurde vorrangig beachtet, vielmehr galt seiner oder ihrer Intervention in die Konventionen gesellschaftlicher Kommunikation besondere Aufmerksamkeit. Barthes hat dies auch in seiner exemplarischen Studie zur Intermedialität im Werk Twomblys, der Interferenz von ‚signe' und ‚geste', Zeichen und Zeichnen, anschaulich beschrieben – analog zur Thematisierung des Schreibens und Lesens in der Literatur, die das ‚Werk' zugunsten der Prozesse seiner Entstehung und Wahrnehmung als ‚Text' zurückdrängen, so Barthes in *De l'oeuvre au texte* (1971):

> La métaphore du Texte se détache ici encore de la métaphore de l'oeuvre; celle-ci renvoie à l'image d'un ‚organisme' qui croît par expansion vitale, par ‚développement' (mot significativement ambigu: biologique et rhétorique); la métaphore du Texte est celle du ‚réseau'; si le Texte s'étend, c'est sous l'effet d'une combinatoire, d'une systématique (image d'ailleurs proche des vues de la biologie actuelle sur l'être vivant); aucun ‚respect' vital n'est donc dû au Texte: it peut être ‚cassé' […], le Texte peut se lire sans la garantie de son père; la restitution de l'intertexte abolit paradoxalement l'héritage. […] La théorie du Texte ne peut coïncider qu'avec une pratique de l'écriture. (Barthes, 1971)[10]

Wenngleich ihre Beobachtungen zur Relativierung der Rolle des Autors, der Autorin, auf die Literatur bezogen waren, lässt sich doch auch in der bildenden Kunst dieser Zeit eine Zurücknahme des Anspruchs auf originale Urheberschaft feststellen, etwa im Gebrauch der gesellschaftlich weit mehr als die Malerei oder Plastik verankerten Medien Photographie und Buch, die per se Fremdreferenzen mit sich bringen. In deren künstlerischem Gebrauch haben z. B. Bernd und Hilla Becher oder Ed Ruscha Architekturtypologien formuliert, die entsprechend zu den seriellen Strukturen der ‚Minimal' und der ‚Pop Art' eine Erscheinungsvielfalt von Gebäuden erfassen, die einzeln von ihren industriellen Prototypen abweichen. Die formale Evidenz dokumentarischer Arbeiten galt nun erneut der Präzisierung im Gegenständlichen.[11]

Im Hinblick auf die Rezeption hatte Eco eine gegenüber dem Modernismus US-amerikanischer Prägung spezifisch europäische Auffassung des Kunstwerkes als „sinnoffen" definiert. Da es Instanzen zentraler Sinnstiftung in einer aufgeklärten Gesellschaft nicht mehr geben könne, sei es primäres Anliegen der Kunst wie der Literatur, „Sinn zu befragen", etablierte symbolische Ordnungen und Verständigungssysteme im Hinblick auf neue Erfahrungen in der Gegenwart zu überprüfen. Gegenüber den ästhetisch autonomen Setzungen in der Kunst der 1950er-Jahre, vor allem in der Malerei, kann tatsächlich für die beiden nachfolgenden Jahrzehnte eine Tendenz zur intermedialen und interkulturellen Verflechtung beschrieben werden, sei es zu den Bildwelten der Massenmedien oder zu

Elementen der Sprache, sei es zur Prozessualität der Entstehung eines Werkes, zur Mitwirkung der Materialien, später auch jener der örtlichen Gegebenheiten, der Integration neuer Medien und auch des partizipierenden Publikums. Sie alle lockerten, destabilisierten den herkömmlichen Status des Kunstwerks als Monade zugunsten seiner Interferenzen mit anderen kulturellen Sphären. In diesem Sinne profilierte Benjamin Buchloh die Arbeiten der französischen De-collage-Künstler Jacques de la Villeglé, François Dûfrene und Raimond Hains, die Plakatwände durch Aufreißen umgestalteten, ebenso wie die auf Umweltprobleme bezogenen Assemblagen von Arman und die Objektverfremdungen von Claes Oldenburg im öffentlichen Raum als innovative, weil in den sozialen Raum expandierende Fortführung der dadaistischen Strategien der Vorkriegsavantgarde.[12]

Dass die Kunstwerke dergestalt porös zu ihrem Umfeld sich öffneten und die Rolle des Autors und der Autorin zugunsten des von ihnen ausgelösten Diskurses relativiert wurde, ist auch mit dem neuen Selbstbewusstsein der Rezipientinnen und Rezipienten zu erklären, die sich analog zu den Konsumenten und Konsumentinnen einer auf Überflussproduktion ausgerichteten Warenwirtschaft neuer individueller Wahlmöglichkeiten erfreuen konnten. Neben die „Kommentarbedürftigkeit des modernen Kunstwerks" (Arnold Gehlen) war zunehmend das Kommentarbedürfnis seitens des Publikums getreten. Und in die zahlreichen Beobachtungen zur ‚Öffnung des Kunstwerkes' für die Lebenswelt ‚diesseits des Bildes' mischte sich auch eine der ersten dezidierten Stimmen des ‚Postmoderne'-Diskurses, Leslie Fiedlers Aufsatz *Cross the Border – Close the Gap* von 1969.[13]

Mit dem Bezug auf (bisherige) Fremdfaktoren ging ein veränderter sozialer Status der Kunst einher, nach ihrer gesellschaftlichen Isolation in den Jahren des Zweiten Weltkrieges und während des darauf folgenden Existentialismus fand sie in privaten und staatlichen Initiativen, Galerien, Kunstvereinen, Ausstellungsinstituten eine zunehmend finanzkräftige Trägerschaft. Rauschenberg und Oldenburg verkörperten unter den auch in der Öffentlichkeit wirksamen Künstlern dieser Generation erfolgreich den Typus des versatilen, gut vernetzten Akteurs. Wie kaum ein anderer hat auch Andy Warhol mit seinem kommerziell ausgerichteten Spätwerk diese Annäherung der Kunst an den Markt vollzogen, doch darf darüber nicht vergessen werden, wie eigenständig seine Auseinandersetzung mit den Bildwelten der neuen Massenmedien gewesen ist. Insbesondere die Ikonen Hollywoods oder die der Werbung unterzog Warhol durch vervielfältigende und dabei oft fehlerhafte Abdrucke einer subtilen Befragung ihres Realitätsgrades, den erst Jahre später Jean Baudrillard als Simulation, als Kopie ohne Original (siehe unten), bestimmte. Auch die von ihm mehrfach nebeneinander reproduzierten Pressebilder tödlicher Katastrophen, Autounfälle, Flugzeugabstürze, elektrischer Stühle, wurden durch die Präsentationsform als Stakkato in ihrer Funktion für die Paralyse des Massensubjekts kenntlich, Foster sprach diesbezüglich von Warhols ‚Traumatic Realism'.[14]

Verglichen mit diesen dialektischen Strategien neo-avantgardistischer Kunst wirkt Pierre Restanys flammendes Plädoyer für den ‚Nouveau Réalisme' in Frankreich, unter dessen Begriff er Künstler wie Arman, Yves Klein, Jean Tinguely, aber auch die Affichisten Raimond Hains und Jacques de la Villeglé versammelte, intellektuell kaum tragfähig, weil die Form dieses Ausbruchs aus der Tradition nicht eigens reflektiert wurde. Vor der Kontrastfolie der von ihm abgewerteten Dada-Bewegung und dem als mittlerweile modisch gescholtenen Tachismus propagierte Restany die radikale Öffnung der Kunst zum zeitgenössischen Leben:

> Les nouveaux réalistes parisiens, eux, retournent à la réalité sociologique par besoin d'air pur. Ils ont retrouvé un nouveau sens moderne de la nature urbaine dans un milieu artistique qui est saturé de toutes les recettes d'élaboration et de tous les compromis de la matière. Ils exaltent le fondamentalisme du réel, au détriment de toutes les esthétiques combinatoires issues du tachisme. Dans les écuries d'Augias abstrait, ils pratiquent une élémentaire hygiène. Cette différence de contexte est importante. Elle explique la distance spirituelle qui existe aujourd'hui encore entre Paris et New York. [...] Le nouveau réalisme considère le baptême artistique de l'objet comme un événement capital et en tire la leçon transcendentale. L'objet usuel quelconque est soustrait du règne de la contingence: par invocation, c'est a dire par le seul fait du choix volontaire il devient une oeuvre d'art, mais une oeuvre d'art dotée d'un potentiel d'expressivité absolue et generale. [...] Le nouveau réalisme, qui saisit l'objet dans son immédiateté, dans sa condition brute nous offre des attitudes beaucoup plus nettes, extrémistes et définitives: les poubelles d'Arman ou les affiches de Hains, par exemple, ou dans l'absolu le pigment industriel de Klein. (Restany, 1963)[15]

Das Kunstwerk als ‚spezifisches Objekt' der Erfahrung

Mit der Öffnung der Kunst zu Gegenständen des Alltagslebens und den Bildern einer zunehmend technisierten Medienkultur, aus denen Elemente mittels verschiedener Assemblage-Techniken in die Werke einbezogen wurden, war auch die ästhetische Grenze des Rahmens bzw. Sockels fragwürdig geworden. In einem nächsten Schritt fiel sie ganz, Laszlo Glozer sprach diesbezüglich vom ‚Ausstieg aus dem Bild'.[16] Gegenüber den monadenhaft abgeschlossenen Werken des Modernismus ging die Kunst nun auf den räumlichen Kontext ihrer Präsentation ein, um sich dort als „spezifisches Objekt" (Donald Judd) neu zu situieren. Man kann in diesem Trend zu dezidiert bilderlosen Objekten, diesseits von Malerei und Skulptur, auch eine Gegenbewegung zur sogenannten ‚Bilderflut' aus den Massenmedien erkennen: Askese als Devise. Die sogenannte ‚Minimal Art' sollte in Form ‚spezifischer Objekte' zu einer vermeintlich unmittelbaren, de facto aber institutionell vermittelten ästhetischen Erfahrung führen, welche die Betrachtenden zu einer leiblichen Form der Wahrnehmung motivieren sollte. Die ästhetische Grenze der Werke hatte sich mit der Preisgabe von Rahmen bzw. Sockel auf die Wände der meist weißen Ausstellungsräume verschoben, die nun als ‚White Cube' die Voraussetzung für eine nicht nur visuelle, sondern auch leibliche Wahrnehmung der Objekte lieferten. Zwar lässt sich diese neu definierte Qualität des Bildes oder der Skulptur als ‚spezifisches Objekt' hinsichtlich ihrer statuierten Autonomie mit der gegenstandslosen Malerei der ‚New York School' gut vergleichen, doch richteten die Künstler und Künstlerinnen ihre als Objekte konzipierten Arbeiten noch unmittelbarer an die sinnliche Wahrnehmung der sich in Raum und Zeit frei bewegenden, also aktivierten Besucherinnen und Besucher. Michael Fried hat dieses Merkmal später als „theatralisch" disqualifiziert. Mit der Abkehr von der reinen Visualität des Tafelbildes, vor allem der Farbfeldmalerei, gewannen stattdessen die Taktilität der Materialien und die räumliche Präsenz der Formen an Bedeutung, somit auch das aktive, polyperspektivische Sehen, denn diese Objekte erschließen sich erst in der Bewegung der Betrachtenden als Werke der Kunst.

Das phänomenologische Interesse an den konkreten Gegebenheiten mag durch die Lektüre von Maurice Merleau-Pontys *Phénoménologie de la perception* (1945) vermittelt worden sein, deren Übersetzung in den USA (1962) frühzeitig rezipiert werden konnte. Er unterschied zwischen einer intellektgesteuerten Verständigung und der leiblichen Wahrnehmung, zwischen „Les Prejugés classiques et le retour aux phénomènes" oder anders formuliert – „L'experience et la pensée objective. Le problème du corps", wie es die einleitenden Kapitel ankündigen – und plädierte für eine Befreiung der Sinne aus den Fesseln kultureller Konventionen zugunsten der individuellen Erkundung der Phänomene. Merleau-Pontys Insistieren auf Wahrnehmung, frei von der Prägung durch (europäische) Traditionen und kulturelle Überlieferungen, traf in den USA auf das Lebensgefühl einer Generation, die sich von den geschichtlichen Vorbildern lösen wollte oder schon befreit hatte und in einem Land der ‚unbegrenzten Möglichkeiten' an einem Neubeginn zu stehen glaubte. Zur ‚Phänomenologie der Wahrnehmung' schrieb er:

> C'est l'ambition d'une philosophie qui soit une ‚science exacte', mais c'est aussi un compte rendu de l'espace, du temps, du monde ‚vécus'. [...] Tout l'univers de la science est construit sur le monde vécu et si nous voulons penser la science elle-même avec rigueur, en apprécier exactement le sens et la portée, il nous faut réveiller d'abord cette expérience du monde dont elle est l'expression seconde. [...] Chercher l'essence du monde, ce n'est pas chercher ce qu'il est en idée, une fois que nous l'avons réduit en thème de discours, c'est chercher ce qu'il est en fait pour nous avant toute thématisation. [...] Le monde est non pas ce que je pense, mais ce que je vis, je suis ouvert au monde, je communique indubitablement avec lui, mais je ne le possède pas, il est inépuisable. (Merleau-Ponty, 1945)[17]

Demnach galt es, die Welt ‚offen' mit allen Sinnen wahrzunehmen, diesseits ihrer ‚Thematisierung' in den Medien, und, vor allem, amerikanisch: ‚down to earth', frei von europäischen Traditionen, Vorurteilen und kulturellen Prägungen. Die Auszehrung, Ausnüchterung der künstlerischen Gestaltung auf ‚Minimales' sollte die Betrachterinnen und Betrachter aktivieren zu genauer Wahrnehmung in der ‚gelebten Welt'. Es war die Kunst eines amerikanischen Traums, den Dingen auf den Grund zu gehen, ihre Struktur zu artikulieren und sie im Sinne Merleau-Pontys in einer Art ‚convivalité' erlebbar werden zu lassen, z. B. ihre Materialität im Gegensatz zu ihrer Sublimierung durch die Form. Man nutzte daher möglichst evidente Kunstgriffe für die zu entdeckenden Phänomene – Richard Serras Stahlskulpturen beispielsweise zeigen in größtmöglicher Klarheit die Spannung zwischen dem industriell gefertigten Material und dessen statisch bzw. architektonisch kalkulierter Form am jeweiligen Ort. Donald Judd andererseits ponderierte das Volumen seiner Metallkästen mit der Leere ihrer Zwischenräume aus zu einer Balance, die die Egalität serieller Strukturen vor Augen führt, sich jedoch für die Betrachtenden am Ort zu großer Erscheinungsvielfalt auffächert. Mit der Reduktion auf Grundformen und zeitgenössische Materialien kamen die Künstler der ‚Minimal Art' unter Vermeidung alles Symbolischen ihrem Anspruch auf Evidenz „spezifischer Objekte" nach. Für das Publikum lag darin das Angebot einer a priori sinnfreien, sinnlichen Wahrnehmung der in der Regel elementaren Formen und ihrer ortsspezifischen Präsenz, so etwa auf den *Floor Pieces* von Carl Andre oder in den unbetitelten Leuchtstoffröhren-Installationen von Dan Flavin. Zur Zeitgenossenschaft gerade dieser ‚spezifischen Objekte' der ‚Minimal Art' in ihrer strukturellen Analogie zu den durchrationalisierten Produktionsformen der kapitalistischen Wirtschaft bemerkte Sebastian Egenhofer zu Recht apodiktisch: „Die Löschung der ikonischen Differenz verschränkt sich mit der Selbstverbergung des Produktionsprozesses im industriellen Produkt"[18] – was die Künstler keineswegs daran hinderte, ihren technologisch vorgegebenen Materialien durch eine spezifische Formgebung vielfältige Möglichkeiten ästhetischer Erfahrung abzugewinnen. Sie sollte das Publikum über den Sehsinn hinaus zu eigenen Entdeckungen motivieren.

Angesichts ihres Anspruchs auf Buchstäblichkeit der Objekte (‚literalness'), des Verzichts auf jegliche Referenz, verboten sich Anspielungen auf literarische Motive, sogar eine Transzendenzerfahrung, wie sie noch Rothkos Malerei hatte vermitteln wollen, sollte nun zugunsten unmittelbarer Erfahrung und eines anschaulich logischen Verständnisses der Objekte ausbleiben. Jede Form von Repräsentation wurde vermieden. Dabei spielte das kunstpolitische Bekenntnis zu einer vermeintlich genuin amerikanischen Kunst – ‚down to earth' – durchaus eine Rolle. Judd und Robert Morris begründeten ihre neue künstlerische Arbeitsweise vor dem Hintergrund der bereits etablierten gegenstandslosen Kunst mit Blick auf möglichst individuell freie Rezeptionsformen. Judd erläuterte sie gattungsübergreifend in seinem Schlüsseltext *Specific Objects* (1965). Gegen die naturalistisch anthropomorphe Organisation der Skulptur und die Bindung der Malerei an das Rechteck, die Fläche mit ihrer impliziten Allusion an ein Fenster, führt er zunächst eine zeitgenössische europäische Innovation ins Feld: die monochrome Malerei Yves Kleins, dessen ‚unräumliche' Bilder bereits den gewünschten Objektstatus besäßen, indem sie Blau materialisierten. In diesem Kontext sind auch Piero Manzonis *Achromi* (seit 1959), Lucio Fontanas *Attese* (seit 1960) und die *Raumplastiken* Norbert Krickes zu nennen, die mit der Negation der Farbe, der Bildfläche bzw. des Volumens ebenso auf Raum und Zeit diesseits bzw. jenseits des Werkes zielten. Für das Publikum seien ihre ins ‚Minimale' zurückgenommenen Formen als Einladung zur Aktivierung der Sinne zu verstehen. Grundlegend für die US-amerikanische Kunst habe diesen Schritt vom traditionellen Tafelbild zum strukturierten Objekt dann Frank Stella vollzogen, dessen ‚shaped canvases' auch von Fried gewürdigt wurden.[19] Stella hatte das Format der Malerei zugunsten freier Formen möglicher Bildobjekte preisgegeben und diese dann malerisch mit Streifen artikuliert, womit das künstlerische Problem der Illusion zugunsten der Evidenz des Bildes als egalitärem Objekt gelöst war:

> Stella's shaped paintings involve several important characteristics of three-dimensional work. The periphery of a piece and the lines inside correspond. The stripes are nowhere near being discrete parts. [...] Since the surface is exceptionally unified and involves little or no space, the parallel plane is unusually distinct. [...] A painting isn't an image. The shapes, the unity, projection, order and color are specific, aggressive and powerful. [...] Three dimensions are real space. That gets rid of the problem of illusionism and of literal space, space in and around marks and colors – which is riddance of one of the salient and most objectionable relics of European art. [...] A work needs only to be interesting. [...] It isn't necessary for a work to have a lot of things to look at, to compare, to analyze one by one, to contemplate. The thing as a whole, its quality as a whole, is what is interesting. (Judd, 1965)[20]

Lakonisch heißt es zur Wahrnehmung solcher Strukturen, dass sie ‚als Ganzes' ‚interessant' sein sollen. Judd ließ jedoch offen, was genau ‚interessant' an diesen ‚specific objects' sein könnte, vielleicht darf man den Begriff wörtlich verstehen, inter-esse, das Dazwischen-Sein der Betrachtenden könnte als Kategorie aus Merleau-Pontys *Phänomenologie der Wahrnehmung* übernommen worden sein. Zur näheren Bestimmung dessen, was an solchen Werken als Objekten ‚interessant' sein könnte, äußerte sich indes Morris explizit: Er beschrieb z. B. die Spannung zwischen einem „constant, known shape" und einem „actual, perceived shape" als Ergebnis einer leiblichen Wahrnehmung in der Vielansichtigkeit der Objekte, die das Sehen, Denken und Erkennen aktivieren könne, ganz im Sinne Merleau-Pontys: „It is the viewer who changes the shape constantly by his change in position relative to the work." (Morris) In Judds künstlerischem Werk sind es etwa die Relationen zwischen Teilen und Ganzem, einer Skulptur und dem Raum, ihrer Oberfläche und dem Licht. Über die kontingenten Erscheinungsformen gebräuchlicher Industrieprodukte hinaus sollten diese Relationen in den ‚spezifischen Objekten' der Kunst jeweils so präzise austariert sein, oft nach mathematisch bestimmten Proportionen, dass die Wahrnehmung der Betrachtenden in je spezifischer Weise herausgefordert wird. Auch Judds Objekte kommentierte Morris zutreffend:

> Simplicity of shape does not necessarily equate with simplicity of experience. Unitary forms do not reduce relationships. They order them. If the predominant, hieratic nature of the unitary form functions as a constant, all those particularizing relations of scale, proportion, etc., are not thereby canceled. Rather they are bound more cohesively and indivisibly together. The magnification of this single most important sculptural value – shape – together with greater unification and integration of every other essential sculptural value makes, on the one hand, the multipart, inflected formats of past sculpture extraneous, and on the other, establishes both a new limit and a new freedom for sculpture. (Morris, 1966)[21]

Dieser Kurzschluss von Dargestelltem und Darstellung zur Evidenz der jeweiligen Objekte bewirke eine Unmittelbarkeit der Wahrnehmung, die eine ‚neue Freiheit' verspreche. Sie sei als Qualität der ‚spezifischen Objekte' zu nutzen, im Insistieren auf Einheitlichkeit lag die Hoffnung, diese mögen sich Auge und Geist jedes Beschauers, jeder Beschauerin, ohne Vorwissen, ohne Fremdreferenzen, voraussetzungslos erschließen. Ein Stück weit sind Judds Ansprüche für die Besucherinnen und Besucher seiner Kunst-Enklave in Marfa (Texas) Wirklichkeit geworden. Peter Schjeldahl hat den Wahrnehmungsprozess eines solchen Objektes in Judds Stiftung exemplarisch beschrieben: „Walking along its eighty-foot length is like physically traversing – and by one's speed, determing the tempo of – a great fugue [by Bach]. [...] Rational in conception, the work is irrational in effect, an endlessly and agreeably exacerbating presence."[22]

Brian O' Doherty hatte wenig später jedoch in seiner Studie *Inside the White Cube. The Ideology of the Gallery Space* (Santa Monica / San Francisco 1976) die Bedingungsfaktoren jener Ausstellungsräume benannt, die eine solche Erfahrung minimalistischer Objekte als ‚Kunst' überhaupt erst möglich machten. Man wurde sich ihrer institutionellen Voraussetzungen bewusst. Allan Kaprow erkannte diesen Rahmen schließlich als unvereinbar mit den expansiven Tendenzen einer Kunst ‚diesseits des Bildes'; der Widerspruch

> has brought sharply into focus the fact that the ‚room has always been a frame or format too', and that this shape is inconsistent with the forms and expression emerging from the work in question. [...] It should be evident from the foregoing that this suggests a crisis of sorts. Quite apart from the aesthetic re-evaluation it forces upon us, its immediate practical effect is to render the customary gallery situation obsolete. (Kaprow, 1965)[23]

In logischer Konsequenz begründete Kaprow die neuen Formate gestalteter ‚Environments' (der ‚Land Art' beispielsweise) und choreographierter ‚Happenings', die sich dem Format einer Galerie räumlich und zeitlich entzogen:

> Though the Environments are free with respect to media and appeals to the senses, the chief accents to date have been visual, tactile, and manipulative. Time (compared with space), sound (compared with tangible objects), and the physical presence of people (compared with the physical surroundings), tend to be subordinate elements. Suppose, however, one wanted to amplify the potentialities of these subordinates. The objective would be a unified field of components in which all were theoretically equivalent and sometimes exactly equal. It would require scoring the components more conscientiously into the work, giving people more responsibility, and the inanimate parts roles more in keeping with the whole. Time would be variously weighted, compressed, or drawn out, sounds would emerge forthrightly, and things would have to be set into greater motion. The event which has done this is increasingly called a ‚Happening'. Fundamentally, Environments and Happenings are similar. They are the passive and active sides of a single coin, whose principle is ‚extension'. (Kaprow, 1965)[24]

Bald darauf sprengten Künstlerinnen und Künstler tatsächlich den als beengend empfundenen Rahmen der ‚White cubes', räumlich wie zeitlich dehnte sich die Kunst aus. Die Werke der US-amerikanischen ‚Land Art' orientierten sich an der scheinbar unendlichen Weite des amerikanischen Westens und vermitteln den Betrachtenden, Besuchenden vor Ort durch vergleichsweise minimale Eingriffe einen neuen Horizont ästhetischer Erfahrung von Maßen, Proportionen und individueller Präsenz, wie etwa *Double Negative* (1969) von Michael Heizer oder *Lightning Field* (1977) von Walter de Maria, im übertragenen Sinne auch der Dialektik von Natur und Kultur. Die von Fried bemerkte ‚theatralische' Komponente der ‚Minimal Art' im Verhalten der Rezipientinnen und Rezipienten wurde dann konsequent entfaltet in den vielstimmigen ‚Happenings'. Ihnen lagen zwar Partituren seitens der Künstler zugrunde, doch diese konnten sich in der Kontingenz der Geschehnisse ins Beliebige verlieren. Mit dem Einsatz von Videokameras war es indes seit etwa 1965 möglich, performative Vorgänge zu dokumentieren, sie medial zu reflektieren, in der nun entstehenden ‚Body Art'. Wenig später bot sich mit Multimonitor-Installationen und Megascreens auch die Möglichkeit, das Publikum selbst in medial erweiterte Szenarien zu involvieren.

Für die kunsthistorische Bedeutung der ‚Minimal Art' ist aber gerade auch die Kritik Frieds aufschlussreich, denn der Anspruch auf „wholeness, singleness und indivisibility" eines „literalist" (buchstäblichen) Objekts lenkte die ästhetische Erfahrung, so Fried, ins „Theatralische" der Aktivität der Betrachtenden. Insofern das minimalistische Kunstobjekt nämlich Dargestelltes und Darstellung in eins setzen will, wird die leibliche Wahrnehmung der Objekte im jeweiligen Ausstellungsraum zu einer Komponente der Kunst, die sich erst in einer aktiven Partizipation erfüllt, anders als in der unmittelbar vorausgegangenen Kunst, wie Fried beklagte:

> Furthermore, the presence of literalist art, which Greenberg was the first to analyze, is basically a theatrical effect or quality – a kind of ‚stage‘ presence. It is a function, not just of the obstrusiveness and, often, even aggressiveness of literalist work, but of the special complicity that that work extorts from the beholder. […] ‚Art degenerates as it approaches the condition of theatre.‘ […] It is as though one's experience of the latter has no duration – not because one in fact experiences a picture by Noland or Olitski or a sculpture by David Smith or Caro in no time at all, but because ‚at every moment the work itself is wholly manifest.‘ […] It is this continous and entire presentness, amounting, as it were, to the perpetual creation of itself, that one experiences as a kind of ‚instantaneousness‘: as though if only one were infinitely more acute, a single infinitely brief instant would be long enough to see everything, to experience the work in all its depth and fullness, to be forever convinced by it. […] I want to claim that it is by virtue of their presentness and instantaneousness that modernist painting and sculpture defeat theatre. (Fried, 1967)[25]

Gerade diese Kritik Frieds an der ‚Minimal Art‘ macht deutlich, wie wichtig die Öffnung der ‚ästhetischen Grenze‘ der Werke war. Sowohl in der ‚Land Art‘, der Aktionskunst, der post-minimalistischen „Erfahrungsgestaltung“[26], etwa bei Bruce Nauman, Dan Graham und Richard Serra, als auch in der nachfolgenden ‚site specifity‘ der Installationskunst belebte sie das Wahrnehmungsverhalten der Betrachterinnen und Betrachter, bis schließlich in den Environments und den interaktiven Wahrnehmungsfeldern der Gegenwartskunst noch weitere Dimensionen hinzukommen sollten. Seitdem ist die Kunst, wie Glozer zum ‚Ausstieg aus dem Bild‘ bemerkte, nicht mehr ‚ausstellbar‘, sondern nur noch ‚inszenierbar‘.[27]

Das Versprechen auf Individualität und Freiheit in der Produktion und Rezeption der modernistischen Malerei, das die Künstler der ‚New York School‘ um 1950 gegeben hatten, wurde mit der Etablierung der USA als maßgeblicher Weltmacht in den 1960er- und 70er-Jahren auf großformatige Werke, Skulpturen und Installationen ausgedehnt, Erfahrungsräume beinahe architektonischer Qualität, die jenes Versprechen schließlich mit den Environments der ‚Land Art‘ in das Land selbst implantiert haben.[28] Sie überführten den Anspruch auf ästhetische Autonomie des Künstlers in Objekte räumlicher Präsenz, die frei von den Sinnvorgaben aus Literatur und Mythologie, die für die europäische Kunsttradition charakteristisch waren, den Betrachter, die Betrachterin zu aktiver Wahrnehmung und Erkenntnis anstiften – ein amerikanischer Traum grenzenloser Freiheit, der erst spät, mit den ‚global‘ und ‚ecological turns‘ seit dem Millenium, als solcher kenntlich wurde.[29]

Während die US-amerikanischen Künstler und Künstlerinnen dieser Generation mit ihren industriellen Materialien und seriellen Formen auf Prinzipien des modernen Wirtschaftslebens in den USA rekurrierten, war der zeitgleiche ‚Ausstieg aus dem Bild‘ in Europa, mit seiner vergleichbaren Tendenz zur Entsublimierung der Kunst, befördert durch die ‚Fluxus‘-Aktivitäten der Zeitgenossen, ästhetisch und politisch eher der 68er-Bewegung verbunden, etwa bei Jannis Kounellis und Mario Merz. In der Theoriebildung im Umkreis der italienischen ‚arte povera' sind mit den Forderungen nach einer Freiheit der Materialien von den sie bislang bändigenden Formen implizit auch politische Forderungen nach einer Befreiung aus gesellschaftlichen Beschränkungen verbunden gewesen. Gegenüber den Vorgaben aus den USA begründeten die italienischen Künstler eine spezifisch europäische Variante der minimalistischen Kunst, die auch Bezüge auf ‚Natur' und ‚Geschichte' formulierte, sie als Komponenten bewusst einbezog.

Processi visualizzati. ‚Arte povera'

Die Kunst der studentenbewegten Generation der 1968er-Jahre hat mit der ‚Verflüssigung' ihrer Werke zum Lebendigen – im Namen der international wirkenden ‚Fluxus'-Gruppe klingt dieser Anspruch programmatisch an – institutionelle wie morphologische Bestimmungen bisheriger Kunst unterlaufen. ‚Happening', ‚Performance', ‚Video' verdrängten die klassischen Kunstgattungen, die sich ihrerseits für neue Tendenzen öffneten. Aus der Melange ging ein diesen Trends um 1970 gemeinsames Merkmal hervor, das wiederum Morris kunsthistorisch plausibel beschrieben und begründet hat, eine Ästhetik der Prozessualität, des Veränderlichen. Morris hatte sie während der europäisch-amerikanischen *Fluxus*-Aktivitäten und des beginnenden Engagements von Joseph Beuys als solche erkannt und mit der bezeichnenden Wendung von den ‚specific objects' zu ‚specific processes' auch theoretisch profiliert:

> What was relevant to the '60s was the necessity of reconstituting the object as art. Objects were an obvious first step away from illusionism, allusion and metaphor. They are the clearest type of artificial independent entity, obviously removed and separate from the anthropomorphic. It is not especially surprising that art driving toward greater concreteness and away form the illusory would fasten on the essentially idealistic imagery of the geometric. Of all the conceivable or experienceable things, the symmetrical and geometric are most easily held in the mind as forms. The demand for images that could be mentally controlled, manipulated, and above all, isolated was on the one hand an esthetic preconception and on the other a methodological necessity. Objects provided the imagistic ground out of which '60s art was materialized. [...] Certain art is now using as its beginning and as its means, stuff, substances in many states – from chunks, to particles, to slime, to whatever – and pre-thought images are neither necessary nor possible. Alongside this approach is chance, contingency, indeterminacy – in short, the entire area of process. Ends and means are brought together in a way that never existed before in art. [...] The detachment of art's energy from the craft of tedious object production has further implications. This reclamation of process refocuses art as an energy driving to change perception. (Morris, 1969)[30]

So lenken denn auch seine eigenen plastischen Werke, ebenso wie die frühen Arbeiten beispielsweise von Eva Hesse und Richard Serra, den Blick vom Produkt zum Prozess, seiner Entstehung oder Veränderung. Die künstlerische Formgebung sollte die Potentiale der Verwandlung, die in den verwendeten Materialien schlummern, nicht mehr zugunsten einer Idee „vertilgen", wie noch Schiller die Arbeit des Bildhauers charakterisiert hatte[31], sie also nicht mehr durch die entstehende Bildhaftigkeit überformen, sondern umgekehrt: sie herausstellen. Eine möglichst ‚arme' Form solle als Kontrastfolie dienen für die ästhetische Wahrnehmung der Prozessualität der Materialien. Besonders sinnfällig gelungen ist dies in den physikalisch bzw. biologisch anmutenden Arbeiten der italienischen Künstler Giovanni Anselmo und Giuseppe Penone, die Formen nur deshalb fixierten, um ihnen gegenüber die Entwicklung der (natürlichen) Materialien wahrnehmbar zu machen. Der Verzicht auf endgültige Konturen zugunsten inszenierter, vermeintlich authentischer Materialprozesse, also die Entsublimierung der Kunst, wurde von Jean-Christophe Ammann anlässlich seiner Ausstellung *Processi di pensiero visualizzati. Junge italienische Avantgarde* (Kunstmuseum Luzern 1970) als Devise der ‚arte povera' ausgegeben, er schrieb:

> Ars Povera meint eine Kunst, die im Gegensatz zur technisierten Umwelt mit einfachsten Mitteln eine poetische Aussage anstrebt. Ein drop out, das keinesfalls gesellschaftsnegierend ist, sondern im Gegenteil einen moralischen Anspruch erhebt: die subjektivste Empfindung in ihrer objektivierenden Authentizität reflektiert eine ursprüngliche Rückbesinnung auf Umweltphänomene im Allgemeinen und im Einzelnen. (Ammann, 1972)[32]

Mehrere italienische Künstler, Kuratoren, Kritikerinnen und Kritiker propagierten im Namen einer ‚arte povera' die Öffnung der Kunst für die prozessuale Veränderung ihrer Materialien, um ästhetisch erweiterte Erfahrungen insbesondere von Naturphänomenen vermitteln zu können.

> Tutti i linguaggi essendo possibili, la reale struttura linguistica è la sequenza di atti e di oggetti sempre diversi, di comportamenti e processi con cui questi artisti cercano un'uscita dalla competitività e dalla mercificazione. [...] L'antropologia preferisce dire ‚Natura-Cultura'. Dopo Lévi-Strauss queste due nozioni non sono più necessariamente opposte: presentano anzi strutture identiche, i prodotti della cultura non si distinguono essenzialmente dai prodotti naturali. [...] E il senso di natura è tale, che l'atteggiamento degli artisti verso natura e materia s'impronta alla nonviolenza, contro l'idea di dominio che il pensiero occidentale ha sempre esercitato su di loro, come idea di conquista scientifica. [...] Superati i concetti di metafora e azione indiretta, alcuni di questi artisti hanno affrontato l'ostacolo maggiore: fare un'arte che sia agire diretto. [...] In genere, una soluzione consiste nel lavorare oltre l'oggetto – l'oggetto in sé, come risultato concreto e percettivo – verso

> lo spettacolo, in unione con il teatro. [...] Dopo aver abbandonato stile e autorealizzazione linguistica, l'artista rinuncia al contesto oggettuale e ai materiali di fortuna, per un'ulteriore e irreversibile intensificazione del suo operare e del suo essere nel mondo – per servirsi soltanto del suo corpo. (Trini, 1969)[33]

Und dieses Programm sah er denn auch in den Werken eingelöst:

> E tuttavia abbiamo ugualmente assistito a un ventaglio di cose e avvenimenti in movimento, in progresso. È la realtà dell'arte di questi ultimi anni: fluida e precaria per la tensione implicata a ogni ricerca avanzata, ma anche fluida e precaria per libera scelta.[34]

Mit dieser – inmitten des ungewöhnlichen italienischen Wirtschaftswunders der 1960er-Jahre – als gleichsam franziskanische Bescheidenheit deklarierten Fähigkeit der Kunst, ein Gespür für die lebendigen Kräfte der Veränderung zu vermitteln, folgte man Merleau-Pontys *L'Oeil et l'Esprit* (1961), so auch der Kunstkritiker Filiberto Menna, als er programmatisch formulierte:

> We reshape the state of things under the sign of nature. [...] While not rejecting the relation between the internal and the external – once largely founded on visual perception – which has been at the basis of artistic currents that have arisen and developed within the urban condition, the artist is now inclined to set up more complex analogical elements between these two terms, opening on to new dimensions of the external (nature) and the internal (deep psychic structures). (Menna, 1968)[35]

Die Verankerung dieser Ästhetik der ‚arte povera' in der mediterranen Kulturgeschichte war zugleich eine Antwort auf den ‚industrial look' der US-amerikanischen ‚Minimal Art'. Parallel dazu setzte in Deutschland Beuys Materialien, Prozesse und Phänomene des Veränderlichen im Hinblick auf eine Transformation auch im gesellschaftlichen Zusammenhang in Szene. Sein ‚erweiterter Kunstbegriff' der ‚Sozialen Plastik' ging, explizit politisch, über das hinaus, was beispielsweise Jannis Kounellis oder Mario Merz in ihren plastischen Arbeiten modellhaft im Hinblick auf ein Zusammenwirken von Kultur und Natur formuliert hatten. Trotz bestehender künstlerischer Parallelen sind doch auch bezeichnende Unterschiede zu erkennen, für die in erster Linie kulturelle und politische Gründe ausschlaggebend gewesen sein dürften: in den USA eine prinzipiell bejahende Einstellung zum eigenen Land mit seinen ‚unbegrenzten Möglichkeiten', in Europa dagegen eine Kunst in der Tradition der kritischen Avantgarden aus der Vorkriegszeit, an die man anschließen wollte, nunmehr im Widerstand gegen die von Pier Paolo Pasolini beklagte kulturelle Verarmung infolge der um sich greifenden Kulturindustrie:

> Anche qui i valori delle diverse culture particolaristiche sono stati distrutti dalla violenta omologazione dell'industrializzazione. [...] Ho visto dunque ‚coi miei sensi' il comportamento coatto del potere dei consumi ricreare e deformare la coscienza del popolo italiano, fina a una irreversibile degradazione. Cosa che non era accaduta durante il fascismo fascista, periodo in cui il comportamento era completamente dissociato dalla coscienza. (Pasolini, 1975)[36]

Daher wurden im Gegensatz zum ‚american way of life' allenthalben bewusst ‚arme' Formen für die roh belassenen Materialien verwendet, um deren Potential des Lebendigen freizulegen, es in Szene zu setzen und im übertragenen Sinne auch gesellschaftliche Veränderungen zu implizieren, Trini hatte von einem ‚Neuen Alphabet' gesprochen. So stehen in der frühen Phase der ‚arte povera' tatsächlich auch ‚Azioni povere' im Vordergrund.[37] In der Verwendung natürlicher, aber auch industriell zubereiteter Materialien, z. B. Baumwolle und Stahl, und ihren formal austarierten Installationen an ausgewählten Orten, von Kounellis stets als Gegensatz von ‚sensibilità' und ‚struttura' verstanden, brachte vor allem er Momente der mediterranen Kulturgeschichte ins Spiel und versuchte, das Spannungsverhältnis ‚Natur – Kultur' auszuloten, wie Trini es angesprochen hatte, um damit eine ‚Politik der Kunst' einzubringen:

> ‚Perché la terra e i cactus?' Ma proprio per mettere in contraddizione la struttura. Proprio per offrire una critica al sistema, per mettere all' artista di avere sufficiente libertà di commentare qualsiasi cosa succeda. E la creatività è questo, fissa questa consapevolezza. Per un verso l'arte e la storia corrono parallelamente e non sono indipendenti l'una dall'altra, al contrario di quanto credeva la tradizione idealista. Vorrei incitare un dialogo critico che parte da una considerazione politica, politica nel senso di politica dell'arte. (Kounellis, 1974)[38]

Auch Mario Merz' *Iglus*, als flexible Konstellationen aus Glas, Ton, Reisig und gelegentlich weiteren Materialien, sind metaphorisch lesbar als Modelle einer alternativen Lebensweise, ist doch „der Kopf rund, damit das Denken die Richtung wechseln kann."[39]

> Cerca la prima casa / Cerca la casa semisferica / Cerca il modello perfetto della idea di casa / Cerca, che è là, tra i rami spenti trascinati dal bosco / una idea perfetta, impossibile da fare, una idea nata in mezzo alla ‚impossibilità' di fare qualsiasi cosa / che non sia in relazione perfetta con l'accumulazione bancaria / o con la tradizione del sapere a senso unico. Cerca ‚fuori' della accumulazione bancaria / Cerca ‚fuori' della tradizione del sapere a senso unico / la prima casa, o l'ultima casa, la prima che sia cosciente che la casa va fatta ‚fuori' dell' accumulazione bancaria e ‚fuori' della tradizione del sapere a senso unico, la prima casa lanciata nel movimento, semisferico, semi-reale, semi-occidentale, semi-cosciente, semi-lucido, semi-elettrico. (Merz, 1985)[40]

Die poetischen Verlautbarungen von Kounellis und Merz gehören, zusammen mit den sie überhöhenden politischen Statements der Kuratoren der ‚arte povera', wie z. B. Germano Celants, und der nachfolgend referierten Position von Beuys im damaligen West-Deutschland, zu den letzten ihrer Art, die noch vor der sogenannten ‚Postmoderne' von einer unterstellten Autonomie der Kunst aus gedacht waren. Als einer ihrer maßgeblichen Kuratoren, der in Ausstellungen solche Arrangements von Materialien in ‚offenen' und ‚armen' Formen jeweils neu zu inszenieren wusste, profilierte sich Harald Szeemann, der für die *documenta 5* zudem das Stichwort von den ‚Individuellen Mythologien' geprägt hatte.[41]

Kunst als Konzept – Von der Erscheinung zur Idee

Nach dem ästhetischen Reduktionismus der gegenstandslosen Malerei und der ‚Minimal Art' spitzten Künstler der nachfolgenden Generation in den USA und Großbritannien die formalistische Konzentration der Kunst auf ‚spezifische Objekte' weiter zu auf ‚spezifische Probleme', jene nämlich, die der Definition von Kunst zwischen Sinn und Sinnlichkeit gelten. „There is a sense in which the reductionism underpinning the promulgation of the art object, as well as subsequent moves to ‚dematerialize' the object, can all be read as a continuation of, rather than a movement beyond, Modernist essentialism." („In gewissem Sinne kann man im Reduktionismus, der das Kunstobjekt theoretisch begründen sollte, und auch noch in der anschließenden ‚Dematerialisierung' dieses Objekts nicht etwa die Ablösung des modernistischen Essentialismus, sondern vielmehr seine Fortsetzung sehen.")[42]

So richtete etwa der New Yorker Künstler Sol LeWitt den Blick auf die Spannung zwischen der Konzeption und Perzeption eines ‚spezifischen Objekts'. Aus dem Kontext der ‚Minimal Art' heraus begründete er Arbeiten, die das Verhältnis von ‚Idee' und ‚Erscheinung' ausloten und daher die Materialität der jeweiligen Ausführung eines Konzepts noch weiter reduzieren, in seinem Fall beispielsweise auf die Liniennetze begrifflich vorab klar definierter *Wall Drawings*, die an der konkreten Wand dann verwirrend vielfältig wirken können. Das Interesse galt dem Gegensatz zwischen ‚gedachter und gemachter Form', ‚Wissen' und ‚Wahrnehmung', einer Fragestellung, die schon für Judd und Morris relevant gewesen war; sie hatten ebenfalls explizit zwischen „conceived or known fact" und „perceived or seen fact", zwischen „defined shape" und „actual shape" unterschieden. LeWitt verfasste dazu seine *Paragraphs on Conceptual Art* (1967) sowie seine *Sentences on Conceptual Art* (1969), die vor allem der Dichotomie von ‚Idee' und ‚Erscheinung' (in der Kunst) gelten, einer Fragestellung also, die mit dem Verhältnis von ‚disegno interno' und ‚disegno esterno' aus der Kunstgeschichte überliefert war. Sie war aufgrund technologischer Entwicklungen durchaus zeitgenössisch, denn mit der Einführung von Robotern in die Industrieproduktion ergab sich dort eine ähnliche Spannung zwischen – unsichtbarer – Programmierung und – sichtbarer – Realisierung. Arbeitsabläufe entzogen sich fortan der unmittelbaren Anschauung. Diese Trennung konzeptueller Kunst von der bisherigen Morphologie der

Kunst, ihre Wendung zum Begriff von Kunst, ging mit strukturellen Veränderungen in der Wirtschaft einher, die händische Prozesse hatten obsolet werden lassen.

> It is the objective of the artist who is concerned with conceptual art to make his work mentally interesting to the spectator, and therefore usually he would want it to become emotionally dry. [...] It is the process of conception and realization with which the artist in concerned. (LeWitt, 1967)[43]

Parallel zu LeWitts diesbezüglicher Form der Zeichnung als *Wall Drawing*, als Ausführung eines Konzepts an der Wand, berechnete und zeichnete Hanne Darboven vorgegebene Kalenderdaten, also kulturell definierte Codes, in ihrer davon individuell abweichenden Form der Quersummenrechnung.

In LeWitts *Sentences* ist auch eine Parallele zu der Devise Seth Siegelaubs „Art is to change what you expect from it" zu finden: „The conventions of art are altered by works of art. Successful art changes our understanding of the conventions by altering our perceptions." („Die Konventionen von Kunst werden durch Kunstwerke verändert. Gelungene Kunst verändert unsere Auffassung von den Konventionen, indem sie unser Erkenntnisvermögen verändert.")[44]

Siegelaub war mit seiner Galerie wesentlich an der Etablierung der ‚Conceptual Art' beteiligt. Als dynamisches Prinzip permanenter Innovation hat Joseph Kosuth gerade dieses spezifische Merkmal der Kunst (in ihrer Analogie zur kapitalistischen Wirtschaft) tautologisch hervorgehoben und in seiner Schrift *Art After Philosophy* (1969)[45] erläutert. In seinen Arbeiten der Serie *Art as Idea as Idea*, photographischen Vergrößerungen und Negativ-Umkehrungen von Wörterbuchdefinitionen einzelner Wörter oder Begriffe, welche diese sprachlich umkreisen, ihre ‚Bedeutung' aber – im Sinne der sprachanalytischen Überlegungen Ludwig Wittgensteins – dem vielfältigen ‚Gebrauch' überlassen, also offenlassen, entwirft er „die Kunst [als] das ‚Ganze', nicht ein ‚Teil'. Und das Ganze existiert nur konzeptuell." („The art is the ‚whole' not ‚part'. And the ‚whole' only exists conceptually.")[46] Dabei zeigte sich aber, dass seine Idee vom Kunstwerk als ‚Proposition' in seiner typographischen Erscheinung keineswegs aller ästhetischen Dimensionen entbehrt, wie Martin Seel entgegen Kosuths eigener Behauptung dargelegt hat.[47] Kosuths semantischer Kurzschluss von Kunst und kunsttheoretischer Idee von Kunst war als Statement einmalig; er mag die mit dieser tautologischen Konzeption einhergehende Gefahr einer allein an die autoritäre Setzung des Künstlers gebundenen Proposition[48] selbst erkannt haben, denn später bezog er seine Installationen typographisch gestalteter Schrifttafeln jeweils auf den sozialen oder kulturellen Kontext, um ihnen einen kommunikativ zugänglichen Reflexionshorizont einzuschreiben:

> For these reasons, ‚consciousness' in the function of self-reflexivity should be operating within the elements of the work (propositions) of art itself. In this way the

> subject of the maker is present and ‚humanifies' the work. The proposal is for work which understands itself as a context which mediates (as it is mediated and is part of) the social context. (Kosuth, 1977)[49]

Diese intellektualistische Konzeptualisierung der Kunst in den 1960er/70er-Jahren ist nicht nur als Analogie zu den strukturellen Veränderungen im wissenschaftlich-technischen Komplex der Industrienationen zu verstehen, die mit den Rechnerkapazitäten neuer Computer-Generationen, bis hin zur Digitalisierung der Kommunikation, traditionelle Produktionsformen verändert hatten und die herkömmlichen handwerklichen Bestimmungen der Kunst als Malerei bzw. Plastik altbacken erscheinen ließen. Die ‚Dematerialisierung' und der Verzicht auf individuelle Authentizität in der handwerklichen Herstellung, welche die ‚Conceptual Art' kennzeichnen, können auch als Reaktion auf jene Trivialisierung von Malerei und Plastik verstanden werden, die diesen Kunstgattungen damals in der Laienkunst widerfuhr, denn mit gewonnener Freizeit war es immer mehr Menschen möglich, zu malen und zu modellieren: spezifische Kriterien für ‚Kunst' waren also aus der Morphologie der herkömmlichen Kunstgattungen nicht mehr zu beziehen.[50]

Kritik der Institutionen der Kunst

Kosuths Vorstellung von einer reinen Kunst als gedanklicher Konzeption von Kunst jenseits ihrer konkreten Materialisierung haben auch andere Künstler, mit ähnlicher Entschiedenheit etwa Hans Haacke und Daniel Buren, gegen die Institutionen der Kunst bzw. die Orte ihrer Präsentation verteidigt und diese daher stringenten Analysen unterzogen, ihrerseits mit künstlerischem Anspruch. Nach der Aufweichung der morphologischen Bestimmungskriterien für die zeitgenössische Kunst im Zuge ihrer ‚Dematerialisierung', ‚Prozessualisierung' und ‚Konzeptualisierung' war sie umso sensibler für ihre institutionellen Rahmenbedingungen geworden. Und nach der als gescheitert erlebten 1968er-Bewegung mit ihren gesellschaftlich weit ausgreifenden politischen Ansprüchen lag es nahe, mit diesen Rahmenbedingungen der Institutionen zunächst lokale statt universelle Ziele der Veränderung ins Auge zu fassen, wie es Michel Foucault wenig später begründete:

> Donc, je dirais ceci: depuis dix ou quinze ans, l'immense et proliférante criticabilité des choses, des institutions, des pratiques, des discours, cette sorte de friabilité générale des sols, même et peut-être surtout les plus familiers, les plus solides et les plus prochains de nous, de notre corps, de nos gestes de tous les jours, c'est cela qui apparaît. Mais, en même temps que cette friabilité et cette étonnante efficacité des critiques discontinues et particulières ou locales, en même temps, ou par là même, se découvre dans les faits quelque chose qui n'était peut-être pas prévu au départ: ce qu'on pourrait appeler l'effet inhibiteur propre aux théories totalitaires, je veux dire aux théories enveloppantes et globales. [...] Je crois que ce caractère

> essentiellement local de la critique indique en fait quelque chose qui serait une sorte de production théorique autonome, non centralisée, c'est-à-dire qui n'a pas besoin pour établir sa validité du visa d'un régime commun. [...] L'archeologie [...] serait la methode propre à l'analyse des discursivités locales, et la généalogie, la tactique qui fait jouer à partir des discursivités locales ainsi décrites les savoirs désassujettis qui s'en dégagent. (Foucault, 1977)[51]

Buren hat einen institutionskritischen Ansatz in diesem Sinne auf die jeweiligen Orte bezogen, denen seine Arbeiten seitdem gelten – kontextreflexive Interventionen zur Aufdeckung der symbolischen Ordnungen, die sinnstiftend oder repräsentativ wirken sollen. So gestaltete er mit seinen Kunst-Placebos, identischen Streifenmustern, gegenläufige Erfahrungsräume, die das Publikum zu eigenen Entdeckungen zwischen Schein und Sein der Architektur anregen sollen: Aufklärungsarbeit am Bau und ‚Überbau' der Kunst-Institutionen, besonders prägnant sein frei hängendes gestreiftes Tuch *Peinture-Sculpture* 1971 im New Yorker Guggenheim Museum, dessen Architektur Buren auf diese Weise als „erdrückende Mutter" der Kunst bloßstellen wollte:

> ‚La mère abusive'. Le Guggenheim Museum est un exemple parfait d'architecture qui bien qu'enveloppante et accueillante, exclut en fait ce qui s'y montre (normalement) au profit de sa propre exposition. Étreignant oui, mais pour l'étouffer. Dans une telle ‚enveloppe' toute oeuvre s'aventurant inconsciemment est irrémédiablement absorbée, avalée dans les spirales et courbes de cette architecture. Le rôle protecteur dévolu au Musée est ici poussé jusqu'au paradoxe par l'architecte lui-même. Le Musée Guggenheim se conduit face à l'art qu'il héberge en mère abusive. De telles architectures sont néfastes à l'art tel qu'il est, et par lá même très révélatrices des limites dudit art. (Buren, 1976)[52]

Bezeichnend für seine Generation ist auch der emanzipatorische Anspruch gegenüber den Codes der Kommunikation in den Massenmedien. Diese neue Begründung der Kunst ist auch im Zusammenhang mit jenen politischen Bewegungen der Zeit nach 1968 zu sehen, die vom französischen Post-Strukturalismus geprägt waren, wie es auch in Burens Manifest anklingt: Es gehe darum, die Konstruktionen von Wirklichkeit als solche nicht „anzuerkennen. sondern zu erkennen":

> En fait, une ‚vérité' qui, bien que déjà ‚trouvée', sera à questionner, donc à créer. Car l'on peut avancer qu' à l'heure actuelle, toutes les ‚vérités' qui ont pu nous être signalées ou ont été reconnues ne sont pas connues. Reconnaître l'existence d'un problème n'est certes pas le connaître. (Buren, 1969)[53]

Die in der Konstitution von ‚Wirklichkeit' maßgeblichen Kategorien beispielsweise für die Institution ‚Museum' befragte auch Marcel Broodthaers, indem er die Dispositive und Auswahlkriterien eines Kunstmuseums mit denen eines fiktiven natur- und kulturgeschichtlichen Museums für Adler kurzschloss und somit bespielte: *Musée d'Art Moderne – Département des Aigles* (1972).[54] Auch Haacke richtete den Blick auf die sozialen Voraussetzungen der Kunst in ihren Institutionen, mit gleichem Scharfsinn gelegentlich auch auf die soziale Wirklichkeit der Dinge. Die Politisierung der konzeptuellen und institutionskritischen Ansätze trieb er um 1970 in Konkurrenz mit einem anderen deutschen Künstler, Joseph Beuys, voran, der seinerseits einen ‚erweiterten Kunstbegriff' entwarf, indem er bildhauerische und gesellschaftliche Prozesse parallel zueinander dachte. Als agierte er in direkter Opposition zu Beuys, zielte Haacke auf die gesellschaftlichen und politischen Rahmenbedingungen der Kunst, die diese konstituieren, Museen, Sponsoren, Sammler, statt sie, wie Beuys, für einen ‚erweiterten Kunstbegriff' einzuspannen. Ihren edlen Anspruch einer neutralen Förderung des ‚Guten, Wahren und Schönen' demaskierte Haacke durch soziologische Analysen in formal möglichst evidenten Dokumentationen. So war eine Arbeit über die Kunstförderung des Süßwarenfabrikanten und Mäzens Peter Ludwig für das gleichnamige Kölner Museum an dessen Werbeästhetik für Pralinen orientiert, um die Verflechtung zweifelhafter Geschäftspraktiken und Steuervergünstigungen mit dem Engagement für die Kunst aufzuzeigen: *Der Pralinenmeister* (1981).[55] Auf diese Weise stellte Haacke der ideellen Aufladung der Kunst seine desillusionierende Aufklärungsarbeit entgegen. Es gehe ihr, so Peter Weibel, nicht mehr um die Darstellung der visuellen Wirklichkeit der Dinge, auch nicht mehr um die visuellen Mittel der Darstellung, sondern um eine Darstellung der sozialen Wirklichkeit der Dinge:

> Haacke zeigt die Gegenstände als Produkte menschlicher Aktivität. Insofern ist Haacke der erste Künstler, der wirklich modern geworden ist, weil er die wirkliche Realität, nämlich die soziale Realität in die Kunst eingeführt hat. Während viele Künstler der 60er-Jahre, verlockt von Materialmagie und Gegenstandssymbolik, hinter Duchamp zurückgefallen sind, auch wenn sie im Reich der Realien operierten, hat Haacke als Meta-Duchamp die Tore zur radikalen Realitätskunst aufgestoßen. Aus dem Paradies der Erkenntnis der Realität, das Hans Haacke geschaffen hat, wollen wir uns nicht mehr vertreiben lassen. (Weibel, 2011)[56]

Es war in der Tat ein zentrales Anliegen der Künstler dieser Generation, neben der sichtbaren Wirklichkeit der Welt die gesellschaftliche Wirklichkeit, also die soziale Organisation, wie sie in den Institutionen, den Dispositiven architektonischer Räume und den Formen visueller und sprachlicher Kommunikation fassbar wird, aufzuzeigen, und sie somit verhandelbar zu machen. Victor Burgin beispielsweise blickte auf die sozialen Codes in den medialen Bildern der Kulturindustrie und der Werbung und reflektierte frühzeitig den ideologiekritischen Diskurs des französischen Post-Strukturalismus, dessen Rezeption im Rahmen der Postmoderne-Debatte noch ausführlich behandelt werden wird:

> The first requirement of a socialist art practice is that it should engage those codes and contents which are ‚in the public domain'. These present themselves, and thus ideology, as natural and whole; a socialist art practice aims to deconstruct these codes, to unpick the apparently seamless ideological surface they present. (Burgin, 1976)[57]

Kunst jenseits ihrer Institutionen – ‚Soziale Plastik'

In der Generation der Studentenbewegung von 1968 haben Künstler und Künstlerinnen, mit Adorno gesprochen, besonders heftig an der „Kette der Kunst gerüttelt", ohne sie jedoch abwerfen zu können. Vor dem Hintergrund der ‚dematerialisierenden' Essentialisierung der Avantgarde-Kunst in der ‚Conceptual Art' ging Beuys einen Schritt weiter, indem er die in der ‚Fluxus'-Bewegung betonte Prozessualität der Kunst modellhaft auch auf Prozesse in der Gesellschaft zu beziehen versuchte – bevor dann alle Tendenzen der 1960er- und 70er-Jahre von der Postmoderne-Debatte eingeholt wurden. Beuys hat seine bildhauerische Arbeit in Kenntnis physikalischer und chemischer Gesetze für die Prozessualität der Materialien geöffnet und stand somit den Künstlern der italienischen ‚arte povera' nahe. Im Rahmen seines ‚erweiterten Kunstbegriffs' hat er dieses Potential der Verwandlung metaphorisch auf die Gesellschaft zu übertragen versucht und als Modell der Veränderung auch im politischen Bereich verstanden: „Es kommt alles auf den Wärmegehalt im Denken an." (Joseph Beuys) Nachdem sich die Kunst seiner Generation jenseits traditioneller Gattungen in eine bislang ungeahnte Vielfalt möglicher Erscheinungsformen aufgefächert hatte, war es Beuys, der ihr mit dem Transfer grundlegender Prinzipien – ‚Materie' – ‚Energie' – ‚Form' – auf gesellschaftliche Prozesse, also von der Plastik zur ‚Sozialen Plastik', eine neue Bestimmung geben wollte, eine exemplarische Modellfunktion für das gesellschaftliche Zusammenleben.

> Es muss zurückgefragt werden (Erkenntnistheorie) auf den Entstehungsmoment von freier, individueller Schöpferkraft (Kreativität). Dann kommt man an eine Schwelle, wo der Mensch sich als ein primär geistiges Wesen erfährt, und seine primärsten Produkte (Kunstwerke), sein tätiges Denken, sein tätiges Fühlen, sein tätiges Wollen und die höheren Formen davon, beobachtbar werden als plastische Produktionsweisen, die den Gesetzmäßigkeiten des aufgespaltenen Begriffs Plastik in seine Bestandteile – ‚Unbestimmtheit' – ‚Bewegung' – ‚Bestimmtheit' – entsprechen und sich ausweisen als in die den Weltinhalt bestimmende Richtung verlaufend. Nach der Zukunft hin. […] ‚Jeder Mensch ist ein Künstler', der aus seiner Freiheit, denn das ist die Position der Freiheit, die er unmittelbar erlebt, die anderen

> Positionen im ‚Gesamtkunstwerk Zukünftige Gesellschaftsordnung' bestimmen lernt. Selbstbestimmung und Mitbestimmung im kulturellen Bereich (Freiheit), in der Rechtsstruktur (Demokratie) und im Wirtschaftsbereich (Sozialismus), Selbstverwaltung und Entflechtung (Dreigliederung) findet statt: Der Freie Demokratische Sozialismus. (Beuys, 1973)[58]

Beuys entwickelte also ein quasi homöopathisches Kunstverständnis, das die Verwandlung von Materie durch Energie in Form, genuin bildhauerische Prozesse, im Werk thematisiert, sie nicht mehr überdeckt, sondern exponiert, und in einem impliziten zweiten Schritt auf gesellschaftliche ‚Materie, Energie und Form' übertragen wollte, als ‚Soziale Plastik'. Hier ging es also, mit Karl Marx gesprochen, nicht mehr nur darum, die Welt anders zu sehen, sondern sie implizit auch neu zu gestalten. Nach den künstlerischen Prinzipien seiner Plastik im engeren Sinne hat er im Modell ihrer Transformation auch gesellschaftliche Prozesse der Umwandlung mitgedacht. *Honigpumpe am Arbeitsplatz* und *Unschlitt/Tallow* (1977) waren in diesem Sinne plastisch definierte Modelle gesellschaftlicher Transformation. Ein solcher Kurzschluss kann sich mit dem Anspruch, vom Ästhetischen aus das Politische zu erneuern, jedoch in Aporien verstricken. Sich der Gefahr einer Trivialisierung seines Kunst-Anspruchs bewusst, versetzte Beuys sowohl seine Plastik als auch seine erweiterte ‚Soziale Plastik' in seinen Selbstaussagen stets in eine konjunktivische Form: „Indem er die Plastik weniger als Objekt denn als Produktionsverfahren deutet, nivelliert er die Hierarchie zwischen dem Herstellungsakt und dessen objekthaftem Ergebnis."[59] Diese Verwischung zwischen Prozess und Produkt, auch in der Übertragung der Plastik auf die ‚Soziale Plastik', entzog Beuys' Schaffen jeder konzisen Kritik, da er alles geschickt in der Möglichkeitsform beließ:

> Wenn die Honigpumpe ein Bild für den Menschen ist, dann ist sie auch zur gleichen Zeit ein Bild des sozialen Ganzen. [...] Die Menschen sind die Honigpumpe, das war die Idee. Sie sollte ein Abbild der menschlichen Kreativitätsebenen sein, Wille, Empfindung, Denken – und dass das ganze natürlich vollkommen eingerostet ist bei uns. Das Kreative, die menschliche Kreativität im Sinne einer Aufrichtung der Natur, das gibt es hier noch nicht; das fängt jetzt langsam an. Dafür waren die Grünen ja angetreten. (Beuys, 1985)[60]

Beuys' *Honigpumpen*-Modell einer ‚organischen Maschine' mit den Komponenten ‚Wille', ‚Wirtschaft' (unten), ‚Recht', ‚Herz' (Mitte), ‚Geist', ‚Kopf' (oben) und ‚Arbeit' entspricht recht genau den Zukunftsvorstellungen von Herbert Marcuse, die dieser in seinem damals viel diskutierten *Versuch über die Befreiung* (1969) formuliert hatte. Vergleichbar mit Beuys' honigseligem Modell hatte Marcuse einen ‚biologisch begründeten Sozialismus' skizziert, in dem auf der Basis einer von Herrschaftsstrukturen befreiten Technik auch Beuys' Gedanke von ‚Jeder Mensch ein Künstler' bereits angelegt ist. Mit der Frage, ob dieses Modell der Kreativität jedes Einzelnen zukunftsfähig ist oder aber mit dem Neoliberalismus in den global durchlöcherten Nationalökonomien nicht damals schon bittere Wirklichkeit geworden war – im Sinne von ‚Jeder Mensch ein Kapitalist' – zielt die nachfolgende ‚Postmoderne'-Debatte auf neue soziale Konstellationen auch für die Kunst, denn: „die Behauptung von der Kreativität jedes einzelnen Subjekts [ist wohl inzwischen] in einer Form wahr geworden, von der Joseph Beuys sich nie hätte träumen lassen."[61]

Anmerkungen

1 Leo Steinberg, *Other Criteria,* in: Ders., *Other Criteria. Confrontations with Twentieth Century Art,* New York: Oxford University Press 1972, S. 55–91, hier S. 82, 84, 90f.

2 Vgl. Edward Krcma, *Rauschenberg / Dante. Drawing a Modern Inferno,* New Haven: Yale University Press 2017.

3 Rosalind Krauss, *Notes on the Index, Seventies Art in America,* Part 1, in: *October* 3 (1977), S. 68–81, § 10 bzw. 14.

4 Vgl. dazu: Serge Guilbaut, *How New York Stole the Idea of Modern Art,* Chicago: University of Chicago Press 1983.

5 Peter Bürger, *Theorie der Avantgarde,* Frankfurt/Main: Suhrkamp 1974, S. 78f., 80.

6 Umberto Eco, *L'opera aperta, Forma e indeterminazione nelle poetiche contemporanee,* Milano: Bompiani 1962, S. 104f.

7 Eco 1962, S. 8, 140, deutsch zit. nach: Umberto Eco, *Das offene Kunstwerk,* Frankfurt/Main: Suhrkamp 1973, S. 10, 164f.

8 Theodor Adorno, *Über einige Relationen zwischen Musik und Malerei* (1965), in: Ders., *Gesammelte Schriften,* Frankfurt/Main: Suhrkamp 1978, Bd. 16, S. 628–642, hier S. 633.

9 Michel Foucault, *Qu'est-ce qu'un auteur?,* in: *Bulletin de la Société française de philosophie* 63 (1969), S. 73–104, in: Ders., *Dits et écrits* (1954–1988), 3 Bde., Paris: Gallimard 1994, Bd. 1, S. 789–821, hier S. 810f.

10 Roland Barthes, *De l'oeuvre au texte,* in: *Revue d'Esthétique* 3 (1971), S. 225–232, in: Ders., *Oeuvres complètes,* hrsg. v. Éric Marty, Paris: Éditions du Seuil 1994, Bd. 2, S. 1211–1217, hier S. 1215, 1217.

11 Vgl.: Hans Dickel, *Künstlerbücher mit Photographie seit 1960,* Hamburg: Maximilian Gesellschaft 2008, S. 77–83, 3–17.

12 Benjamin Buchloh, *Critic Pierre Restany Organizes a Group of Diverse Artists in Paris to Form Nouveau Réalisme, Redefining the Paradigms of Collage, the Readymade and the Monochrome,* in: Hal Foster, Rosalind Krauss, Benjamin Buchloh und Yve-Alain Bois, *Art Since 1900. Modernism, Antimodernism, Postmodernism,* London: Thames & Hudson 1995, S. 434–444.

13 Leslie Fiedler, *Cross the Border – Close the Gap,* in: *Christ und Welt* 10 (1968); *Playboy* 12 (1969) (=Ders., *Collected Essays,* New York: Stein and Day 1971, Bd. 2, S. 461–485).

14 Hal Foster, in: Foster et al. 1995, S. 488f.

15 Pierre Restany, *A 4o° au-dessus de Dada* (1963), in: Ders., *Le Nouveau Réalisme,* Paris: Union Gén. d. Éd. 1978, S. 13–43, hier S. 34, 37f.

16 Laszlo Glozer, in: *Westkunst. Zeitgenössische Kunst seit 1939,* Ausstellungskatalog, Museen der Stadt Köln, Köln: DuMont 1981, S. 234.

17 Maurice Merleau-Ponty, *Phénoménologie de la perception* (1945), Paris: Gallimard 1976, S. I, II, X, XIf. (=Avant-propos).

18 Sebastian Egenhofer, *Abstraktion, Kapitalismus, Subjektivität. Die Wahrheitsfunktion des Werkes in der Moderne,* München: Fink 2008, S. 266.

19 Michael Fried, *Shape as Form. Frank Stella's New Paintings,* in: *Artforum* 5, 3 (1966), S. 18–27.

20 Donald Judd, *Specific Objects,* in: *Arts Yearbook* 8 (1965), S. 74–82 (=Donald Judd, *Complete Writings 1959–1975*), New York: University Press 1975, S. 181–189, S. 183f., 187.

21 Robert Morris, *Notes on Sculpture,* in: *Artforum* 4, 6 (1966), S. 42–44, hier S. 44.
22 Peter Schjeldahl, *Minimalism* (1984), in: Ders., *The Hydrogen Jukebox. Selected Writings 1978–1990,* Berkeley / Los Angeles: University of California Press, S. 204–226, hier S. 214.
23 Allan Kaprow, *Assemblage, Environments and Happenings,* New York: Harry N. Abrams 1965, S. 154f.
24 Kaprow 1965, S. 184.
25 Michael Fried, *Art and Objecthood,* in: *Artforum* 5, 10 (1967), zit. nach: Harrison / Wood 2003, S. 835–846, hier S. 839, 843–845.
26 Oskar Bätschmann, *Ausstellungskünstler,* Köln: DuMont 1997, S. 232–244.
27 Laszlo Glozer, in: Kat. *Westkunst* 1981, S. 285.
28 Vgl. zu dieser Kontinuität: Eva Ehninger, *Vom Farbfeld zur Land Art. Ortsgebundenheit in der amerikanischen Kunst 1950–1970,* München: Edition metzel 2013.
29 Vgl. dazu: *Remote Possibilities. A Roundtable Discussion on Land Art's Changing Terrain,* in: *Artforum* 43, 10 (2005), S. 240–246.
30 Robert Morris, *Notes on Sculpture 4. Beyond Objects,* in: *Artforum* 7, 8 (1969), S. 50–54.
31 Friedrich Schiller, *Über die ästhetische Erziehung des Menschen in einer Reihe von Briefen* (1795), in: Ders., *Werke.* Nationalausgabe, hrsg. v. J. Petersen et al., Weimar 1943ff., Bd. 20 (1962) S. 382 (der „Stoff soll durch die Form vertilgt" werden).
32 Jean Christophe Ammann, in: *Processi di pensiero visualizzati. Junge italienische Avantgarde,* Ausstellungskatalog, Kunstmuseum Luzern 1970, o. S.
33 Tommaso Trini, *Nuovo alfabeto per corpo e materia,* in: *Domus* 470 (1969), S. 45–51, hier S. 51, zit. nach: Tommaso Trini, *Mezzo secolo di arte intera. Scritti 1964–2014,* Cremona: Johan & Levi 2016, S. 282–286, hier 285f.
34 Ders., *Arte Povera, Land Art, Conceptual Art. L'opera sparita e diffusa,* in: *Arte illustrata* 111 (Oktober/Dezember 1970), S. 34–36, S. 40–54, zit. nach: Trini 2016, S. 314.
35 Filiberto Menna, *A mise en scène for Nature,* in: *Cartabianca* (März 1968), S. 2–5, zit. nach: Carolyn Christov-Bakargiev (Hrsg.), *Arte Povera,* London: Phaidon 2005, S. 196.
36 Pier Paolo Pasolini, *Scritti corsari. Gli interventi più discussi di un testimonio provocatorio,* Milano: Aldo Garzanti Editore 1975, S. 164.
37 Vgl. *Entrare nell'opera. Processes and Performative Attitudes in* Arte Povera, hrsg. v. Nike Bätzner, Maddalena Disch, Christiane Meyer Stoll und Valentina Pero, Ausstellungskatalog, Kunstmuseum Lichtenstein, Köln: Verlag der Buchhandlung Walter König 2019.
38 Jannis Kounellis, im Gespräch mit Germano Celant (1974), in: *Jannis Kounellis,* Ausstellungskatalog, Musei communali, Rimini, Mailand: Gabriele Mazzotta 1983, S. 98.
39 Francis Picabia, *Unser Kopf ist rund, damit das Denken die Richtung wechseln kann,* übers. v. Pierre Gallissaires und Hanna Mittelstädt, Hamburg: Edition Nautilus 1995.
40 Mario Merz, *Voglio fare subito un libro / Sofort will ich ein Buch machen,* Aarau / Frankfurt/Main: Sauerländer 1985, S. 274.
41 Harald Szeemann, *Individuelle Mythologien,* Berlin: Merve 1985.
42 Charles Harrison und Paul Wood, *Institutions and Objections. Introduction,* in: Harrison / Wood 2003, S. 813–817, hier S. 814, deutsch in: Harrison / Wood 1998, S. 982.
43 Sol LeWitt, *Paragraphs on Conceptual Art,* in: *Artforum* 5, 10 (1967), S. 79–83, zit. nach: Gerd de Vries (Hrsg.), *Über Kunst. Künstlertexte zum veränderten Kunstverständnis nach 1945,* Köln: DuMont 1974, S. 176–182, hier S. 176.
44 Sol LeWitt, *Sentences on Conceptual Art,* in: *Art & Language* 1, 1 (1969), o. S., zit. nach: de Vries 1974, S. 186–190, hier S. 188, deutsch ebd., S. 187–191, hier S. 189.
45 „What is the function of art, or the nature of art? If we continue our analogy of the forms art takes as being art's language one can realize then that a work of art is a kind of ‚proposition' presented within the context of art as a comment on art. We can then go further and analyse the types of ‚propositions'. [...] Works of art are analytic propositions. That is, if viewed within their context – as art – they provide no information what-so-ever about any matter of fact. A work of art is a tautology in that it is a presentation of the artist's intention, that is, he is saying that that particular work of art ‚is' art which means,

is a ,definition' of art. [...] In art's unique character is the capacity to remain aloof from philosophical judgements. It is in this context that art shares similarities with logic, mathematics and, as well, science. But whereas the other endeavours are useful, art is not. Art indeed exists for its own sake. In this period of man, after philosophy and religion, art may possibly be one endeavour that fulfills what another age might have called ,man's spiritual needs'. Or, another way of putting it might be that art deals analogously with the state of things ,beyond physics' where philosophy had to make assertions." „Was ist die Funktion der Kunst oder das Wesen der Kunst ? Führen wir unsere Analogie, dass die Formen, die Kunst annimmt, die ,Sprache' der Kunst sei, fort, lässt sich erkennen, dass ein Kunstwerk eine Art ,Proposition' ist, die im Kunstzusammenhang als Kommentar zur Kunst präsentiert wird. Man kann dann weitergehen und die Typen von ,Propositionen' analysieren. [...] Kunstwerke sind analytische Propositionen. Das besagt, dass sie, innerhalb ihres Zusammenhangs – als Kunst – betrachtet, keinerlei Information über irgendwelche Tatsachen liefern. Ein Kunstwerk ist insofern eine Tautologie, als es die Intention des Künstlers aufzeigt; er sagt mithin, dieses bestimmte Kunstwerk ,ist' Kunst, was bedeutet, dass es eine ,Definition' von Kunst ist. [...] Im einzigartigen Charakter von Kunst ist die Fähigkeit beschlossen, von philosophischen Urteilen unberührt zu bleiben. In eben diesem Zusammenhang weist Kunst Ähnlichkeiten mit Logik, Mathematik und ebenso mit den Naturwissenschaften auf. Doch während die anderen Disziplinen nützlich sind, ist es die Kunst nicht. Kunst existiert in der Tat um ihrer selbst willen. In dieser Menschheitsepoche kann Kunst nach Philosophie und Religion möglicherweise ein Unterfangen sein, das befriedigt, was ein anderes Zeitalter vielleicht ,die geistigen Bedürfnisse des Menschen' nannte. Oder, anders ausgedrückt: es könnte sein, dass sich Kunst analogisch mit dem Zustand der Dinge ,jenseits der Physik' befasst, worüber früher die Philosophie Feststellungen zu treffen hatte." Joseph Kosuth, *Art After Philosophy,* in: *Studio International* 915–917 (Oktober – Dezember 1969), S. 134–137, 160f, 212f., zit. nach: de Vries 1974, S. 136–174, hier S. 148, 156, 158, deutsch: ebd., S. 137–175, S. 149, 151, 159.

46 Joseph Kosuth, *Context Text / Kontext-Text,* in: Ders., *The Sixth Investigation* (1969), Proposition 14, unveröffentlichtes Manuskript, in: *Joseph Kosuth. Beiträge zur konzeptuellen Kunst 1965–1976,* Ausstellungskatalog, Kunsthalle Bremen 1976, o. S.

47 Martin Seel, *Ästhetik des Erscheinens,* München: Hanser 2000, S. 197–202; vgl. auch: Juliane Rebentisch, *Theorien der Gegenwartskunst. Zur Einführung,* Hamburg: Junius 2013, S. 135–150.

48 Vgl. dazu: Paul Crowther, *The Language of Twentieth-Century Art,* New Haven / London: Yale University Press 1997, S. 177–186.

49 Joseph Kosuth, *Within the Context: Modernism and Critical Practice* (1977), in: Ders., *Art After Philosophy and After: Collected Writings 1966–1990,* London: M. I. T. Press 1991, S. 162.

50 Vgl. Norbert Schneider, *Theorien der modernen Kunst. Vom Klassizismus bis zur Concept Art,* Köln / Weimar / Wien: Böhlau 2014, S. 452–454 („Rationalisierungsprozesse seit 1960").

51 Michel Foucault, *Cours du 7. janvier 1976,* zuerst erschienen als *Corso del 7 gennaio 1976,* in: *Microfisica del Potere, Interventi politici,* Turin 1977, franz. zit. nach: Ders., *Dits et écrits, 1954–1988,* Paris: Gallimard 1994, Bd. 3, S. 160–175, hier S. 163, 167.

52 Daniel Buren, *Notes sur le travail par rapport aux lieux où il s'inscrit, prises entre 1967 et 1975 et dont certaines sont spécialement récapitulées ici,* in: *Fond-Forme,* Ausstellungskatalog, Centre d'Art Contemporain de Genève 1976, o. S., und: Daniel Buren, *Les Écrits 1965–1990,* Bordeaux: Musée d'Art contemporain 1991, Bd. 1, S. 427–433, hier 432.

53 Ders., *Mise en garde,* in: *Konzeption / Conception,* Ausstellungskatalog, Städtisches Museum Leverkusen 1969, o. S. (=Ders., *Les Écrits 1965–1990,* 1991, Bd. 1, S. 85–96, hier 95f.).

54 Vgl. *Marcel Broodthaers, Eine Retrospektive,* Ausstellungskatalog, The Museum of Modern Art, New York / Kunstsammlung Nordrhein Westfalen, Düsseldorf, Köln: Verlag der Buchhandlung Walter König 2016, S. 172–215.

55 Vgl. *Hans Haacke, Works 1959–2006,* Ausstellungskatalog, Akademie der Künste Berlin, Düsseldorf: Richter 2007, S. 154–167.

56 Peter Weibel, *Hans Haacke als Meta-Duchamp,* in: Hans Dickel und Oliver Schwarz (Hrsg.), *With Reference to Hans Haacke,* Köln: Verlag der Buchhandlung Walter König 2011, S. 57.

57 Victor Burgin, *Socialist Formalism,* in: *Studio International* 191, 980 (1976), S. 148–154, zit. nach: Harrison / Wood 2003, S. 938–942, hier 940.

58 Joseph Beuys, *Ich durchsuche Feldcharakter,* in: *Kunst im politischen Kampf,* Ausstellungskatalog, Kunstverein Hannover 1973, o. S., zit. nach: Wolfgang Storch (Hrsg.), *Joseph Beuys, Hiermit trete ich aus der Kunst aus. Vorträge, Aufzeichnungen, Gespräche,* Hamburg: Edition Nautilus 2021, S. 90f., hier 90f.

59 Bärbel Gronau, *Theaterinstallationen,* München: Fink 2010, S. 49.

60 Joseph Beuys, *Eine radikale Veränderung. Erläuterungen zur Honigpumpe. Gespräch mit Jochen Hiltmann und Hans Joachim Lenger,* in: *Spuren in Kunst und Gesellschaft* 9 (1984/1985), S. 37–41, hier S. 37; fortgesetzt: Joseph Beuys, *Erläuterungen zur Honigpumpe* (Gespräch mit Jochen Hiltmann und Hans Joachim Lenger), in: *Spuren in Kunst und Gesellschaft* 30/31 (1989), S. 65–83.

61 Leonhard Emmerling und Ines Kleesattel (Hrsg.), *Politik der Kunst. Zur Einleitung,* in: Dies., *Politik der Kunst. Über Möglichkeiten, das Ästhetische politisch zu denken,* Bielefeld: transcript 2016, S. 11–18, hier S. 12.

Postmoderne und neue Medien

> Was sich in der spätmodernen Kultur seit den 1970er Jahren vollzieht, ist nun eine bemerkenswerte Umkehrung: Ideen und Praktiken ehemaliger Gegen- und Subkulturen sind in die Hegemonie umgeschlagen. Das Kreativitätsideal der scheinbar hoffnungslos randständigen ästhetisch-künstlerischen Gegenbewegungen ist in die dominanten Segmente der Gegenwartskultur, in ihre Arbeits-, Konsum- und Beziehungsformen eingesickert und dabei nicht dasselbe geblieben. (Reckwitz, 2012)[1]

In die Debatten über die Grenzen und die Grenzüberschreitung autonomer Kunst, an denen im Zuge der Studentenbewegung um 1968 in Deutschland vor allem Joseph Beuys und Hans Haacke beteiligt waren, brach um 1975 die Diagnose einer ‚Postmoderne' ein, mit der These, dass wesentliche Implikationen der Moderne inzwischen gesellschaftlich eingelöst seien und sich fortan auch die Kunst in der für sie als ‚condition postmoderne' (Jean François Lyotard) bestimmten Konstellation neu zu profilieren habe. Hinsichtlich eines möglichen politischen Engagements über die Institutionalisierung der Kunst hinaus kamen erneut Zweifel auf, werde dieses doch, anders als die ‚Anti-Kunst' der Avantgarden, in der nun etablierten Neo-Avantgarde stets durch die Institution Kunst kompromittiert, selbst wenn man ihr durch einen erweiterten Kunst- und Werkbegriff zu entkommen versuche.

> Alle Kunst nach den historischen Avantgardebewegungen hat sich in der bürgerlichen Gesellschaft dieser Tatsache zu stellen; sie kann sich entweder mit ihrem Autonomie-Status abfinden oder Veranstaltungen unternehmen, um den Status zu durchbrechen, sie kann jedoch nicht – ohne den Wahrheitsanspruch von Kunst preiszugeben – den Autonomie-Status einfach leugnen und die Möglichkeit unmittelbarer Wirkung unterstellen. Was die Werkkategorie angeht, so wird sie nach dem Scheitern der avantgardistischen Intention der Rückführung der Kunst in Lebenspraxis nicht nur restauriert, sondern sogar erweitert. […] Neoavantgardistische Kunst ist autonome Kunst im vollen Sinne des Wortes, und das bedeutet: sie negiert die avantgardistische Intention einer Rückführung der Kunst in die Lebenspraxis. Auch die Bemühungen um eine Aufhebung der Kunst werden zu künstlerischen Veranstaltungen, die unabhängig von den Absichten ihrer Produzenten Werkcharakter annehmen. (Bürger, 1974)[2]

In diesen Aporien gefangen, bespielte die neoavantgardistische Kunst weiterhin ihre institutionellen Grenzen. Wie sie sei auch die moderne Kunst auf dem angestammten ‚Hochsitz' ihrer Autonomie (Leslie Fiedler) nicht ohne Weiteres glaubwürdig fortzusetzen, da sie mittlerweile kommerziell und kulturindustriell vereinnahmt werde. Mit soziologischen Beobachtungen haben insbesondere Daniel Bell und Frederic Jameson diese Bedenken in den USA artikuliert und für jede sich als zeitgenössisch verstehende Kunst eine Zäsur gegenüber der Moderne markiert.

> Even if contemporary art has all the same formal features as the older modernism, it has still shifted its position fundamentally within our culture. For one thing, commodity production and in particular our clothing, furniture, buildings and other artifacts are now intimately tied in with styling changes which derive from artistic experimentation. [...] For another, the classics of high modernism are now part of the so-called canon and are taught in schools and universities – which at once empties them of any of their older subversive power. (Jameson, 1983)[3]

Auch für Deutschland sprach in diesem Sinne Wolfgang Welsch von der „Postmoderne als einer exoterischen Einlösungsform der einst esoterischen Moderne des 20. Jahrhunderts",[4] welche der Kunst nun andere Strategien abverlange, um der Einverleibung in die sogenannte ‚Kulturindustrie' entgehen zu können. Diesen ernüchternden Diagnosen waren jene Analysen vorausgegangen, die Max Horkheimer und Theodor W. Adorno in der *Dialektik der Aufklärung* (deutsch 1947), noch in der amerikanischen Emigration, zur ‚Kulturindustrie' verfasst hatten. Deren englische Übersetzung lag jedoch erst 1972 vor (*Dialectic of Enlightment*, New York 1972). Im Anschluss an Walter Benjamins Überlegungen zur künstlerischen Intervention in die Bildwelten der Massenmedien, die er in seinem Aufsatz *Das Kunstwerk im Zeitalter seiner technischen Reproduzierbarkeit* skizziert hatte,[5] böten sich Verfahren der Intermedialität an, welche der Nivellierung aller Werte entgegenwirken könnten. So der Tenor einer seit den 1970er-Jahren theoretisch begründeten Kunstauffassung, zu der etliche Stimmen aus dem Umfeld der US-amerikanischen Zeitschrift *October* beitrugen. In der Rezeption des französischen Post-Strukturalismus distanzierten sich ihre Autorinnen und Autoren von dem modernistischen ‚Mythos der Originalität', so etwa Rosalind Krauss.[6] Die rekursive, strukturalistische Wendung der Kunst auf die bereits bestehenden Bildwelten sei zudem, so der Künstler Peter Halley lakonisch, analog zu einer wirtschaftlichen Entwicklung zu verstehen, in der die post-industrielle Gesellschaft die Innovationsdynamik der Moderne ersetzt habe:

> From this [socio-economic] point of view, structuralism and the new art both reflect a transition from an industrial to a post-industrial society; from a society of expanding markets to a society of stagnant growth in which wealth is more redistributed than created; from a culture in which production, innovation and individualism are mythologized in the name of creativity to a society that stresses the manipulation of what already exists, be it capital or cultural signs. This is the culture that structuralism describes or which can at the same time be said to create structuralism. [...] Along with the arrival of post-industrial conditions [from Europe] a new structuralist-oriented art practice has appeared in the United States. (Halley, 1983)[7]

Nachdem so viele Versprechen der Moderne und ihrer Kunst enttäuscht oder aber in der permissiven Gesellschaft des westlichen Wirtschafts- und Wohlstandswunders eingelöst worden waren, also nach einer mehr oder weniger bedauerlichen Inflation ihrer Utopien, folgte in den späten 1970er-Jahren die Ernüchterung. Man wurde vorsichtiger, skeptischer, in der postmodernen Kunst auch ironisch gegenüber so mancher Fortschritts-Euphorie der Avantgarden. In der Begründung neuer Kunstformen unter den Bedingungen der Postmoderne ging es dann jedoch nicht darum, die Moderne zu ersetzen, sondern sie zu revidieren und dabei der Kunst eine kritische Funktion zu bewahren. Daher ist der Terminus ‚Postmoderne' nicht als Epochenbegriff zu verstehen, sondern mit Lyotard als Bezeichnung einer neuen Strategie:

> Die Postmoderne ist keine neue Epoche, sondern das Redigieren einiger Charakterzüge, die die Moderne für sich in Anspruch genommen hat, vor allem aber ihrer Anmaßung, ihre Legitimation auf das Projekt zu gründen, die ganze Menschheit durch die Wissenschaft und die Technik zu emanzipieren. (Lyotard, 1986)[8]

Vergleichbare Ansprüche auf Befreiung hatte mit ihren Mitteln auch die moderne Kunst artikuliert, nun galt es aber, sie ihrerseits zu überprüfen und gegebenenfalls zu aktualisieren. In diesem Sinne argumentierte beispielsweise auch Hal Foster in der Einleitung zu seiner Anthologie *The Anti-Aesthetic. Essays on Postmodern Culture* (1991):

> To deconstruct modernism not in order to seal it in its own image but in order to open it, to rewrite it; to open its closed systems (like the museum) to the ‚heterogeneity of texts' (Crimp), to rewrite its universal techniques in terms of ‚synthetic contradictions' (Frampton) – in short, to challenge its master narratives with the ‚discourse of others' (Owens). [...] A postmodernism of resistance, then, arises as a counter-practice not only to the official culture of modernism but also to the ‚false normativity' of a reactionary postmodernism. In opposition (but not only in opposition), a resistant postmodernism is concerned with a critical deconstruction of tradition, not an instrumental pastiche of pop- or pseudo-historical forms, with a critique of origins, not a return to them. In short, it seeks to question rather than exploit cultural codes, to explore rather than conceal social and political affiliations. [...] More locally, ‚anti-aesthetic' also signals a practice, cross-disciplinary in nature, that is sensitive to cultural forms engaged in a politic (e. g. feminist art) or rooted in a vernacular – that is, to forms that deny the idea of a privileged aesthetic realm. [...] In such an event, the strategy of an Adorno, of ‚negative commitment', might have to be revised or rejected, and a new strategy of interference (associated with Gramsci) devised. (Foster, 1991)[9]

Der bis dahin als ‚avantgardistisch' konzipierten Kunst, die am Begriff und an der Institution Kunst „rüttelte wie an einer Kette" (Adorno), stand nach Jahrzehnten permanent innovativer Ausdehnung der Moderne nun die Analyse einer neuen Situation gegenüber: die vermeintlich von außerhalb gesellschaftlicher Normen formulierten Statements der Künstler aus den Generationen des Existenzialismus, aber auch noch der Studentenbewegung, wirkten plötzlich altmodisch – waren ihre Positionen und Projekte doch inzwischen einer ohnehin neoliberalen Wohlstandsgesellschaft einverleibt worden. Im Sinne der soziologisch beschriebenen Entwicklung zu einer postindustriellen Informationsgesellschaft mit ihrem grundsätzlich pluralen Charakter freier Wahlmöglichkeiten seien inzwischen neue künstlerische Maximen für eine ‚postmoderne' Situation zu konzipieren. Den ersten Gegenstimmen zum Habitus und Status der Vertreter der Moderne, selbst noch der 1960er-Jahre, mag auch ein Generationenkonflikt zugrunde gelegen haben; der Formalismus Greenbergscher Prägung hatte in den Augen der Jüngeren ohnehin völlig ausgedient. Inzwischen habe vielmehr, so der Soziologe Daniel Bell 1978, die moderne Kultur in ihrem Drang nach individueller Freiheit jeden gesellschaftlichen Werte-Konsens zersetzt:

„One cost has been the loss of coherency in culture, particularly in the spread of an antinomian attitude to moral norms and even to the idea of cultural judgement itself." Der Modernismus sei dabei selbst orthodox geworden: „Modernism as an attack on orthodoxy, has triumphed and become the regnant orthodoxy of the day." In ihrer Selbstermächtigung zur permanenten Innovation sei die Hochkultur aber mittlerweile trivialisiert worden, so wie nun life style-Innovationen die wirtschaftliche Entwicklung vorantrieben, nicht mehr technische Errungenschaften in der Arbeitswelt:

> Modernism has been converted into a commodity for promotion and profit. [...] Bourgeois society sundered economics from moral norms to allow the individual to pursue his own self-defined wants, yet at the same time sought to bend the culture to its restricted moral norms. Modernism was the major effort to break away from the restrictions in the name of experience, the aesthetic and the experimental and, in the end, broke all boundaries. Yet if we now seek to return economics to moral norms, is there not a similar warranty for culture? (Bell, 1978)[10]

Nach dem 1948 von Sedlmayr diagnostizierten und beklagten ‚Verlust der Mitte' sei nun ein ‚Gewinn der Ränder' kulturell vollzogen und die Option der Wiederbelebung einer verbindlichen ‚Mitte' denkbar geworden. Mit diesen Beobachtungen schien es möglich, nach dem Ausloten aller Potentiale von Befreiung, die die Kunst gegenüber kulturellen und ethischen Wertvorgaben reklamiert hatte, wieder Grenzen der Freiheit geltend zu machen, etwa jene in der Freiheit der anderen. Wie im Wirtschaftsleben die Erkenntnis der *Grenzen des Wachstums* (Club of Rome 1972) zu einem Paradigmenwechsel geführt hatte oder wohl eher: hätte führen sollen, so kamen Kriterien wie Nachhaltigkeit, Ressourcensicherung und globale Gerechtigkeit auch im gesellschaftlichen Leben ins Gespräch, Grenzen der

Freiheit, die eine Neuorientierung an kulturellen und ethischen Wertvorgaben verlangten. Bell sah eine Rückkehr zum gesellschaftlichen Konsens für die Wirtschaft beispielsweise in der Notwendigkeit ökologischer Beschränkungen begründet, er enthielt sich aber ähnlicher Prognosen für die Kultur. Wie wäre seiner Diagnose zu begegnen in einer postmodernen Konstellation? Mit einer noch weiter ausgedehnten Vielfalt der Perspektiven und Diskurse, wie es Lyotard vorschlug, oder mit einer Revision, wie Bell sie implizierte?

Der ökologische Imperativ und der Imperativ globaler Gerechtigkeit wirkten zwar erst Jahrzehnte später als mögliche Maßstäbe auch für die Kunst, doch schon in den 1980er-Jahren haben Künstlerinnen und Künstler die Perspektive eines grenzenlosen Fortschritts der Avantgarden revidiert. Mit der Kunst im Zeitalter der Globalisierung kamen dann tatsächlich erweiterte Kriterien in die Diskussion, die jene der modernistischen Innovationen in der europäisch / amerikanischen Kunst des 20. Jahrhunderts relativieren sollten, eben durch die Verpflichtung auf Nachhaltigkeit, das kulturelle Erbe und die globale Gerechtigkeit, wie es etwa David Joselit in *Heritage and Debt.* Art in Globalization (2020) zu bedenken gab: „The structural affinity between the ‚radicality' of art and the ‚radicality' of capitalism should introduce serious doubt about art's politically progressive potential." („Die strukturelle Affinität zwischen der Radikalität der Kunst und jener des Kapitalismus sollte Zweifel wecken am politisch progressiven Potential der Kunst.")[11] Aus der Freiheit ‚von' (Bedingungen) sollte statt dessen eine Freiheit ‚zu' (Möglichkeiten) werden, die über die ‚Autonomie' und die ‚Medienspezifik' der Kunst hinaus wieder konkret Zwecke und Ziele adressierte.

Ausgehend von seiner Diagnose eines Strukturwandels vom „competitive capitalism" der bürgerlichen Gesellschaft zum „corporative" und „multinational capitalism" der „consumer society", die mit ihrer Überflussproduktion und der Medialisierung inzwischen alle Lebensbereiche durchdringe, nicht nur einen „death of the subject" bedeute, sondern auch die Möglichkeit einer „critical distance" der Kunst absorbiere, kam Jameson 1984 zu seinen kulturkritischen Schlussfolgerungen bezüglich der sogenannten Postmoderne. Sie legten andere Strategien der Künste in dem von ihm sogenannten ‚Spätkapitalismus' nahe: den Utopieverzicht, vor allem aber die Ausweitung des geistigen Horizontes über die westlich geprägte Hemisphäre hinaus. In Opposition zu einer affirmativen Postmoderne, die die „Logik der kapitalistischen Konsumgesellschaft mit ihrer Logik des Simulacrums, mit ihrer Verwandlung älterer Realitäten in Fernsehbilder, nicht nur wiederholt oder reproduziert sondern noch verstärkt und intensiviert habe" („And no doubt the logic of the simulacrum, with its transformation of older realities into television images, does more than merely replicate the logic of late capitalism; it reinforces and intensifies it"),[12] erörterte er die wenigen verbleibenden Möglichkeiten der Kunst, das „cognitive mapping" im Spannungsfeld von „global space" und „social space", und bestimmte Kriterien für die Kunstproduktion auch außerhalb der westlichen Welt:

> An aesthetic of cognitive mapping – a pedagogical political culture which seeks to endow the individual subject with some new heightened sense of its place in

> the global system – will necessarily have to respect this now enormously complex representational dialectic and invent radically new forms in order to do it justice. This is not then, clearly, a call for a return to some older kind of machinery, some older and more transparent national space, or some more traditional and reassuring perspectival or mimetic enclave: the new political art (if it is indeed possible at all) will have to hold to the truth of postmodernism, that is, to say, to its fundamental object – the world space of multinational capital – at the same time at which it achieves a breakthrough to some as yet unimaginable new mode of representing this last, in which we may again begin to grasp our positioning as individual and collective subjects and regain a capacity to act and struggle which is at present neutralized by our spatial as well as our social confusion. The political form of postmodernism, if there ever is any, will have as its vocation the invention and projection of a global cognitive mapping, on a social as well as a spatial scale. (Jameson, 1984)[13]

So kam es zu einer entscheidenden Akzentverschiebung: „Die moderne Toleranz gegenüber dem Anderen wird durch die postmoderne Anerkennung des Differenten überboten" (Welsch),[14] die auch die Maßstäbe in der Beurteilung zeitgenössischer Kunst vervielfältigte und die post-koloniale Perspektive des Milleniums vorbereitete. Zuvor aber beanspruchten die speziell für die bildende Kunst relevanten kulturellen Veränderungen infolge der Medialisierung der postindustriellen Informationsgesellschaften alle Aufmerksamkeit. Mit der tendenziell egalitären Konstellation in der Postmoderne waren mediengeschichtliche Entwicklungen einhergegangen, deren Analyse nicht mehr primär (neo-)marxistisch fundiert werden konnte; insbesondere die von Jean Baudrillard vorgebrachten Thesen waren und sind hier zu berücksichtigen, um jene neuen Konzeptionen zeitgenössischer Kunst erörtern zu können, die auf die ‚condition postmoderne' reagierten. Seine Theorie der Simulation, in der Baudrillard davon ausging, dass die Realität mittlerweile von den visuellen Medien geprägt, ja konstituiert werde, dass sie und ihre Simulationen kaum noch voneinander zu trennen seien, ließ den herausgehobenen Status, den die Kunst in der Moderne besessen hatte, ebenfalls fragwürdig erscheinen.

Hyperrealität und Medienwelten

Zeitgleich mit der Diagnose einer ‚postmodernen' Konstellation hat die Medialisierung der westlichen Gesellschaften kulturell neuartige Voraussetzungen für die bildende Kunst geschaffen. Noch vor der Eskalation der später sogenannten ‚Bilderflut', die mit der Digitalisierung und der Etablierung des Internets alle Formen von Kommunikation, Zivilisation und Kultur durchdringen sollte, verwies Baudrillard auf die neuartigen Phänomene einer ‚Hyperrealität', die insbesondere der bildenden Kunst andere Strategien abverlange. Neben der soziologisch fundierten Diagnose der Postmoderne war also für die Neu-Konzeption zeitgenössischer Kunst auch eine mediengeschichtliche Zäsur, die wohl nur mit der Erfindung des Buchdrucks vergleichbar ist, von grundlegender Bedeutung: sie führte zu einer Dominanz der Bildmedien, die als Visualisierung der Gesellschaft alle früheren, primär schriftbasierten Kulturen verdrängt und dabei den Künsten, insofern sie abbilden oder bilden, ihre Kernkompetenz streitig gemacht hatte. Ohne diese Entwicklungen in ihrer gesellschaftlichen Tragweite bereits erfasst haben zu können, da sie seinerzeit in dem Maße noch nicht abzusehen waren, hat Baudrillard in seinen Überlegungen zur ‚Hyperrealität' infolge der allenthalben wirksamen Simulationsstrategien doch bereits wesentliche kulturelle Veränderungen theoretisch profiliert. Diese sind nicht allein mit der Notwendigkeit einer visuellen Kommunikation der inzwischen im Überfluss produzierten Waren der Konsumgesellschaft zu erklären, also dem Bedarf an Werbung. Eine solche ‚Hyperrealität' steuere als Maßstab der Wahrnehmung von Wirklichkeit inzwischen auch andere soziale Sphären. Die künstlerischen Verfahren, die auf sie reagieren und die als ‚Enttarnung', als Sand im Getriebe (‚boucler'), verstanden werden können – haben in dem von der ‚Situationistischen Internationale' geprägten Begriff des ‚détournement' einen Vorläufer – Baudrillard hat sie ebenfalls skizziert.

> L'hyperréel représente une phase bien plus avancée, dans la mesure où même cette contradiction du réel et de l'imaginaire y est effacée. L'irréalité n'y est plus celle du rêve ou du phantasme, d'un au-delà ou d'un en-deçà, c'est celle de l'hallucinante ressemblance du réel à lui-même. Pour sortir de la crise de la représentation il faut boucler le réel dans la répétition pure. Avant d'émerger dans le pop-art et le néo-réalisme pictural, cette tendance se lit déjà dans le nouveau roman. [...] Au terme de ce processus de reproductibilité, le réel est non seulement ce qui peut être reproduit, mais ce qui est toujours déjà reproduit. Hyperréel. [...] Aujourd'hui c'est toute la réalité quotidienne, politique, sociale, historique, économique, etc., qui a d'ores et déjà incorporé la dimension simulatrice de l'hyperréalisme: nous vivons partout déjà dans l'hallucination ‚esthétique' de la réalité. (Baudrillard, 1976)[15]

Andy Warhol hatte diesen Status der Dinge als Waren im Modus ihrer ästhetischen Existenz bereits in seinen fehlerhaft-fleckigen Siebdruck-Vervielfältigungen bloßgestellt, „bouclé" mit den Worten Baudrillards. Angesichts der allgemeinen Ästhetisierung der Gesellschaft wird seine subversive Strategie auch der zeitgenössischen Kunst nahegelegt, über ihre Anfänge in den 1960er-Jahren hinaus:

> Aujourd'hui où réel et imaginaire sont confondus dans une même totalité opérationnelle, la fascination esthétique est partout: c'est la perception subliminale (une sorte de sixième sens) du truquage, du montage, du scénario, de la surexposition de la réalité à l'éclairage des modèles – non plus un espace de production, mais une bande de lecture, bande de codage et de décodage, bande magnétisée par les

> signes – , réalité esthétique, non plus par la préméditation et la distance de l'art, mais par son élévation au niveau second, à la puissance deux, par l'anticipation et l'immanence du code. (Baudrillard, 1976)[16]

Baudrillards Überlegungen zur Dominanz der Bilder und Simulationen, die Strategien der Verfremdung erforderten, waren in der bildenden Kunst durch die Pop Art mit ihrem Protagonisten Warhol und seiner entlarvenden Nachahmung von Bildern der Werbung und Filmindustrie sowie seiner Weigerung, sich auf politische Positionen festzulegen bzw. festlegen zu lassen, bereits vorweggenommen worden. Aus Warhols Arbeit solcher ‚différance' zu den Bilderwelten der Massenmedien jedoch ein ‚Ende der Kunst' abzuleiten, wie es Baudrillard und Arthur Danto versuchten, war ein leichtfertiger Kurzschluss: „Art is everywhere, since artifice is at the very heart of reality. And so art is dead, not only because its critical transcendence is gone, but because reality itself [...] has been confused with its own image." („Kunst ist überall, da Künstlichkeit der Realität allenthalben zugrundeliegt. Deshalb ist die Kunst tot, nicht nur, weil ihre kritische Transzendenz verschwunden ist, sondern weil die Realität selbst [...] überall mit ihrem eigenen Bild verschwimmt.")[17]

Man darf diese Bemerkung schon deshalb zurückweisen, weil ‚art' und ‚artifice' begrifflich streng zu unterscheiden sind und künstlerische Strategien sich nicht auf das Bildliche beschränken und jene der Entlarvung präzise zu profilieren sind. Das gilt auch für die gleichlautende, in ihrer pauschalen Vereinfachung ebenso wie ihrer koketten Anspielung auf Hegel fragwürdige These vom ‚Ende der Kunst', die Danto mit Bezug auf Warhol formuliert hatte. Denn er verkannte dessen Strategie, handelt es sich doch bei den exemplarisch von ihm besprochenen *Brillo Boxes* (1964) mitnichten um Waschmittelverpackungen, sondern um deren unbrauchbare Darstellungen in Form von Holzkisten mit aufgeklebten Siebdrucken, die den Warenfetisch des Reinigungsmittels bloßstellen. Ebenso ignorierte Danto Duchamps künstlerischen Zugriff auf die Objekte seiner ‚readymades' – in Form ihrer jeweils spezifischen Platzierung und Beschriftung – zumal der Künstler die Objekte selbst gar nicht als Kunstwerke verstanden hatte.[18] Falsch beurteilte Danto in der Einleitung seines Buches auch Beuys' Statement „Jeder Mensch ein Künstler" und schließlich wäre 1992 präziser mit Jeff Koons zu argumentieren gewesen, der als Nachfolger Warhols seine Arbeit schon nicht mehr auf das Gebrauchswertversprechen der Waren als Konsumartikel bezog, sondern auf industriell hergestellte Fetischobjekte und die damit verbundenen emotionalen Werte, etwa Status und Prestige, die Koons ästhetisch verfremdet hat. Künstlerinnen und Künstler dieser Generation hatten inzwischen viel weiter ausgefeilte Strategien der Intervention, der Demaskierung und Neucodierung im Spannungsfeld von Simulation und Authentizität entwickelt, um ihre Werke inmitten der Medienzivilisation und der inzwischen alles erfassenden Kulturindustrie weiterhin als künstlerische wirksam werden zu lassen. Das betrifft auch den Status bisheriger, moderner Kunstwerke, den beispielsweise Elaine Sturtevant im Echo ihrer postmodernen ‚remakes' problematisiert hat: diese sind nun nicht mehr wie in der Pop Art auf die Werbung, sondern auf die Kunst selbst bezogen, ähnlich der Subversion des Kunstmarktes in den *Surrogate Paintings* (1979) von Allan Mc Collum. Baudrillards Kategorie der ‚Hyperrealität' lässt sich Jahre später noch zum Verständnis der photographischen Arbeiten von Andreas Gursky heranziehen, eignet diesen doch, mit der Ausreizung aller technischen Möglichkeiten und der digitalisierten Formgebung ihrer Motive, ein hybrid schillernder Status zwischen Abbild und ‚hyperrealem' Vorstellungs- oder Idealbild von Wirklichkeit, eine Qualität, welche die Kultur der Simulationen kenntlich macht.

Mit ihrer spezifisch deutschen Variante der seit den 1960er-Jahren erneut gegenständlichen, nun aber medienreflexiven Malerei hatten auch die beiden dem ‚Sozialistischen Realismus' der DDR entkommenen Künstler Gerhard Richter und Sigmar Polke ironische Strategien entwickelt, um die „sozialen Gebrauchsweisen der Photographie" (Pierre Bourdieu, 1965) zu konterkarieren; bewirken diese nämlich eine Verdinglichung des Dargestellten, indem sie die Gewissheit vermitteln, dass es tatsächlich so sei, wie es die Photographien darstellen, stört die Malerei einer Photographie diese Gewissheit.[19]

> Das Photo ersetzte den Teil der Bilder, Zeichnungen und Illustrationen, der als Abbildung der Realität über die Realität informierte. [...]. Das Photo übernahm außerdem eine kultische Funktion: Jeder hat seine ‚Andachtsbilder' selbst hergestellt – das sind die Abbilder der Verwandten und Freunde, andenkend konserviert. [...] Leben vermittelt sich uns als Konvention, Gesellschaftsspiel und -gesetz. Photos sind kurzlebige Abbilder dieser Vermittlung wie die Bilder, die ich nach den Photos male. Indem sie gemalt sind, berichten sie nicht mehr über eine bestimmte Situation, die Darstellung wird absurd. Als Bild hat es eine andere Bedeutung, andere Information. (Richter, 1965)[20]

Richters Grisaille-Malerei nach Photographien (Amateurphotographie, Illustrierte, Massenmedien) stellte westdeutsche Befindlichkeiten zwischen NS-Vergangenheit und Wirtschaftswunder zur Disposition, gerade indem sie die Verdinglichung des Dargestellten bildlich revidierte und ihm, gegen seine vermeintlich objektive technische Darstellung im Photo, seine Mehrdeutigkeit zurückgab. Polke entwickelte mit seiner neodadaistisch inspirierten Bilderalchemie aus Populärkultur und Hochkunst eine ebenfalls beide Sphären destabilisierende Form ironischer Malerei. Sie stellte insbesondere die Wunschökonomie des Kleinbürgertums bloß, Benjamin Buchloh hat Polkes Kunst daher einmal zutreffend als ‚Bewusstseinsrealismus' bezeichnet.

A Forest of Signs

Die in der Kunst der späten 1970er- und 80er-Jahre allenthalben zu beobachtende Referenz auf gesellschaftlich vorgegebene symbolische Ordnungen, wie sie in den Institutionen, der Sprache, den ‚Mythen des Alltags' und den sozialen Umgangsformen, vor allem aber in den visuellen Medien, fixiert und perpetuiert werden, war den Diskursanalysen des französischen Post-Strukturalismus verpflichtet: Sie hatten jene Konventionen infrage gestellt, um der fatalen Naturalisierung von Ideologie, die Mythen gewöhnlich vollbringen, entgegenwirken zu können: Roland Barthes, *Mythologies*, 1957; *Mythen des Alltags*, Berlin 2010; Claude Lévi-Strauss, *Mythologiques I, Le cru et le cuit*, 1964, *Mythologica I, Das Rohe und das Gekochte*, Frankfurt/Main 1971; Michel Foucault, *Les mots et les choses. Une archéologie des sciences humaines*, 1966; *Die Ordnung der Dinge. Eine Archäologie der Humanwissenschaften*, Frankfurt/Main 2003; Pierre Bourdieu, *La distinction. Critique sociale du jugement*, 1979; *Die feinen Unterschiede. Kritik der gesellschaftlichen Urteilskraft*, Frankfurt/Main 1987; Gilles Deleuze / Félix Guattari, *Mille Plateaux*, 1980; *Tausend Plateaus. Kapitalismus und Schizophrenie*, Berlin 1992). An sie schlossen sowohl Jacques Derrida mit Überlegungen zur ‚Dekonstruktion' (*L'Écriture et la différence*, 1967; *Die Schrift und die Differenz*, Frankfurt/Main 1972) an als auch Jean François Lyotard mit seinen speziell die ‚postmoderne Kondition' betreffenden Thesen.[21]

Im Ausstellungswesen war die erneute Referenz der Kunst auf die soziale Wirklichkeit und ihre Bildwelten, also ihre Fundierung auf Alltagserfahrung, schon von Harald Szeemanns *documenta 5* (1972) als ein gemeinsamer Trend profiliert worden, und zwar gegen die vier früheren Ausgaben der Kasseler Weltkunstausstellung, die Arnold Bode noch dezidiert der Abstraktion und Gegenstandslosigkeit gewidmet hatte. Hans Heinz Holz, ihr maßgeblicher Katalogautor, führte dazu aus:

> Allein die Tatsache, dass Kunst in die Gesamtheit der Bildwelten des Alltagslebens eingebettet werden muss, um den Stil der Zeit als eine übergreifende Formbestimmung kenntlich zu machen, lässt eine Selbstgenügsamkeit bloß artistischer Gesichtspunkte nicht zu. [...] Kunstwerke werden gemäß dem Konzept der *documenta 5* verstanden als Systeme, die auf die eine oder andere Weise Wirklichkeit in sich aufnehmen: entweder in der Art eines Abbilds, das eine Vorlage reproduziert; oder in der Art einer Darstellung, die eine Sache ausdrückt, ohne ihr gleich zu sein; und schließlich in der Art, dass sie selbst eine neue Wirklichkeit sind, die mit einer Vorlage nichts zu tun hat. [...] Die ästhetische Theorie ist also, will sie sich der Praxis des Kunstschaffens konkret nähern, unter anderem und vielleicht sogar bevorzugt auf die Bildwelten des Alltagslebens verwiesen, die dem Künstler die formalen wie inhaltlichen Bestandstücke seiner Wirklichkeitserfahrung liefern. (Holz, 1972)[22]

Die Ausstellung *A Forest of Signs. Art in the Crisis of Representation* (1989)[23] dokumentierte dann Ende der 1980er-Jahre exemplarisch die vielfältigen künstlerischen Ansätze, die auf diese Analysen vor allem französischer Autoren reagiert hatten. Als eine aus der Avantgarde angeeignete und neu aktivierte Strategie hatte sich die Intermedialität angeboten, die der medialen Nivellierung aller Informationen und Werte ein künstlerisches, medienreflexives Moment entgegensetzen konnte. In Abgrenzung von einem möglicherweise reaktionären Postmodernismus wurden hier Optionen jenseits von Adornos ‚ästhetischer Negativität' entworfen, etwa in Form von Interventionen in symbolische Ordnungen, gesellschaftliche Kontexte und öffentliche Räume. Post-strukturalistisch begründet, gingen sie über kritische Ansätze der Moderne hinaus, während ein anti-moderner Postmodernismus hinter sie zurückfiel. In seinem Aufsatz *Subversive Signs* (1982) erörterte Foster künstlerische Arbeitsweisen, postmoderne Strategien, keineswegs Formen eines eklektizistischen Historismus, vielmehr eines Transfers moderner Verfahren auf andere kulturelle Sphären und schloss einmal mehr an Benjamins Überlegungen zur Assemblage-Technik an.

> In short, this work does not bracket art for formal or perceptual experiment but rather seeks out its affiliations with other practices (in the culture industry and elsewhere); it also tends to conceive of its subject differently. The artists active in this work (Martha Rosler, Sherrie Levine, Dara Birnbaum, Barbara Kruger, Louise Lawler, Allan Mc Collum, Jenny Holzer, Krzysztof Wodiczko, ...) use many different forms of production and modes of address (photo-text collage, constructed or projected photographs, videotapes, critical texts, appropriated, arranged or surrogate art works, etc.), and yet they are alike in this: each treats the public space, social representation or artistic language in which he or she intervenes as both a target and a weapon. This shift in practice entails a shift in position: the artist becomes a manipulator of signs more than a producer of art objects, and the viewer an active reader of messages rather than a passive contemplator of the aesthetic or consumer of the spectacular. [...] The situational aesthetics of this art – its special attention to site, address and audience – is prepared by the varied institutional critique of such artists as Daniel Buren, Michael Asher, Dan Graham, Hans Haacke, Marcel Broodthaers, Lawrence Weiner, John Baldessari and Joseph Kosuth. Yet if Kruger, Holzer et al. inherit the conceptual critique of the given parameters of art production and reception, they do so not uncritically. For just as the conceptual artists extended the minimalist analysis of the art object, so too these later artists have opened up the conceptual critique of the art institution in order to intervene in ideological representations and languages of everyday life. (Foster, 1982)[24]

Dan Grahams Arbeit *Homes for America* (1966), mit welcher der Künstler aufzeigte, wie viele Permutationen von vier Bautypen und vier Farbvarianten in einer seriellen Reihenhaus-Produktion möglich werden, war den erwähnten jüngeren Arbeiten vorausgegangen: „Wo Minimal-Arbeiten das modernistische Tafelbild phänomenologisch überschritten, indem sie den Umraum in die Rezeption einschlossen, untersuchte Graham das Umfeld institutioneller Bedeutungsproduktion," indem er beispielsweise die minimalistische Ästhetik im Transfer auf den Wohnungsbau sozial durchdeklinierte.[25]

Für die Künstlerinnen und Künstler der sogenannten ‚Pictures Generation' lag demgemäß die Medienspezifik ihrer Arbeit nicht mehr in der Materialität des Trägermediums, wie es Greenberg aus modernistischer Perspektive für die Malerei reklamiert hatte, sondern in den sozial vielfältigen Gebrauchsweisen der Bilder, die mitunter revidiert oder zumindest überprüft werden sollten. Jenseits der Wahrheitsästhetik der ‚New York School' eröffnete sich damit die Möglichkeit einer Intervention in die mittlerweile ‚hyperreal' konstituierte Bildergesellschaft. Besonders signifikant sind in dieser Hinsicht – parasitäre Zersetzung der Medienkultur – die künstlerischen Konzepte von Cindy Sherman und Jeff Wall, ihre *Untitled Film Stills* (1977–1980) und seine Szenarien in Cibachrome-Schautafeln, mit Referenzen auf die technisch und kulturell avancierte Bildproduktion ihrer Zeit, Photo, Film und Fernsehen, die beide Künstler mit ihren Bildfindungen kommentieren. Wall argumentierte explizit gegen den aggressiven Reduktionismus der vorangegangenen ‚Minimal' und ‚Conceptual Art' und versuchte stattdessen eine Art der ‚Malerei des modernen Lebens' aufzugreifen, wie sie Charles Baudelaire propagiert und Édouard Manet praktiziert hatten, nun aber mit technisch generierten Bildern:

> In this light, it could be said that is was photography's role and task to turn away from Conceptual art, away from reductivism and its aggressions. Photoconceptualism was then the last moment of the prehistory of photography as art, the end of the Old Regime, the most sustained and sophisticated attempt to free the medium from its peculiar distanced relationship with artistic radicalism and from its ties to the Western Picture. In its failure to do so, it revolutionized our concept of the Picture and created the condition for the restoration of that concept as a central category of contemporary art by around 1974. (Wall, 1995)[26]

Sherman gelang es in ihrer künstlerischen Auseinandersetzung mit der Photographie – quasi durch Demaskierung ihres Scheins von Objektivität – das Medium in seinen sozialen Gebrauchsweisen (Bourdieu) bloßzustellen und emanzipatorisch neu zu nutzen. Indem sie sich selbst performativ in bestimmten Rollen für die Kamera inszenierte und diese dann photographierte, deckte sie sozusagen die Funktionsweise der Photographie auf, die durch ihre Bilder Rollenklischees tautologisch beglaubigt und bekräftigt. Statt die Betrachtenden also in den Glauben zu versetzen, die Welt, wie man sie in Photographien zu sehen bekommt, sei so, wie sie darin erscheint, wird die jeweilige mediale Konstruktion als solche vorgeführt und damit ‚entlarvt'. Sherman bot dabei als Künstlerin das gesamte Repertoire performativer Kostümierung und Rolleninszenierung auf, um die sozial normativ wirkende Verwendung der Photographie zu hintertreiben. In ihren *Untitled Films Stills* mimte sie Frauen-Posen aus der Medienwelt ihrer Jugend, also der US-amerikanischen 1950er/1960er-Jahre, und entstellte deren Klischees bis hin zur Kenntlichkeit.

Solche Strategien einer ‚interference' hatte Craig Owens schon früh erkannt und in einem Aufsatz zu den neuen Entwicklungen der Kunst Ende der 1970er-Jahre zutreffend charakterisiert und dabei gezeigt, wie sich der Paradigmenwechsel der Postmoderne auf die – bei aller künstlerischen Disparatheit strukturell doch vergleichbaren – Werke ausgewirkt hatte. Mit Benjamin sah er in der Kunst seiner Generation einen ‚allegorischen Impuls' am Werk, der sich allenthalben dem Evidenz-Gebot modernistischer Kunst widersetzt habe. Die Kunst suchte stattdessen Anknüpfungspunkte in der visuellen Kultur der Massenmedien:

> Most proper [...] to [allegory] is its capacity to rescue from historical oblivion that which threatens to disappear. [...] Throughout its history it has functioned in the gap between a present and a past which, without allegorical reinterpretation, might have remained foreclosed. A conviction of the remoteness of the past, and a desire to redeem it for the present – these are its two most fundamental impulses. [...] Allegorical imagery is appropriated imagery; the allegorist does not invent images but confiscates them. [...] This confusion of the verbal and the visual is however but one aspect of allegory's hopeless confusion of all aesthetic mediums and stylistic categories (hopeless, that is, according to any partitioning of the aesthetic field on essentialist grounds). The allegorical work is synthetic; it crosses aesthetic boundaries. This confusion of genres, anticipated by Duchamp, reappears today in hybridization, in eclectic works which ostentatiously combine previously distinct art mediums. Appropriation, site-specifity, impermanence, accumulation, discursivity, hybridization – these diverse strategies characterize much of the art of the present and distinguish it from its modernist predecessors. (Owens, 1980)[27]

Wie sehr dieser künstlerische Ansatz von der vorausgegangenen Repräsentationskritik des französischen Poststrukturalismus her zu begründen war, betonte Brian Wallis in der Einleitung seiner Anthologie *Art After Modernism. Rethinking Representation* (1984).[28] In den hier kommentierten künstlerischen Verfahren werde die modernistisch konzipierte Einheit von Inhalt und Form eines Kunstwerkes durch explizite Referenzen auf andere kulturelle Sphären aufgebrochen. Genuin künstlerische Qualität wird dabei nicht mehr dem Potential autonomer Widerständigkeit attestiert, sondern dem Potential heteronomer Widersprüchlichkeit und Vielstimmigkeit, eben der „postmodernen Anerkennung des Differenten" (Welsch). Mit dieser aus dem universitären Umfeld der Zeitschrift *October* aufgebotenen Argumentation zu postmodernen Strategien der Kunst wurde eine kritische Funktion gegenüber einem anderen Segment postmoderner ‚Kunst' verteidigt, nämlich jener wiederbelebten neo-expressionistischen Malerei, die einem aufblühenden Kunstmarkt in die Hände fiel. Malerei und Tafelbild waren dieser Generation aber nicht mehr in ihrer vermeintlichen Eigengesetzlichkeit wichtig, sondern als Träger und Umschlagplatz heterogener Motivationen und Motive (Julian Schnabel, Michel Basquiat), wobei die Künstler gelegentlich auch Formate und Kontexte wechselten (Keith Haring, Jonathan Borofsky). Insbesondere die Photographie, aber auch die Schrift mit ihren vielfältig denkbaren intermedialen und interkulturellen Bezügen kamen einer postmodernen Kunst entgegen, die sich, eingedenk der Problematisierung von Originalität im wiedergelesenen ‚Kunstwerk'-Aufsatz Benjamins, in Barthes' Thesen zum *Tod des Autors* und in Derridas literaturhistorischem Plädoyer für kulturelle Interferenzen nun anstelle unbeirrter Autorschaft sozial zunehmend vernetzte. Ihre Strategien in der Bildergesellschaft hat der Katalog der Ausstellung *A Forest of Signs. Art in the Crisis of Representation* (1989) programmatisch dokumentiert. Anne Rorimer begründete dort die gegenüber den 1970er-Jahren veränderte kulturelle Situation einer im Sinne Baudrillards medialisierten Postmoderne, die der Kunst andere Strategien abverlangt habe:

> Whereas certain artists re-present photography and language in order to show how they function in contemporary society, others directly re-present the imagery of the mass media. Their work essentially deals with the myths and ideologies propagated by the media that, fed by and feeding upon consumer culture, pervade all areas of life. Many of the works are united by their analyses of the ways in which experience is ‚pictured' in the media-dominated society of today with its omnipresent systems of representation. [...] Under the assumption that the work of art is cut from the same cloth as the rest of the social fabric, works of the 1980s take on society's falsifying aspects in order to express them. In lieu of attemption to penetrate illusion as if it were a veil that might be pierced or drawn aside, the artists of the 1980's examine the unrealities of contemporary reality, seeking to locate meaning through a multiplicity of representational signs. (Rorimer, 1989)[29]

Somit war dem Kriterium „ästhetischer Negativität" abgeschworen, das Adorno für eine zeitgenössische künstlerische Form nach dem Nationalsozialismus bestimmt hatte: Bei all seiner Plausibilität für die Zeit nach 1945 könne es doch keine überzeitliche Gültigkeit beanspruchen, zumal seine Auffassung von der „verhärteten" Gesellschaft und der gegen sie gerichteten Konzeption autonomer Kunst inzwischen von den sozialen und ästhetischen Entwicklungen überholt worden sei. Eingedenk Adornos apodiktischer Forderungen für die Jahre nach 1945 sei nun vielmehr die Möglichkeit einer ‚ideogrammatischen' ‚Kunst der Intensitäten' zu bedenken, hatten sich doch auch in Westdeutschland sowohl die Gesellschaft als auch die Definition des Kunstwerks gegenüber der Situation in der Adenauer-Zeit verändert: beide waren poröser geworden. Werke zeitgenössischer Kunst könnten sich deshalb, so Johan Frederik Hartle, in strukturell anderen, weniger monadenhaften, offeneren Formen präsentieren.[30]

Die 80er-Jahre in der BRD

Auch in der ökonomisch saturierten Gesellschaft Westdeutschlands zogen Künstlerinnen und Künstler angesichts des totalen Triumphs des Kapitalismus, der jeden Widerstand der Avantgarden im Keim ersticke, weil absorbiere, ähnliche Schlüsse wie in den USA. Wilfried

Dickhoff hat sie im Hinblick auf eine zeitgenössische Kunst theoretisch gefasst als ein von Widersprüchen geprägtes, gebrochenes Konzept:

> Ob reflektiert oder lediglich evident, schon Anfang der 80er Jahre war im Keim klar, dass unsere Aufgabe darin bestehen wird, Verantwortlichkeit ohne Emanzipationshorizont neu zu bestimmen. [...] Vielleicht war in diesem Moment Kunst zu machen die Inkonsequenz des Nihilisten. Auf jeden Fall war es eine Absage an den Formalismus, auf den Nihilismus in der Kunst immer hinausläuft. [...] Absage an die zunehmende lückenlose Immanenz eines Systems, das alles aufsaugt, alle Begriffe befällt – und zwar in erster Linie die kritischen – und alles und jedes in pluralistische Austauschbarkeit aufweicht. [...] Demgegenüber entstand (von der Malerei bis zur Vitrine, von der Photographie bis zur Zeichnung auf Papier) eine Kunst der Intensität, aber mit inhaltlicher Entschiedenheit, eine Kunst der Faszination, aber im Bewußtsein der Fragwürdigkeit des Pathos, eine ideogrammatische Kunst, die paralogische und analogische Bezüge aktivierte. [...] Die Kunst steht im Paradox, einerseits ein verlogener Luxus zu sein, gleichzeitig aber ‚schön und wahrhaftig' und damit Träger des Nicht-Identischen sein zu können. Sie gelingt nur da, wo sie dieses Paradox in sich austrägt und als Spannung ihrer Gestalt behält. Das gilt gleichermaßen für jene Antinomie, die mit dem Gerede von Moderne und Postmoderne laufend verfehlt wird. Ich spreche von dem Gegensatzpaar Mikrologie / Paralogie. Auf der einen Seite die Kunst als in sich abgeschlossenes Gebilde, als fragmentarisches ‚Ganzes', das eine ästhetische Rettung und Begleitung des dissoziierten Subjekts verfolgt (Mikrologie). Auf der anderen Seite Kunst als Paralogie, als zielloses Experimentieren mit intensiven Fragmenten, das nicht mehr der versteinerten und versteinernden instrumentellen Vernunft gehorcht. Auf der einen Seite das Bild als bestimmte Negation. Auf der anderen Seite die rückhaltlose Affirmation der Intensitäten. (Dickhoff, 1989)[31]

Man mag diese Haltung in der Malerei seiner Zeitgenossen Martin Kippenberger, Albert Oehlen und vieler anderer erkennen, parallele Überlegungen finden sich auch in der Theoriebildung der kurzlebigeren italienischen ‚Trans-Avanguardia'. Der Utopie-Verzicht wurde in Europa deutlicher formuliert als in der US-amerikanischen Kunst der Zeit, vielleicht deshalb, weil gerade Beuys, ‚Fluxus', die ‚arte povera', die 68er-Bewegung so große (und fast inflationär viele) Hoffnungen auf Emanzipation geweckt hatten, denen gegenüber die nachfolgende Generation mit Skepsis und postmodern abgekühlter Distanz reagierte. Für die italienischen Maler, die einen solchen Paradigmenwechsel bereits in den 1970er-Jahren vollzogen hatten, beschwor Achille Bonito Oliva in seinem emphatischen Manifest zur ‚Trans-Avanguardia' ebenfalls einen Wechsel „von der Intention zur Intensität":

> Because without intensity there is no art. Intensity is the work's ability to offer itself, its capacity to fascinate and capture the spectator inside the intense field of the work, inside the circular and self-sufficient space of art functioning according to internal laws regulated by the demiurgic grace of the artist, by an internal metaphysics which excludes any outside motivation. [...] Art rediscovers the surprise of an activity infinetely creative, open even to the pleasure of its own pulsions, and an existence characterized by thousands of possibilities, from the figure to the abstract image, from a flash of genius to the delicate texture of the medium, which all simultaneously cross each other and drip in the instantaneity of the work, assorted and suspended in its generously offering itself as a vision. In its nomad creativity, art in the 70's has found its own movement par excellence, the possibility of unlimited free transit inside all territories with open references in all directions. [...] The trans-avantgarde means taking a nomad position which respects no definitive engagement, which has no privileged ethic beyond that of obeying the dictates of a mental and material temperature synchronous to the instantaneity of the work. [...] Today to make art means having everything on the table in a revolving and synchronous simultaneity which succeeds in blending inside the crucible of the work both private and mythic images, personal signs tied to the individual's story and public signs tied to cultural and art history. This crossing also means not mythicizing one's self, but rather inserting the self onto a ‚collision course' with other expressive possibilities, thereby accepting the possibility of putting subjectivity at the intersection of all. The shattering of the work means shattering the myth of the unity of the ego, assuming the nomadism of a non-stop ‚immaginario' without anchorage or reference points. (Oliva, 1979)[32]

Der Titel von Nicola de Marias Gemälde *Ego-Navigatio* (1981) bezeichnet diese fluide künstlerische Haltung. Mit ihrer allzu vagen Beschwörung des Subjekts war Olivas Devise von einer ‚Trans-Avanguardia' jedoch langfristig kaum tragfähig. Die westdeutsche Malerei der 1980er-Jahre lässt sich dagegen mit der wiederbelebten ‚Institutional Critique' aus der Generation der Studentenbewegung zusammendenken, da sie sich in den 1990er-Jahren ebenfalls an den Rahmenbedingungen abgearbeitet, an ihnen „gerüttelt" (Adorno) hat, in einer Art Hassliebe. Dabei blieb sie jedoch an die vorgegebenen Formate gebunden. So bestätigte Kippenberger im Interview mit Jutta Koether[33] seine Rolle als Clown, der gute Laune verbreite, indem er die (bedauerlicherweise) desillusionierten Versprechen der Avantgarde-Kunst, die angesichts einer permissiven Gesellschaft lächerlich geworden seien, mit Spott bedachte. Der befreiende Impuls, der von Kippenbergers Generation auch in Europa ausging, war jedoch bald dadurch kompromittiert, dass sein Medium, die Malerei, auf dem Kunstmarkt missverstanden, die eigentliche Aussage im kommerziellen Erfolg schluckte. Sie alle stürmten gegen die Traditionen der Malerei, blieben jedoch gleichsam an ihr kleben. Diederich Diederichsen charakterisierte die Ernüchterung der post 68-Generation in der BRD, sie sei gekennzeichnet gewesen durch eine Übersättigung mit Utopien und erschöpften Gesten des Protests inmitten eines Wohlstandswunderlandes, gegen das man nur noch zynisch anpinseln könnte:

> Die Erkenntnis, dass es – zumindest für die Bildende Kunst – ein Außen des Systems zur Zeit nicht gibt, es sei denn um den Preis völliger Wirkungslosigkeit, ihr historisches Schicksal, dass es Entwicklung in ihr, die zur staatstragendsten und repräsentationalsten aller Staatskünste durch Verkettung historischer Umstände und auch einer selbstverschuldeten Impotenz geworden ist, nur gibt, wenn man sich in der Sphäre bewegt, wo Kunst auch die Fortschritte, die durch diese konservative Funktion entstanden sind, in sich aufgenommen hat, hat dazu geführt, dass die heutigen Künstler zwischen letzten, verzweifelten Rettungsversuchen der Negativität, deren heroische Qualitäten nicht zu verachten sind, deren Projekt als Ganzes aber hoffnungslos idealistisch ist, und einem Zynismus schwanken, der sich ganz der Auswegslosigkeit dieser Staatskunst und Museumsvollhängfunktion hingibt und nichts mehr will, als bruchlos, allenfalls ein wenig melancholisch, in dieser Eigenschaft aufzugehen. (Diederichsen, 1990)[34]

Die Kunst der Installation und der öffentliche Raum

Dieser Lähmung in der postmodernen Konstellation, dieser Misere einer Verstrickung in institutionelle Abhängigkeiten beim Versuch, sich aus ihnen zu befreien, schien man mit ortsspezifischen, in der Regel temporären Arbeiten entkommen zu können, als ließen sich so die Aporien der Postmoderne, die vertrakte Situation am fin de siècle, umgehen. Für die Kunst der Installation im öffentlichen Raum oder besser: zugunsten der Öffentlichkeit von Räumen, sind im Rahmen der ausgeprägten westdeutschen Erinnerungskultur der 1980er- und 90er-Jahre spezifisch andere Bedingungen und Begründungen zu finden als für die ‚medienreflexive' US-Kunst, die damals auch in den öffentlichen Raum expandierte. Man suchte historische Bezüge, eine gesellschaftliche Anbindung mit kritischen Funktionen, als sei damit eine neue Aufgabenstellung für die Kunst zurückzugewinnen und eine Form, die das Publikum involvieren könne. Wie Foster argumentierte in Deutschland z. B. Rüdiger Bubner gegen Adorno und seine Gebote größtmöglicher Autonomie und ‚ästhetischer Negativität', als er eine Form ‚ästhetischer Erfahrung' profilierte, die den Begriff des Kunst-‚Werkes' zugunsten der Situationen relativierte, in denen es rezipiert wird. Mit der Abkehr von Adornos Werkästhetik nahm Bubner auch die Entwicklung partizipativer Strategien in der Kunst seit den 1990er-Jahren theoretisch vorweg.[35] Maßgeblich war es dann jedoch Jean Christophe Ammann, der mit seiner Kritik an der modernen ‚drop sculpture' die potentiellen Funktionen installativer Kunst bewarb. Sein *Plädoyer für eine neue Kunst im öffentlichen Raum* (1984) war ein emphatischer Aufruf. Mit den Optionen einer neuartigen gesellschaftlichen Rolle der Kunst nahm Ammann, durchaus kritisch auch Stellung zu den Sinnverweigerungsgesten der Maler aus der gleichen Generation:

> Es geht nicht mehr darum, Werke zu installieren, die in der urbanen Umwelt, unabhängig von ihrer Qualität, zu dekorativen Relikten degradiert werden, sondern um Eingriffe und die Schaffung von ‚Situationen', die der Bevölkerung eine qualitative Verbesserung der Nutzungsmöglichkeiten von Freiräumen bringen. Mit anderen Worten, wir müssen dringend die Problemstellung und die Perspektive, somit den Aufgabenbereich des Künstlers im Öffentlichen Raum mit neuen Inhalten füllen. Entweder fahren wir fort im Trott der ‚Verschönerungsprozesse', die letztlich nur einer Alibihaltung gegenüber den Künstlern und der sogenannten kulturellen Verantwortung entsprechen, oder wir suchen nach neuen Lösungen, die in uns allen – Künstler natürlich (und vor allem) eingeschlossen – wachsen müssen, um dem Kunstwerk im öffentlichen Raum eine soziale, kommunikative und ästhetische Bedeutung zu verleihen. (Ammann, 1984)[36]

Eine derart positive Zuschreibung gesellschaftlicher Aufgaben an die bildende Kunst wagte Anfang der 1980er-Jahre auch der Galerist Jörg Johnen. Nach einer Klage über die Verwahrlosung städtischer Räume infolge des Individualismus und Hedonismus sowie der grenzenlosen Freiheit des Einzelnen[37] sah Johnen gerade die Kunst an der Erschließung, ja Wiedereinrichtung öffentlicher Räume und ihrer kulturellen Gestaltung für soziale Zwecke beteiligt:

> Auf der Suche nach individueller Freiheit und Entfaltung [haben wir] unsere Kultur und die damit verbundenen externen Selbstbilder abgeschafft. Es wird Zeit, die Kehrseiten dieser Freiheiten ebenso zu bedenken wie die negativen Folgen anderer Fortschritte. Das soll kein Plädoyer sein für ein Zurück zu alten, überlebten Bildern und Rollen, jedoch eine Aufforderung, der heutigen Realität gemäße bildhafte Grenzen und Bühnen zu entwerfen. Doch fast die gesamte Avantgarde-Produktion, Architektur, Kunst und Design ist gekennzeichnet von Fragmentierung, instabiler Offenheit und virtuosem Leerlauf. Langfristig durchsetzen werden sich jedoch immer die stärksten integrativen und kollektiven Bilder und die damit verbundenen Vorstellungen und Inhalte. [...] Die ‚res publica' muss wieder bildhaft und als zeitlich und räumlich begrenzte Inszenierung erlebbar sein, die Kultur muss sich wieder mit der Realität und den Macht- und Herrschaftsverhältnissen auseinandersetzen, anstatt das Publikum immer tiefer in Tagträume, Phantasien und individuelle Kunstwelten hineinzuziehen. [...] Die ‚res publica' ist zu einer Sache des Schweigens oder einzelner Stars geworden, anstatt geschmückte, inhaltsreiche Orte für eine Begegnung der Individuen bereitzuhalten. (Johnen, 1983, 1985)[38]

Die Orientierung ‚öffentlichkeitswirksamer' Werke an der Option neuer Aufgaben für die ‚res publica' wurde durch zahlreiche ‚Kunst am Bau'-Projekte, gelegentlich nur temporärer Art, gefördert: Projekte, die sich in ihrer Auseinandersetzung mit gegebenen Orten im Rahmen der Ende der 1970er-Jahre einsetzenden Erinnerungskultur vor allem in Deutschland staatlicher Alimentierung relativ sicher sein konnten. So hatte die Kunst eine neue Funktion für die Öffentlichkeit zugeschrieben bekommen, worauf einige Künstlerinnen und Künstler mit ironischer Brechung dieser Formen staatlicher Auftragskunst reagierten, z. B. Thomas Schütte und Katharina Fritsch. Denn mit der beabsichtigten Integration der Kunst war erneut eine positive Bestimmung für sie verbunden: die (temporäre) Annäherung an die Lebenswelten ihres Publikums, wie es z. B. auch Jan Hoet für die *Chambres d'Amis* in Gent formuliert hatte:

> Schon lange ist das Gemälde aus seinem Rahmen herausgebrochen, das Tuch zersetzt. Die Skulptur fühlt sich seit langem unheimisch auf ihrem Sockel, wenn sie noch einen hat. Oft steht sie sogar nicht mehr, sie hängt oder liegt, verzweigt sich, verliert sich in den Raum, liegt manchmal zerbröckelt oder zerstreut am Boden. Es sieht so aus, als wäre die Kunst durchgegangen, als hätte sie ihren festen Platz, ihre Mitte verloren. Der Künstler der Gegenwart bereut dies nicht; umso weniger, weil hier ein Übermaß an Kraft und Lebenslust freigemacht wird. [...] Es kommt ein Raumkonzept zur Geltung, in dem der Begriff Raum nicht länger eine neutrale, abstrakte Umgebung bedeutet, die dem Kunstwerk einen Platz ‚räumt', sondern das konkrete, fassbare, vom Leben angefressene Material darstellt, worauf der Künstler in flexibler, schöpferischer Weise seine Arbeit implantieren soll. *Chambres d'Amis* zeigt sozusagen keine Kunstwerke ‚in' einem Raum, sie zeigt den Raum als Kunstwerk. (Hoet, 1986)[39]

Ähnlich argumentierte Günter Metken parallel zur *Skulpturprojekte*-Ausstellung 1987 in Münster und zur *documenta 8* mit ihren zahlreichen urbanen Projekten, die mit einer öffentlichen Funktion der Kunst spielten, wenn sie diese nicht sogar erfüllten. Und Walter Grasskamp resümmierte im Katalog der *Skulpturprojekte*-Ausstellung 1997 rückblickend: „In einer intensiven räumlichen, historischen und persönlichen Auseinandersetzung mit der Stadt waren die Künstler nun gehalten, die urbanen Voraussetzungen ihrer Intervention genau zu studieren, erhielten aber gleichzeitig die Chance, sich durch spektakuläre oder unverhoffte Schauplätze inspirieren zu lassen." Gerade in den Münsteraner Ausstellungen präsentierten sich als Ergebnis „oftmals schlüssige Symbiosen von Orten und Werken."[40]

Die in den 1980er-Jahren entwickelte Installationskunst ist mit den vielfältigen Bezügen auf ihre jeweiligen Schauplätze, die sie einem ästhetisch vermittelten Perspektivwechsel unterzog, als postmodern zu verstehen. Sie ist als eine im wörtlichen Sinne ‚interessierte' Kunst zu beschreiben, die erneut eine soziale Anbindung suchte. Sie hat in der ‚Institutional Critique' der 1970er-Jahre ihre Voraussetzungen, insofern sich die Künstlerinnen und

Künstler kritisch auf den ihnen zugedachten Ausstellungsraum bezogen. Zusätzlich kam in den 1980er-Jahre die Geschichte ins Blickfeld, in Deutschland gefördert von einer Generation ‚Nachgeborener', die sich in der Erinnerungskultur dem Vermächtnis der eigenen Geschichte stellen und doch vor allem von ihm distanzieren wollte. Wie in der Malerei deutscher Künstler, Anselm Kiefer und Georg Baselitz in der BRD, Bernhard Heisig und Werner Tübke in der DDR, widmete sich eine neue Denkmalskunst der Auseinandersetzung mit der Elterngeneration, vielleicht auch deshalb, weil Perspektiven in die Zukunft verstellt schienen. Stefanie Endlich skizzierte eine allgemeine Befindlichkeit und erkannte auch auf Seiten der Künstler und Künstlerinnen, die in den 1970er-Jahren unter dem Label von ‚Spurensuche' und ‚Spurensicherung' ihre Arbeit zu historisch belasteten Orten begonnen hatten, ein weit verbreitetes Interesse: „Erst seit Mitte der 70er Jahre entstand – im Zusammenhang mit der Hinwendung zur Geschichte ‚von unten', mit dem Generationswechsel und den vielfältigen Nachwirkungen von Studentenbewegung und Reformpolitik, mit Geschichtswerkstätten und Stadtteilgruppen – eine Vielfalt von Initiativen, die sich für Gedenkorte engagierten."[41] Diese „Arbeit in Geschichte" dokumentierte eine gleichnamige Ausstellung: *Arbeit in Geschichte. Geschichte in Arbeit* (hrsg. v. Georg Bussmann, Kunsthaus Hamburg, Berlin, 1988). Tatsächlich kam es in Deutschland dann zu einem wahren „Denkmalboom" (Christoph Heinrich): „In kaum zu erfassender Vielzahl wurden Denkmäler und Mahnmale, Gedenkstätten und politische Monumente während der letzten Jahre allerorten hervorgebracht."[42] Heinrich zitiert folgende sozialpsychologische Erklärung:

> Die in den vierziger Jahren geborene Nachkriegsgeneration, deren intellektuelle Vertreter besonders seit dem Umbruch der 60er Jahre die Auseinandersetzung mit dem Versagen oder gar den Verbrechen von Teilen der Elterngeneration bewegte, rückt zur Zeit in die Schlüsselstellungen der öffentlichen Meinung, der Schulen und Medien. (Peukert/Reuleke, 1981) [43]

Bezeichnend für diesen deutschlandweiten Trend ist die Situation in Hamburg, das 1981 ein ‚Kunst am Bau'-Programm auflegte, das 2000 wieder eingestellt wurde:

> Hamburg führte 1981 das bundesweit am höchsten dotierte staatliche Programm für Kunst im öffentlichen Raum ein. […] Der besondere orts- und kontextbezogene Ansatz bei der Auswahl und Realisierung von Kunstwerken in Hamburg ist dabei hervorzuheben. Anfangs war insbesondere die Wertschätzung gegenüber einer aktiven Auseinandersetzung von Künstlern mit der deutschen Geschichte bemerkenswert. Von Alfred Hrdlicka über Jochen Gerz bis zu Sol LeWitt entstanden in diesem Zusammenhang neue Mahnmale. (Franzen, 2010)[44]

War die ‚site specifity' als ästhetische Kategorie der Skulptur und Plastik schon durch die Werke der US-amerikanischen ‚Land Art' im großen Maßstab vor Augen geführt worden, so nahm die installative Kunst bei der Integration in den städtischen Raum oft ‚narrative Ortsbezüge' auf. Sie kokettierte auch mit Formen möglicher Dienstleistung und öffnete sich in partizipativen Strategien dem Publikum. Die Entgrenzung der Werke war nicht nur räumlich durch die ‚Minimal Art' und die ‚Land Art' vorbereitet worden, sondern auch in zeitlicher Hinsicht durch die Happenings. Interaktive Komponenten für die Besucherinnen und Besucher fanden sich bereits in den frühen Korridor-Installationen von Bruce Nauman und den spiegelnden Pavillons von Dan Graham. Diese Tendenz ist als Strategie der Beteiligung des Publikums erkannt worden, auch als Versuch einer neuerlichen Orientierung der Kunst an gesellschaftlichen Funktionen.[45] Mit einer solchen Zielrichtung sind dann in den USA der 80er-Jahre, unter den Bedingungen der restriktiven Kulturpolitik zur Zeit der ‚Reaganomics', politisch relevante Forderungen mit künstlerischen Mitteln formuliert worden, von und für benachteiligte Minderheiten, die Frauen, die Schwulen, die Migranten, die ‚homeless people' u. a. (Guerilla Girls, Felix Gonzalez-Torres, Krysztof Wodiczko u. a.).

Die seit den frühen 1980er-Jahren auch im Ausstellungswesen zunehmend beliebter werdende Form der temporären Installation erlaubte es, auf die gegebenen oder gefundenen Orte, deren soziale, ästhetische und historische Komponenten, künstlerisch zu reagieren, parallel zur medienreflexiven Kunst der US-amerikanischen Postmoderne. Juliane Rebentisch hat diesem Strategiewechsel zeitgenössischer Kunst, der nach der mutmaßlichen Erschöpfung der Moderne auch kunsthistorisch quasi notwendig geworden war, eine vielfältig innovative Programmatik zugeschrieben:

> Widerstand gegen einen objektivistischen Werkbegriff leistet installative Kunst aber auch mit der Entgrenzung des traditionellen, des organischen Kunstwerkes in den sie umgebenden Raum und/oder auf ihre institutionellen, ökonomischen, kulturellen oder sozialen Kontexte hin. Die Bewegung gegen einen kunsttheoretischen oder -kritischen Objektivismus wird aber vor allem dadurch zugespitzt, dass installative Kunst dem Betrachter eine neuartige aktive Rolle zuzuweisen scheint. (Rebentisch, 2003)[46]

Gerade die Multiperspektivität in der Wahrnehmung einer solchen Installation, etwa von Daniel Buren, ist es, die derart ortsspezifische Kunst mit anderen postmodernen Tendenzen gut vergleichbar macht. Rebentisch hat die schöne Formulierung von einer „interessierten Kunst" geprägt, die sich ihren Orten, Themen anschmiegt und einschreibt, sich in soziale Situationen mit dem Publikum „verwickelt", statt der Gesellschaft avantgardistisch voranschreiten zu wollen. Nach dem Wegfall stabiler morphologischer Bestimmungskriterien, spätestens in der Postmoderne, hatte sich die Kunst somit dem ihr Heteronomen zugewandt, d. h. anderen kulturellen Sphären des Bildes, der Geschichte, den Institutionen und ihren Schauplätzen. Unterschiedlich in der Ausrichtung, sind diese Werke der installativen Kunst (an kunstfremden Orten und häufig im Rahmen temporärer Ausstellungen) – wie auch die Werke der ‚Institutional Critique' – nicht mehr primär an den eigenen Modalitäten interessiert, sondern an ihren Rahmenbedingungen, die sie künstlerisch bearbeiten, dabei ihr Publikum einbeziehend, um es gar zu aktivieren. ‚Liminalität' wurde als ein zentrales Problem auch im späteren Ästhetik-Diskurs der 2000er-Jahre benannt, von Erika Fischer-Lichte in der Theaterwissenschaft, sie beschäftigte zwei Künstlergenerationen, einerseits schon Hans Haacke, Daniel Buren, Marcel Broodthaers, Christian Boltanski u. v. a. seit den 1970er-Jahren, später beispielsweise Christian Jankowski, Andrea Fraser, Gerwald Rockenschaub, Maria Eichhorn u. v. a., die ihre Arbeit auch um ironische Komponenten bereicherten. Sie alle haben die institutionellen Bedingungen der Kunst ausgelotet, kommentiert, als ihren Träger genutzt. Die dialogische Struktur derart installativer Kunst hat Richard Serra für seinen eigenen Ansatz, aber auch für die Kunstform generell, zutreffend beschrieben:

> The specificity of site-oriented works means that they are conceived for, dependent on and inseparable from their location. Scale, size and placement of sculptural elements result from an analysis of the particular environmental components of a given context. The preliminary analysis of a given site takes into consideration not only formal but social and political characteristics of the site. Site-specific works invariably manifest a value judgement about the larger social and political context of which they are part. Based on the interdependence of work and site, site-specific works address the content and context of their site critically. Site-specific solutions demonstrate the possibility of seeing the simultaneity of newly developped relationships between sculpture and context. A new behavioural and perceptual orientation to a site demands a new critical adjustment to one's experience of the place. Site-specific works primarily engender a dialogue with their surroundings. Site-specific works emphasize the comparison between two separate languages (their own language and the language of their surroundings). Unlike Modernist works that give the illusion of being autonomous from their surroundings, and which function critically only in relation to the language of their own medium, site-specific works emphasize the comparison between two separate languages that can therefore use the language of one to criticize the language of the other. (Serra, 1990)[47]

Gegen die oben beschriebenen Befindlichkeiten einer im Wohlstand wie gelähmten Generation unmittelbar vor dem Berliner Mauerfall entstand parallel auch in der Bildhauerei, vor allem in der Düsseldorfer Schule, eine Kunst des ironischen Recyclings, für die wie in den USA ein ‚allegorischer Impuls' beschrieben werden kann. Im Nachhinein wirkt diese Kunstform durch ihre vielfältigen interkulturellen Referenzen tragfähiger, etwa mit dem anspielungsreichen Oeuvre von Fritsch und Schütte. Im Ausstellungswesen waren es vor allem die *Skulpturprojekte* in Münster, die diese Tendenz der zeitgenössischen Kunst seit 1977 in größerem Maßstab profilierten. Dabei haben die Narrative der geschichtsträchtigen Stadt erheblich zur Prominenz der dort ‚installierten' Werke beigetragen. Der Trend zur

‚Arbeit in Geschichte' ging mit einer Verweigerung von Utopien, ja der Skepsis gegenüber Zukunftsvisionen einher, angefangen mit der ‚Spurensicherung' und den ‚Künstlermuseen', recherchebasierten Strategien und der Aneignung kuratorischer Praktiken durch Künstlerinnen und Künstler. Die unterschiedlichen Formen einer sozialen Anbindung der Kunst führten vor allem in der BRD, aber auch in den weltweit beliebten Skulpturenparks, zu einer ästhetischen Belebung öffentlicher Räume, für die das Stadtmarketing und die touristische Reisekultur erhebliche Mittel bereitstellten. In den 1980er-Jahren entwickelte sich diese immersive Kunstform der Installation somit zu einem maßgeblichen Trend auch im Ausstellungswesen, etwa an den wechselnden Schauplätzen der *manifesta* in Europa und auf den zahlreichen Biennalen weltweit. Neben den auf Objekte fixierten Galerien und Sammlungen etablierte sich dort das Format temporärer, aber doch expansiver installativer Arbeiten. Crowther definierte diese beliebte Kunstform treffend als „site-specific Assemblage-Art".[48] Die staatlich geförderte Erinnerungskultur ist dann nach dem Millenium durch eine ethisch und politisch begründete Alimentierung von Kunst für benachteiligte Minderheiten abgelöst worden, die durch den Feminismus und die Globalisierung ins Blickfeld geraten waren. Eine solche explizite Rückbindung des Schönen an das Gute hat die in der Moderne genuin freie Kunst jedoch erneut an die Leine staatlicher Kulturpolitik genommen; Künstlerinnen und Künstler, die keinen Opferstatus geltend machen können oder wollen, vor allem männliche, weiße, prägen dagegen weiterhin den privaten Kunstmarkt.

Nach der zunehmenden Akzeptanz für Kunst im öffentlichen Raum – die Entwicklung der Münsteraner *Skulpturprojekte*-Ausstellung zum Publikumsrenner ist dafür ein gutes Beispiel – hat sich dieses Marktsegment öffentlichkeitswirksamerAuftragskunst für beide Seiten prächtig entwickelt. Neben der Ausstellungskunst im freien Handel sind im Rahmen von Stadtmarketing, Firmenkommunikation, Eventkultur, aber auch für die Kirche, die Modebranche, inzwischen sogar für Museen, Auftragswerke entstanden, die als quasi maßgeschneiderte Kunst sowohl Distinktionsgewinn versprechen als auch konsensstiftend wirken können. Sabine B. Vogel hat die Entwicklung der Installationskunst seit den 1980er-Jahren hin zu ihrer Funktion als „Klebstoff Kunst" seit den 2000er-Jahren kritisch beschrieben:

> Diese Bezeichnung trifft perfekt den Kern der neuen Auftragskunst. Anders als in der Geschichte dienen die Werke nicht der Repräsentation von Macht und gesellschaftlicher Stellung. Statt dessen muss die Kunst in Museen, auf Biennalen oder Festivals, bei Sammlern, in Unternehmen und für Waren vielfältige Verbindungen schaffen. [...] Bei wenigen dieser Auftragswerke gelten noch die Parameter der Moderne, also Irritation und Diskursanreiz, die meisten dienen schlicht einer Behübschung. (Vogel, 2017) [49]

Im Rahmen dieser gesellschaftlichen Funktionen hat die Kunst also zu neuen Formaten und Produktionsweisen gefunden:

> Gerade Auftragskunst besteht oft aus – individuell angepassten – Wiederholungen bereits existierender Werke. Einzelne Werktypen begleiten Künstler wie Gerhard Richter, Olafur Eliasson oder Liam Gillick über Jahre oder gar Jahrzehnte, die meisten von ihnen haben ihre Werkformen sogar schon so angelegt, dass sie beliebig oft variierbar sind. (Ullrich, 2016)[50]

In der Abwandlung jeweiliger Prototypen holt die Kunst somit nach, was für Luxusgüter im weltweiten Handel längst üblich ist, womit die These von ihrer Eingliederung in die Kulturindustrie bestätigt erscheint, die in der Theorie der Postmoderne bereits um 1980 erkannt worden war.

Erneut das Erhabene, über die Postmoderne hinaus

Auf den weitgehenden Utopieverzicht gegenüber der vorangegangenen Moderne hat Lyotard geantwortet mit seiner postmodernen Neubestimmung ihrer Ästhetik des Erhabenen. Er nahm damit Stellung gegen eine weiterhin an der Moderne orientierte Position, die Jürgen Habermas in seinem Beitrag *Die Moderne – ein unvollendetes Projekt* (1980) noch einmal bekräftigt hatte. Lyotard argumentierte folgendermaßen:

> Le critère d'opérativité est technologique, il n'est pas pertinent pour juger du vrai et du juste. Le consensus obtenu par discussion, comme le pense Habermas? Il violente l'hétérogénéité des jeux de langage. Et l'invention se fait toujours dans le dissentiment. Le savoir postmoderne n'est pas seulement l'instrument des pouvoirs. Il raffine notre sensibilité aux différences et renforce notre capacité de supporter l'incommensurable. Lui-même ne trouve pas sa raison dans l'homologie des experts, mais dans la paralogie des inventeurs. (Lyotard, 1979)[51]

Er plädierte für eine Kultur des Dissens sowie für einen Bruch mit der Erwartung, des Erhabenen weiterhin im Genuss der schönen Formen (seiner Undarstellbarkeit) gewahr werden zu können, zugunsten der Einsicht, dass es ein Nicht-Darstellbares, Unverfügbares gibt:

> Voici donc le différend: l'esthétique moderne est une esthétique du sublime, mais nostalgique; elle permet que l'imprésentable soit allégué seulement comme un contenu absent, mais la forme continue à offrir au lecteur ou au regardeur, grâce à sa consistance reconnaissable, matière à consolation et à plaisir. Or, ces sentiments ne forment pas le véritable sentiment sublime, qui est une combination intrinsèque de plaisir et de peine: le plaisir que la raison excède toute présentation, la douleur que l'imagination ou la sensibilité ne soient pas à la mesure du Concept. Le postmoderne serait ce qui dans le moderne allègue l'imprésentable dans la présentation elle-même; ce quit se refuse à la consolidation des bonnes formes, au consensus d'un goût qui permettrait d'éprouver en commun la nostalgie de l'impossible; ce

> qui s'enquiert de présentations nouvelles, non pas pour en jouir, mais pour mieux faire sentir qu'il y a de l'imprésentable. Un artiste, un écrivain postmoderne est dans la situation d'un philosophe: le texte qu'il écrit, l'oeuvre qu'il accomplit ne sont pas en principe gouvernés par des règles déjà établies, et ils ne peuvent pas être jugés au moyen d'un jugement déterminant, par l'application à ce texte, à cette oeuvre de catégories connues. Ces règles et ces catégories sont ce que l'oeuvre ou le texte recherche. L'artiste et l'écrivain travaillent donc sans règles, et pour établir les règles de ce qui aura été fait. [...] Le postmodernisme ainsi entendu n'est pas le modernisme à sa fin, mais à l'état naissant, et cet état est constant. (Lyotard, 1982)[52]

Gegen Habermas' Versuch, eine einheitlich fortschrittliche Ausrichtung im ‚Projekt der unvollendeten Moderne' wiederzubeleben, gegen die Vorstellung von einem Konsens der Verständigung nach der Befreiung in allen Sparten, argumentierte Lyotard gerade mit dem Unverstandenen, den immer wieder neu zu erkundenden Grenzen des Verstehbaren. Es gebe ein Undarstellbares, demgegenüber auch die Kunst nur ihr Ungenügen zeigen könne. Aus Lyotards Position heraus werden Strategien der ‚différance' und des ‚Dissens' verständlich, wie man sie etwa in der Malerei Richters erkennen kann, der von seinen *Abstrakten Bildern* hoffte, sie könnten „schön, klug, irrsinnig und extrem, anschaulich und unverständlich [...] im Gleichnis diese unbegreifliche Wirklichkeit" schildern.[53]

‚Visual culture' – Internet
Die Neubegründung bildender Kunst als ‚selbstreferentiell' und ‚medienreflexiv'

Während der sogenannten ‚Postmoderne', die als solche vor allem soziologisch diagnostiziert worden war, entwickelte sich – parallel zur Digitalisierung der Kommunikation und der Etablierung des Internets – die Kunstform der zunächst noch elektronisch basierten (Bewegt-)Bilder der Videokunst zu einer digital basierten Medienkunst in zunehmend expandierenden Formaten. Für sie mussten gegenüber dem breiten Spektrum visueller Angebote aus den Massenmedien die spezifischen Qualitäten als bildende Kunst neu definiert und profiliert werden, denn es galt deren Kontinuität zu sichern. Allenthalben propagierte man die ‚Selbstreferentialität' der Bildmedien in der Kunst, wie einst für den Impressionismus, der mit genuin malerischen Modalitäten auf die Erfindung der Photographie reagiert hatte. Sie, die ‚Selbstreferentialität', stifte erst das Potential einer ‚Medienreflexivität' gegenüber der allgegenwärtigen medialen ‚Bilderflut', so der Tenor der Kunstkritik. Die im Kubismus freigesetzte und radikalisierte Eigengesetzlichkeit der Kunst bekam nun eine aufklärerische Funktion attestiert: sie lasse im Abbild das Bild kenntlich werden, thematisiere es als solches, im Unterschied zu den ‚hyperrealen' Parallelwelten der Bildergesellschaft. Eine diesbezüglich frühe Stimme war neben Baudrillard auch der Photographietheoretiker Villém Flusser, der gegenüber den ‚Apparatprogrammen', die hinter den vermeintlich objektiven technischen Bilder stehen, die Individualität des künstlerischen

Bildes, sowohl in der Produktion wie auch in der Rezeption, hervorgehoben hat. Gegenüber der ‚Ästhetik des Verschwindens', die zeitgleich auch Paul Virilio in den als solche ja unsichtbar bleibenden Bewegtbildern erkannt hatte, wurden die Vorzüge der künstlerischen Bilder benannt. Sie böten eine sichtbare Ebene medialer Selbstreferentialität der Bilder, z. B. durch das räumliche Display von Videos, und vermittelten den Betrachtenden damit die Möglichkeit eines multiperspektivischen Blickwechsels. Mit der Aktivierung des bewussten Sehens bewirke dieser einen ‚medienreflexiven' zweiten Blick. Gegen das „ununterbrochene Bilderspeien der Apparate ohne Umkehr" seien es gerade „die stillen Bilder [der Kunst], die die Apparate überlisten", so hoffte Flusser: „Die Akrobaten, die diese Bilder inmitten der Bilderflut herstellen und standhaft daraus heraushalten, verdienen den Namen ‚Künstler' im eigentlichen Sinne, nämlich ‚listige Umdreher und Wender' (ars, techné) der die entsetzliche Bilderflut ausspeienden Apparate."[54]

> Was so entsetzlich an der Bilderflut ist, sind drei Momente: dass sie an einem für ihre Empfänger unerreichbaren Ort hergestellt werden, dass sie die Ansicht aller Empfänger gleichschalten und dabei die Empfänger füreinander blind machen und dass sie dabei realer wirken als alle übrigen Informationen, die wir durch andere Medien (inklusive unserer Sinne) empfangen. (Flusser, 1991)[55]

Als Medienhistoriker hatte Flusser 1990 auch die Kommunikationsformen des Internets schon vorausgesehen: „Wo bisher der öffentliche Raum, der Stadtplatz, das Forum offen stand, werden in naher Zukunft strahlenförmig und netzförmig strukturierte Kanäle liegen. Die Menschen werden an den Ausgängen dieser Kanäle sitzen, um Informationen zu empfangen und zu senden."[56]

Seine Prognose hat sich bewahrheitet. Gegenüber dem globalen Netzwerk überbordender Informationen hatte schon der Medientheoretiker Marshall McLuhan eine spezifische Qualität der Kunst gerade darin gesehen, „unsere Aufmerksamkeit in sie zu verstricken", so in einer live übertragenen Fragerunde, veranstaltet von der Australian Broadcasting Corporation am 27. Juni 1977.[57] Und zur Qualität einer im Modus involvierter Aufmerksamkeit möglichen, individuell bestimmten Rezeption führte Gene Youngblood, kanadischer Wahrnehmungspsychologe, aus, dass die Psyche des Menschen eben Zeit benötige, um neu wahrgenommene Inhalte mit dem eigenen Wissen und Empfinden verbinden zu können. Erst so konstituiere sich ein Denkraum des Individuums.

> Wir brauchen eine Zeit der Meditation, um unsere Vorstellungen, unser bildhaftes Denken auf den Strom der Ereignisse projizieren zu können. Nur so können Erfahrungen zu Gedanken führen, kann Wahrnehmung in Sensibilität und Intelligenz übergehen, nur so kann der Prozess des Sehens zu einem kreativen Akt werden. (Youngblood, 1988/89)[58]

Bevor bildende Künstlerinnen und Künstler in diesem Sinne auf die neuen visuellen (Massen-)Medien reagierten, benutzten sie deren Technik zunächst pragmatisch für die Produktion und Distribution ihrer Werke. Sie bedienten sich sowohl inhaltlich an deren Motiven (z. B. Barbara Kruger, David Salle, Raymond Pettibon), bespielten ihre Formate, seien es die billboards oder screens in den Arbeiten von Keith Haring und Jenny Holzer, oder sie paraphrasierten die Filmgeschichte. Auch für das Marketing boten sich neue Kanäle, etwa für die Rolle des Stars, die manche gerne adaptierten, z. B. Jeff Koons: „I believe an artist has to have a dialogue with the media, at present, because the media define reality. [...] You have to embrace other media, and industries other than ‚art', as the only way to be effective in contemporary society." („Ich glaube, ein Künstler sollte heute im Austausch mit den Medien stehen, denn diese definieren die Realität. [...] Man muss sie lieben, diese Medien und Unternehmen neben dem Bereich der ‚Kunst' als einzige Möglichkeit, in der heutigen Gesellschaft erfolgreich zu sein.")[59]

Weitere Beispiele der Mediennutzung hat John Walker zusammengestellt und dabei auch eine künstlerische Dimension in ihrer „dialectical re-duplication" ausgemacht:

> that is, turning the means of the mass media against themselves by reappropriating their images, styles and conventions of representation. Irony, aesthetic distance, ambiguity, and contradictions were deliberately cultivated to reveal the hollowness of stereotypes and to slow down the process of assimilation. (Walker).[60]

Das Etikett einer solchen ‚Medienreflexivität' begegnet in zahlreichen Verlautbarungen zur Legitimation und zum Fortbestand der Kunst, seitdem die technisch basierten (Bewegt-)Bilder ihr die angestammten Kernbereiche streitig gemacht hatten: den des Abbildens und, durch die Digitalisierung noch verstärkt, auch den des Vorbildens. Wie die rein quantitative Zunahme technischer Bilder seit dem frühen 20. Jahrhundert die bis dahin schriftbasierte Kultur verdrängt und verwandelt hatte in die Kultur einer Bildergesellschaft, wie die Photographie die Malerei zur Selbstreferentialität ihrer Modalitäten getrieben, ja genötigt hatte, zunächst im Impressionismus, später in der Abstraktion, so waren es seit 2000 die neuen visuellen Medien, die mit ihren Formaten weltweiter Öffentlichkeit, der Digitalisierung und des Internets, die Kunst erneut gravierend verändern sollten, von den Produktions- und Rezeptionsformen der Werke, über die Wege der Kommunikation und der Kommerzialisierung bis hin zur Konservierung.

Medium und Thema der bildenden Kunst wurden diese neuen, technisch basierten Bilder durch spezifisch künstlerische Maßnahmen, mit denen sie aus dem exponentiell wachsenden Universum der Internetgesellschaft herausragen. Anfangs gab es noch eine Art Bildersturm gegen die Apparate, die man mit dekonstruktivistischen Kunstgriffen zerlegte und für eigene Interessen nutzbar machte, auch in Verbindung mit der ‚Body Art' und der ‚Performance'-Kunst und ihrer Dokumentation im Video. Nam June Paik, Peter Campus, Joseph Beuys, Joan Jonas, Ulrike Rosenbach sind hier als Pioniere und Pionierinnen zu nennen. Später wurden Strategien aufgegriffen, die in der Kunst der 1920er-Jahre entwickelt und in den 1960er-Jahren in Reaktion auf die jeweiligen medialen Innovationen – die Illustrierte, den Film und das Fernsehen – erweitert worden waren: Assemblage, Fragment, Collage, Montage. In den 1920er-Jahren waren in Reaktion auf die Modernisierung des Sehens durch Photographie und Film bereits Strategien der Medienreflexivität begründet worden, ohne dass diese schon programmatisch gegen die Medienzivilisation in Stellung gebracht worden wären:

> Das Sehen hat eine Geschichte – seit dies formuliert worden war, konnte es in den 1920er Jahren jedoch auch ein ‚neues' Sehen geben, welches mit den Mitteln von Photographie, Film, Lichtkunst und multimedialer Montage die alten Sehformen zu überwinden suchte. Mit der Kunst der Avantgarde verband sich der konkrete Anspruch, im Bereich der Sichtbarkeit mit den Mitteln einer Entkonventionalisierung für die Aufklärung des Menschen zu sorgen. Die Durchbrechungen und Hinterfragung von Sehweisen und -konventionen ist seither Tenor jeder Kunstkritik. Richtungen wie Kubismus, Dadaismus, Pop Art oder elektronische Medien haben je auf ihre Weise die Massen- und Neuen Medien zugleich konterkariert und weitergeführt, bis hin zu einem ‚Ausstieg aus dem Bild' und seiner Sichtbarkeit in konventioneller Form. Die bildenden Künste entfalten seither als System ihre eigene Logik der Sichtbarkeit. (Bruhn, 2008)[61]

Im Bewusstsein der Mediengeschichte und -konkurrenz bemühten sich Künstlerinnen und Künstler, die Konventionen der Massenmedien auszuhebeln oder zu überbieten, seit es ihnen technisch möglich wurde auch im Format der Megascreens oder Multi-Screens, der räumlichen Orchestrierung von Bewegtbilder-Displays, oder in der hohen technischen Bildqualität, die beispielsweise das Handyphoto des Amateurs übertreffen: Der Künstler Andreas Gursky gilt deshalb als Gott aller Amateurphotographen. Neuerdings erfreuen sich auch immersive Environments großer Beliebtheit, da sie ihr Publikum mit allen Sinnen packen, partizipativ und interaktiv involvieren und damit in der ‚Bildergesellschaft' spezifisch andere, nämlich ästhetisch vielfältige Erfahrungsräume und Wahrnehmungsfelder generieren. Diskursiv wurden diese neuen Kunstformen stets im Gegensatz zu den visuellen Massenmedien ihrer Zeit profiliert:

> Um visuelle Diskurse zu dekonstruieren und zu markieren, müssten die Mittel mindestens zum Teil selber visuelle sein, zum Beispiel in dem Sinne, wie der dekonstruktive Umgang mit der Materialität eines sprachlichen Zeichens nur im Medium der Sprache geschehen kann. Eine Kritik kulturindustrieller und digitaler Bildproduktionen können nur visuelle Produzenten leisten, nennen wir sie Künstler. (Diederichsen, 2000)[62]

Als entscheidend für diese aufklärerische Funktion wurde deshalb immer wieder die Kenntlichkeit der Bilder als Bilder angeführt, die, in den Massenmedien eskamotiert, in der Kunst Grundlage ihrer kognitiven Rezeption sei, so z. B. in den frühen Formen der Videokunst:

> Im Unterschied zum Film, dessen angestrebter Illusionscharakter die Technik weitgehend ausblendet, bleibt die technische Bildproduktion bei der Closed-Circuit-Installation deutlich erkennbar. Sie verweist auf Simulation und Repräsentation statt Illusion. [...] Techniken und Situationen der klassischen Kinoerfahrung werden zu räumlichen Inszenierungen transformiert, die Fragen nach Bildgenerierung und Bildverarbeitung aufwerfen. Dem passiven Bildkonsum wird ein kognitives Erleben und Erfahren von Bildern entgegengesetzt. (Himmelsbach, 2003)[63]

Eine künstlerisch maßgebliche, deutlich frühere Arbeit in diesem Feld ist Dan Grahams *Cinema Project* von 1974. In der technologisch bedingten Geschichte der Videokunst, für die man seit ihrer Digitalisierung den Begriff ‚Medienkunst' bevorzugt, zeigt sich, wie spezifisch ihr kritisches Potential jeweils begründet wurde und werden musste: So sind in den Anfängen noch im wörtlichen Sinne ‚skulpturale' Strategien benutzt worden, mit denen Künstler wie Paik, Beuys und Wolf Vostell auf die befürchtete ‚Verstrahlung' durch die Apparate reagierten: Sie hatten durch die gleichsam ‚skulpturale', ‚schneidende' Dekonstruktion der Apparatur die Struktur ‚Sender-Empfänger' aufbrechen, d. h. Blickwechsel bzw. Interaktion ermöglichen wollen.

> Bereits die frühen Videopioniere nutzten die demonstrative Zur-Schaustellung, Manipulation und Zerstörung der Technik als Instrument ihres künstlerischen Anliegens. Vor allem galt ihr Interesse [...] der Artikulation einer fundamentalen Medienkritik in Zeiten einer zunehmend sich ausbreitenden Massenkommunikation. (Martin, 2010)[64]

Bei der Forderung nach Rückkanälen und einem Zweiweg-Fernsehen zum Aufbrechen der monopolaren Sender-Empfänger-Struktur schloss man an medienpolitische Überlegungen der 1930er-Jahre an, wie sie Benjamin und Brecht formuliert hatten:

> Der Rundfunk ist aus einem Distributionsapparat in einen Kommunikationsapparat zu verwandeln. [...] Durch immer fortgesetzte, nie aufhörende Vorschläge zur besseren Verwendung der Apparate im Interesse der Allgemeinheit haben wir die gesellschaftliche Basis dieser Apparate zu erschüttern, ihre Verwendung im Interesse der wenigen zu diskutieren. (Brecht, 1932)[65]

In der Frühphase kamen auch diese politischen Hoffnungen auf Emanzipation wieder ins Gespräch, die Benjamin und Siegfried Kracauer an die neuen Medien geknüpft hatten: dass der Film generell eine neue Form politischer Kunst werden könne. Die Erwartungen hatten sich jedoch nicht bewahrheitet – statt einer demokratisierenden Wirkung diente das neue Medium im Nationalsozialismus vor allem der effizienten Propaganda. Emanzipatorische Dimensionen wurden dann zunächst mit der unabhängig von Institutionen agierenden Videokunst, die ab ca. 1965 technisch möglich wurde, erneut geltend gemacht, insbesondere durch Paik im Umfeld der ‚Fluxus'-Bewegung und der räumlichen Entfaltung der Bilder in Multimonitor-Installationen (ab ca. 1975). In seinen technischen Möglichkeiten anfangs noch begrenzt, stand das Video zunächst im Dienst der ‚Body Art', bevor die Digitalisierung den Bewegtbildern auch in der Kunst neue Möglichkeiten in Konkurrenz zu TV und Kino bot. Hoffnungen auf eine Allianz wurden indes schon sehr früh zerstört:

> 1968 schien es so, als würden sich die europäischen Fernsehanstalten der Kunst öffnen und dem Publikum eine Chance geben, Lernprozesse mitzumachen, die über einen Fernkursus in Fremdsprachen oder die Frühgymnastik hinausgehen. Der Hoffnungsschimmer flimmerte nur kurze Zeit über die westdeutschen Fernseher. Dann war Schluß mit Kunst im Fernsehen, zumindest mit Kunst, die sich selbst behaupten und nicht ‚fernsehgerecht' interpretiert werden will. Die Angst der Anstalt vor dem Publikum? (Haase, 1982/83)[66]

Partizipative Momente wurden erst viel später mit neuen Technologien wieder möglich und zunächst ebenfalls euphorisch begrüßt:

> Kunstwerke werden zu bedienbaren, reflexiven Apparaten, die nach Eingaben verlangen und aktive Eingriffe abfordern. [...] Mit der interaktiven elektronischen Kunst wird das traditionelle Kunstwerk durch den bloßen Eingriff des Rezipienten außer Kraft gesetzt; die Entgrenzung in das Leben hinein geschieht unmittelbar und naiv durch Nutzung und ‚Inbetriebnahme'. Banal wird verwirklicht, was jahrzehntelang pathetisch aufklärerischer Gestus war, den Besucher einbeziehend, die Passivität in Aktion zu verwandeln. (Klotz, 1995)[67]

Das infolge des technischen Fortschritts allmählich für Künstlerinnen und Künstler erschwingliche Equipment ermöglichte dann auch räumlich entfaltete Bewegtbilder-Installationen, also eine Auffächerung in konkurrierende Informationsquellen: „Mit der Vervielfältigung der Bilder im Raum werden der immersive Illusionismus des konventionellen Erzählkinos und die immobil-passive Rezeptionshaltung des traditionellen Kinobesuchers aufgebrochen."[68] Ähnlich argumentierte Hartle: „Indem die Kunst den Raum der Sichtbarkeit reorganisiert, ermöglicht sie eine Reflexion der kategorialen Bedingungen der Sichtbarkeit."[69] Eine schöne Metapher für die aufklärerische Funktion solcher installativen

Medienkunstwerke fanden Stan Douglas und Christopher Eamon: während das Kinopublikum gleichsam in der Höhle sitzt, an deren Wänden es die Projektionen einer unsichtbaren Lichtquelle bewundert, sind es die Künstlerinnen und Künstler, die diese Höhle verlassen und die Mechanismen der Projektion erkunden – wie in Platons Höhlengleichnis, das die gestaffelten Realitätsgrade beschreibt, welche die Menschen bzw. die Philosophen wahrnehmen können: die Bilder einer gewöhnlichen Filmprojektion seien dagegen nur trübe Schatten.[70] Zu den Pionieren einer in diesem Sinne medienreflexiven Videokunst gehören etwa Douglas Gordon, der Alfreds Hitchcocks ‚Suspense' in *24 Hours Psycho* (1993) in die Länge dehnte, oder Bill Viola, der narrative plots gänzlich vermied, um stattdessen die Modalitäten des bewegten Lichtbildes und seiner künstlerischen Bearbeitung für die Erkundung existenzieller Erfahrungen zu nutzen, anfangs durch die Analogie zu Bewegtbildern im Wasser, im späteren Werk mit einem gewissen Hang zum mystifizierenden Spektakel. Tatsächlich war das Equipment inzwischen technisch so verfeinert, dass es auch emanzipatorischen Zwecken zuträglich sein konnte, wie Erika Balsom statuiert: „multiprojection installations that hybridize the modes of fiction and documentary in order to investigate subjective and historical experience." Sie spricht von „Installationen mit mehreren Projektionsschirmen, welche die Modi der Fiktion und des Dokumentarischen verbinden, um subjektive und historische Erfahrung zu befragen."[71]

Die technologische Entwicklung gestattete es seit etwa 2000, die medialen Bildwelten nicht nur über Multimonitor-Installationen zu vervielfältigen und über Megascreens zu vergrößern, sondern ihre Projektionen auch auf die Räume selbst auszudehnen, sie zu immersiv wirksamen Environments zu steigern: Wenngleich Oliver Grau diese visuell bespielten Räume als tendenziell denkfeindlich beschrieb, da sie jede dafür erforderliche Distanz schluckten,[72] erörterte er doch auch Beispiele künstlerischer Gegenwehr:

> In den meisten Fällen [...] ist Immersion mentale Absorbierung, um einen Prozess, eine Passage auszulösen. Kennzeichen ist die Minderung kritischer Distanzierung und eine emotionale Involvierung. Ästhetisches Erleben, das sich auf Distanz- bzw. Denkraumkonzepte beruft, wird durch immersive Strategien tendenziell unterlaufen. Gewinn an Suggestionsmacht erweist sich mithin, mediengeschichtlich betrachtet, als ein Motivationskern der Entwicklung neuer Illusionsmedien überhaupt. (Grau, 2004)[73]

Aber es gebe eben auch ‚medienreflexive', ja mediendekonstruktive Formen, in einer Art Inversion des Automatismus des Abbildens:

> Maurice Benayouns *World Skin* (1997) erfüllt ein zentrales Kriterium virtueller Kunst, ein bildlicher Einschluss, der ein mehr oder minder starkes Empfinden der Immersion hervorruft und nachhaltig von der Außenwelt separiert. So zeigt sich der Franzose als Exeget des Panoramas, der mit neuester Bildtechnik Idee

> und Ästhetik des historischen Mediums aufgreift und erweitert. Der Bildraum, der sich aus Dutzenden von Kriegsschauplätzen unseres Globus zusammenfügt, wird von einem Silicon-Graphics-Computer als virtuelles Panorama aufgebaut, in dem die Benutzer mit einer Kamera fotografieren, Bilder einfangen können. Doch wird das Fotografieren hier zum Instrument der Auslöschung: Was aufgenommen wird, existiert für niemanden mehr. Das fotografierte Fragment verschwindet aus dem Bildraum, wird durch monochrome Felder und weiße Silhouetten ersetzt und dem Besucher nach Verlassen der Installation als Photodruck ausgehändigt. (Grau, 2004)[74]

Grau und die Medienkunsttheoretikerin Katja Kwastek schrieben dem künstlerischen Umgang mit den technischen Möglichkeiten digitaler Medien jene implizit politischen Wirkungen einer aufklärerischen Ästhetik zu, die schon der Montage und Collage attestiert worden waren, etwa die Orchestrierung dokumentarischer Praxis durch ein ‚non-linear editing', das ein Thema mit der Komplexität der formalen Mittel in seiner inhaltlichen Komplexität erschließen kann, wie es einst Hannah Höch vor Augen geführt hatte.[75] In der Gegenwart entspräche der Arbeit Höchs z. B. die Darbietung der Modalitäten des fluiden Mediums der Bewegtbilder, das Sichtbarmachen des Sichtbarmachenden, durch das Hito Steyerl in der Analogie zum Motiv des Wassers Metaphern geopolitischer Zusammenhänge gestaltet (‚Liquidity'); Grau insistierte im Sinne Flussers darauf, durch konträre Nutzung der Apparatprogramme, spezifisch künstlerische, politisch relevante, alternative Sichtweisen vermitteln zu können.

> Artists often focus on different image strategies turning a surveilled object into the surveilling subject through different kinds of inverted surveillance (i. e., counterveillance, dataveillance, sousveillance, etc.) in works of digital activism (i. e., cyberactivism, e-activism or hactivism, etc.). [...] The works mentioned produce their complexity through a set of temporal and spatial parameters: Through multifarious creations of interfaces and partly by evolving display innovations, variability, simultaneity, sequentiality, narration, innovative strategies of interaction – visual complexity is enabled through real-time processing and immersive involvement. [...] In contemporary Media Art, digital image complexity emerges from any number of its technological parts and their multiple relations. New models of viewer interaction and participation are stimulated through digital technologies and innovative devices. Parameters such as interfaces, screens, visualization, questions of complexity, networks, algorithms, real-time, databases and web-based software as well as new possibilities of perception and knowledge production play a role in the analysis of the developments demanding qualitative investigation. These technological presuppositions and their visualization potential empower Digital Art forms with un-precedented diversity and deep engagement with complex topics. (Grau, 2021)[76]

Eine Definition und Begründung spezifisch künstlerischer Strategien inmitten der „Emissionen einer globalisierten Medienkultur" lieferte auch Ursula Frohne in ihrem Beitrag *Video Cult/ures* (1999) sowie einem 20 Jahre später diesbezüglich geführten Interview. Die jüngeren ‚Bewegtbildszenarien', die nach der zunächst noch in Monitoren präsentierten Videokunst seit den 1990er-Jahren in ‚kinematographischen Projektionsräumen' möglich geworden seien, hätten den Blick mit dem Blick auf den Blick ‚reflexiv' werden lassen; mit ihrer ‚Hybridisierung' zu multiplen Perspektiven böten solche Installationen außerdem ästhetische Potentiale für den mit der Globalisierung einhergehenden ‚post colonial'-Diskurs. Frohne verweist dabei auf Kobena Mercer, der

> in seiner Analyse eine Analogie herstellt zwischen den Montagetechniken, die den Umgang mit Videoaufnahmen in der künstlerischen Verarbeitung kennzeichnen, und der dynamischen Durchmischung unterschiedlicher kultureller Einflüsse innerhalb einer auf dem Videobild basierenden Ästhetik. Auch die installationsartigen Konfigurationen von Videopräsentationen, in denen heterogene Materialien sich in ein räumliches Konzept fügen, stehen für eine hybride Praxis, die auf der formalen Ebene genau der Mischung von Kulturen entspricht, die wir im Zuge von Globalisierung heute erleben. (Frohne, 1999)[77]

Im Interview 2018 (mit Slavko Kacunko) vertiefte sie ihre Beobachtungen aus der Frühzeit der Medienkunst:

> Das Oszillieren zwischen Illusionsräumen und dem Verhaftetsein im faktischen Raum ist kennzeichnend für die ästhetische Erfahrung der kinematographischen Installationen. In ihnen verzahnt sich die Idee des Museums und des Films als heterotope Orte. Das Subjekt erlebt sich hierin nicht nur ästhetisch gerahmt, sondern es erfährt, wie es die ubiquitären Projektionsbilder und die kontingenten Blickverhältnisse dieser Räume selbst mitproduziert. [...] In den mannigfaltigen Verflechtungen der Projektions- und Rezeptionsräume gelangen die dislozierten Bild- und Blickverhältnisse der hypermodernen Lebensverhältnisse zur Evidenz. [...] Denn auch die kinematographischen Installationen bestätigen weder die visuelle Zentrierung auf das Kunstwerk im traditionellen Sinne einer White Cube Ästhetik und der hierin verankerten Affirmation der künstlerischen Autonomie, noch gehen ihre Wirkungsweisen in den Sensationen der Unterhaltungskultur und der Beliebigkeit kontingenter Bilderfluten auf. Im weitesten Sinne entspricht diese Ausweitung der Rezeptionszone des Projektionsbildes Arjun Appadurais Theorie der Globalisierung als eine Vervielfältigung von Perspektiven und Projektionen (Arjun Appudarai, *Modernity at Large. Cultural Dimensions of Globalization*, Minneapolis, University of Minnesota Press 1996). Denn die räumliche Orientierung der Moderne löst sich zugunsten einer Mannigfaltigkeit von hochdifferenzierten

> ‚mediascapes', ‚ethnoscapes', ‚financesscapes', ‚technoscapes' auf und hält jegliche allgemeingültige Repräsentation des Raumes für obsolet. […] Den Besuchern der Installationsräume wird zugemutet, ihre Sichtweise immer wieder zu wechseln und ihre Einstellung buchstäblich auf die inkommensurablen Bild- und Raumtopographien hin zu orientieren. So entstehen auch Erfahrungen des Fremdseins, die in postkolonialen Hybriditätskonzepten in Konfrontation mit den Bildern des Anderen generiert werden. Das ästhetische Modell der Projektionsräume beinhaltet somit eine genuin psychosoziale Dimension, denn der Wortsinn von Projizieren schließt den physischen Akt der (Bild-) Übertragung mit einer Gedankentätigkeit zusammen. (Frohne, 2018)[78]

Demnach hat die neue Aufmerksamkeit für die nicht-westlich geprägten Kulturen des ‚Globalen Südens' auch eine mediengeschichtliche Komponente: die Modalitäten ihrer Wahrnehmung als ‚andere' Kulturen sind durch die mediale Brille der technischen Bilder geprägt. Eingedenk dieser Problematik hat der südafrikanische Künstler William Kentridge intermediale Konstellationen zwischen Zeichnung, Film, Theater, Literatur und Environment in komplexen Bewegtbilder-Installationen gestaltet, die jede monoperspektivische Blickfixierung auflösen, um stattdessen aus verschiedenen Blickwinkeln ‚post-koloniale' Konstellationen zu ergründen – Traumata, Schuld, Sühne. Er hat dem Dispositiv des Multimedialen, der von Krauss beschriebenen ‚post-medium condition' (Rosalind Krauss, *Art in the Age of Post-Medium Condition,* London 1999, ihre Argumentation bezogen auf Broodthaers), nicht nur die inhaltliche Problematik der ‚post-colonial condition' eingeschrieben, mit permanentem Blick- und Rollenwechsel, sondern auch umgekehrt: Er hat die technischen Möglichkeiten für eine adäquat komplexe Auseinandersetzung mit diesen neuen Inhalten genutzt. So bespielte er die mediale Differenz zwischen Film und Zeichnung im Zeichentrickfilm, um über das Verfahren des Palimpsests in der filmisch animierten Zeichnung verdrängte Inhalte zu erschließen. „The formal might indeed be invested by the political and […] in turn might reorganize one's sense of the political field itself." („Das Formale könnte tatsächlich mit dem Politischen aufgeladen werden […] und im Gegenzug könnte es unseren Sinn für das politische Feld neu organisieren.")[79] Kentridge selbst erläuterte: „The hope is that without directly plunging a surgeon's knife, the arcane process of obsessively walking between the camera and the drawing-board will pull to the surface, intimations of the interior." („Die Hoffnung geht dahin, dass man, ohne direkt mit dem Messer in die Wunde zu schneiden, über eine vorsichtige Arbeit mit Zeichnung und Kamera die Verletzungen ins Bewusstsein bringen kann.")[80]

Die häufig vorgebrachte Argumentation mit der spezifischen ‚Selbstreferentialität' und ‚Medienreflexivität' der bildenden Kunst, welcher sie inmitten der Bildergesellschaft eine Sonderrolle als Erkenntnis stiftendes Medium verdanke, erstreckte sich aber keineswegs nur auf Kunstgattungen, die selbst die neuen technischen Bildmedien nutzen. Sie wurde ebenso für die herkömmlichen, Malerei und Skulptur, aufgeboten. Die im Modernismus maßgebliche Devise der Medienspezifik jeder einzelnen Kunstgattung erfuhr dabei im Zuge der neuen künstlerischen Strategien der Postmoderne jedoch insofern eine Modifikation, als das Werk in der ,post-medium condition' (Krauss) nicht nur selbst intermediale Bezüge formuliert, sondern mit der Integration der Massenmedien auf soziale Kontexte bezogen ist, denn zur Medienspezifik der nun als Leitmedien geltenden technischen Bilder – Photographie, Film, Video – gehört eben nicht mehr primär der ,technical support' – wie bei der Malerei im modernistischen Verständnis Greenbergs –, sondern der gesamte kulturelle Kontext ihrer sozialen Nutzung, unter dem Dach des Kinos.

Gegen eine künstlerische Praxis ,im' Netz spricht dagegen die Bemerkung eines erfahrenen Praktikers/Theoretikers:

> Die Künstlerkarrieren, die im Internet begannen, sind oft gescheitert, versickert, abgebrochen oder in eine Karriere im Grafikdesign oder als Hochschulprofessor umgewidmet worden. Die Arbeiten, die aus den lautersten Motiven entstanden, sind verschwunden oder unverständlich geworden – weil der Browser den Source-Code nicht mehr lesen konnte, weil Adobe Flash nicht mehr weiter unterstützt hat, weil man von dem ganzen Kram nicht leben konnte, weil das Internet, das man als eine Entität von bleibender Dauer verstanden hatte, sich plötzlich so gemorpht hatte, dass man es nicht wieder erkannte, weil die Zeiten das Internet oder das Internet die Zeiten geändert hatte. (Baumgärtel, 2020)[81]

Neue Perspektiven

Die von Baudrillard vertretene These vom ,Ende der Geschichte', für die er in der wohltemperierten westlichen Konsumkultur vor der Jahrtausendwende noch Indizien auszumachen glaubte, wurde mit dem Mauerfall 1989 scheinbar bestätigt, da mit dem Ende des Kalten Krieges die Alternativen zu einem weltumspannenden Kapitalismus zunächst verschwunden zu sein schienen. Doch neben dem US-amerikanischen und europäischen Kunstmarkt und Ausstellungswesen, auf die sich die Kunst-Diskurse bis dahin im Wesentlichen beschränkt hatten, kam nun, verstärkt durch die Globalisierung der Warenmärkte wie auch durch die technischen Möglichkeiten einer digitalisierten Kommunikation, die Alterität anderer Kulturen und Kunstformen zunehmend ins Bewusstsein – und damit auch ein Sinn für geschichtliche Entwicklungen, Versäumnisse und Verwerfungen. Statt der bislang vom Westen dominierten und dort lange Zeit den gemeinsamen Idealen des Fortschritts verpflichteten Monokultur der Moderne rückte die kulturelle Vielfalt der jeweils national verwurzelten Kunsttraditionen ins Zentrum der Aufmerksamkeit. Die Entwicklung der Videokunst zur global einsetzbaren Medienkunst lieferte die technischen Voraussetzungen der Sichtbarkeit, besonders augenfällig auf der von Okwui Enwezor kuratierten *documenta 11* des Jahres 2002. Die neuen Möglichkeiten der Beamer-Projektion gestatteten es nun auch einer Kunst-Ausstellung, das ,global village'-Format der TV-Nachrichtensender zu übernehmen. Nach dem Mauerfall 1989 und dem Zusammenbruch des Kommunismus entstand damit im globalen Kontext eine neue Situation, mit der die Geschichte vehement in den künstlerischen Diskurs zurückkehrte. Peter Osborne hat sie folgendermaßen periodisiert:

> Die Verdrängung des Postmodernen als Grundkategorie der historischen Gegenwart durch das Zeitgenössische folgt nicht lediglich daraus, dass es als zeitlicher und kritischer Begriff unhaltbar ist – und eine begriffliche Leere hinterlässt, die es zu füllen gilt –, sondern, was wichtiger ist, aus der Globalisierung des wiederbelebten Begriffs der Moderne in Reaktion auf den tatsächlichen historischen Prozess, der mit dem kritischen Niedergang der Postmoderne einherging: den weltweiten Kapitalismus seit 1989. In aller Kürze: Wenn die Moderne die zeitliche Logik des Kapitals ist (wie Jameson erkannt hat), ist in seiner gegenwärtigen Form das Zeitgenössische die zeitliche Struktur, die die Einheit der globalen Moderne artikuliert. (Osborne, 2021)[82]

Mit dieser Verschiebung verlagerte sich die Aufmerksamkeit von den westlichen Kulturen Europas und der USA auf die dort bislang kaum wahrgenommenen Kulturen des ‚Globalen Südens'. Seitdem ist von ‚Zeitgenossenschaft' als einer zweiten Moderne unter den Bedingungen von Globalität und anschließender Globalisierung zu sprechen, deren soziale und kulturelle Konflikte über die Jahrtausendwende hinaus stets sichtbarer werden. Für die in ihrer Selbstwahrnehmung bis dahin weitgehend in sich geschlossene westliche Zivilisation sind seit 1989 Fenster und Wege zu anderen Welten geöffnet worden, die vorher kaum wahrgenommen wurden, weil nicht wahrgenommen werden konnten; freilich gilt dies nicht für alle Beteiligten und erst recht nicht in alle Richtungen gleichermaßen oder gar im freien Austausch. So mag die neue Aufmerksamkeit für den ‚Globalen Süden' auch mit einem gewissen Überdruss an der westlichen Moderne und Postmoderne zu erklären sein, hatte sich die ästhetisch autonome Kunst vielleicht erschöpft, suchte sie nun neue Anknüpfungspunkte? Andererseits war es der sogenannte ‚Globale Süden' selbst, der im ‚post colonial-Diskurs' die Stimme erheben konnte und erhob, früh, fundiert und folgenreich durch Homi K. Bhabha, der von einem ‚dritten Raum' der hybriden Aushandlung von Differenzen sprach. In diesen Raum solle der symbolische Überschuss der Künste (beider Seiten) einfließen, so dass er kulturelle Ressourcen für die Verständigung bieten könne. Nun sind es die Modernen (im Plural), die ihren Blick auf das gemeinsame Erbe einer fast eindimensional ausgerichteten westlichen Moderne einbringen können. Dies werde eine Umschreibung der Geschichte bewirken, wie es Okwui Enwezor früh angekündigt hat: „Any critical interest in the exhibition systems of Modern or contemporary art requires us to refer to the foundational base of modern art history: its roots in imperial discourse, on the one hand, and, on the other, the pressures, that postcolonial discourse exerts on its narratives today." („Alles kritische Interesse an den Ausstellungsformen moderner und zeitgenössischer Kunst zwingt uns, die Grundlagen der modernen Kunstgeschichte zu bedenken: ihre Grundlagen in imperialistischen Diskursen einerseits, und andererseits den Druck, den der post-koloniale Diskurs heute auf ihre Narrative ausübt.")[83]

> In the context of decolonized representation, innovation is as much about the coming to being of new relations to cultures and histories, to rationalization and transformation, to transculturation and assimilation, and new practices and processes, new kinds of exchange and moments of multiple dwelling as it is about the ways artists are seen to be bound to their national and cultural traditions. [...] Beyond nationalism and national cultures, decolonization is more than just the forlorn daydream of the postcolonial artist or intellectual, for it has, attached to it, something recognizable in the ideals of modernity: the notion of progress. In the postcolonial constellation, therefore, the new in art has different kinds of self-affirmative content. (Enwezor, 2008)[84]

Anmerkungen

1 Andreas Reckwitz, *Die Erfindung der Kreativität. Zum Prozess gesellschaftlicher Ästhetisierung,* Berlin: Suhrkamp 2012, S. 14.

2 Bürger 1974, S. 78–80.

3 Frederic Jameson, *Postmodernism and Consumer Society,* in: Hal Foster (Hrsg.), *The Anti-Aesthetic. Essays on Postmodern Culture,* Port Townsend: Bay 1983, S. 111–125, hier S. 124f.

4 Wolfgang Welsch, *Einleitung,* in: Ders. (Hrsg.), *Wege aus der Moderne. Schlüsseltexte der Postmoderne-Diskussion,* Weinheim: Acta humaniora 1988, S. 1–43, hier S. 2.

5 Walter Benjamin, *Das Kunstwerk im Zeitalter seiner technischen Reproduzierbarkeit* (2. Fassung, 1936), in: Ders., *Gesammelte Schriften,* Bd. 7, 1, hrsg. v. Rolf Tiedemann und Hermann Schweppenhäuser, Frankfurt/Main: Suhrkamp 1989, S. 350–384.

6 Rosalind Krauss, *The Originality of the Avantgarde. A Postmodern Repetition,* in: *October* 18 (1981), S. 47–66.

7 Peter Halley, *Nature and Culture,* in: *Arts Magazine* 58, 1 (1983), S. 64f., hier S. 65.

8 Jean François Lyotard, *Die Moderne redigieren,* Übersetzung eines an der Universität Wisconsin in Englisch gehaltenen Vortrags, April 1986 (publ. in: *Substance,* Herbst 1987), in: Welsch 1988, S. 204–214, hier S. 213.

9 Hal Foster, *Postmodernism. A Preface,* in: Foster 1991, S. IX–XVI, hier S. XI, XII, XVf.

10 Bell 1978, zit. nach: Harrison / Wood 2003, 1117–1122, hier S. 1118, 1120f.

11 David Joselit, *Heritage and Debt. Art in Globalization,* Cambridge (Mass.): MIT Press 2020, S. 225 (Übersetzung H. D.).

12 Frederic Jameson, *Postmodernism, or the cultural logic of late capitalism,* in: Ders., *Post-Modernism, or, The Cultural Logic of Late Capitalism,* Durham / NC: Duke University Press 1991, S. 1–54, hier S. 46. (zuvor in: *New Left Review* 146 (1984), S. 52–92), deutsch zit. nach: *Postmoderne: Zur Logik der Kultur im Spätkapitalismus,* übers. v. Hildegard Föcking und Sylvia Klötzer, in: Andreas Huyssen und Klaus Scherpe (Hrsg.), *Postmoderne: Zeichen eines kulturellen Wandels,* Reinbek: Rowohlt 1986, S. 45–102, hier S. 88.

13 Jameson (1984) 1991, S. 54.

14 Welsch 1988, S. 37f.

15 Jean Baudrillard, *L'hyperréalisme de la simulation,* in: Ders., *L'échange symbolique et la mort,* Paris: Gallimard 1976, S. 116–124, hier S. 118, 121.

16 Baudrillard 1976, S. 123.
17 Jean Baudrillard, *Simulations,* New York: Columbia University 1983, S. 151f. (Übersetzung H. D.).
18 Arthur Danto, *Beyond the Brillo Boxes: The Visual Arts in Post-Historical Perspective,* New York: Farrar Straus Giroux 1992, deutsch: *Kunst nach dem Ende der Kunst,* München: Fink 1996. Vgl. zur Kritik an Danto auch: Rebentisch 2013, S. 122–135; auch Hubert Damisch hält Dantos nachlässige Verwechslung des ‚Spiels' der Kunst mit dem Spiel einer einzelnen ‚Partie' für irreführend, denn das Ende einer Partie bedeute keineswegs das Ende des Spiels. „Le jeu (game) doive être défini comme l'ensemble des parties (plays) dont il ouvre la possibilité." „Das Spiel müsste als Ensemble aller Spiele verstanden werden, die es ermöglicht" (Übersetzung H. D.). Hubert Damisch, *Fenêtre jaune cadmium ou les dessous de la peinture,* Paris: Seuil 1984, S. 170. Wolfgang Ullrich hielt Dantos These vom Ende der Kunst gar für eine Bagatellisierung der Kunst: Ullrich 2005, S. 251.
19 Pierre Bourdieu et al., *Un art moyen. Essai sur les usages sociaux de la photographie,* Paris: Éditions de Minuit 1965; *Eine illegitime Kunst. Die sozialen Gebrauchsweisen der Photographie,* Frankfurt/Main: Europäische Verlagsanstalt 1981.
20 Gerhard Richter, *Notizen 1964–65,* in: Gerhard Richter, *Text. Schriften und Interviews,* Frankfurt/Main / Leipzig: Insel 1993, S. 25–33, hier S. 25, 27.
21 Vgl. dazu: Robert Williams, *Art Theory. An Historical Introduction,* 2. Aufl., Malden (Mass.): Blackwell 2009, S. 231–278 (=Postmodernism).
22 Hans Heinz Holz, *Kritische Theorie des ästhetischen Zeichens,* in: *documenta 5,* Ausstellungskatalog, Kassel 1972, Kapitel I, S. 1–35, hier S. 3, 15.
23 *A Forest of Signs. Art in the Crisis of Representation,* hrsg. v Mary Jane Jacob und Ann Goldstein, Ausstellungskatalog, The Museum of Contemporary Art, Los Angeles, Cambridge: MIT Press 1989.
24 Hal Foster, *Subversive Signs,* in: *Art in America* 70, 10 (1982), S. 88–92.
25 Dan Graham, *Homes for America,* in: *Arts Magazine* 41, 3 (1966/1967), S. 21f.; Charles Harrison und Paul Wood, *Attitüden zur Form,* in: Harrison / Wood 1998, S. 1048.
26 Jeff Wall, *Marks of Indifference: Aspects of Photography in, or as, Conceptual Art,* in: *Reconsidering the Object of Art: 1965–1975,* hrsg. v. Ann Goldstein und Anne Rorimer, Ausstellungskatalog, The Museum of Contemporary Art, Los Angeles 1995, S. 247–267, hier 266f.
27 Craig Owens, *The Allegorical Impulse: Toward a Theory of Postmodernism,* in: *October* 12 (1980), S. 67–86, hier S. 68f., 75.
28 *Art After Modernism. Rethinking Representation,* hrsg. v. Brian Wallis und Marcia Tucker, Ausstellungskatalog, The New Museum of Contemporary, New York 1984, S. XIV–XVIII.
29 Anne Rorimer, *Photography-Language-Context: Prelude to the 1980's,* in: *A Forest of Signs,* Ausstellungskatalog, Los Angeles 1989, S. 129–153, hier S. 152f.
30 Vgl. Johan Frederik Hartle, *Der geöffnete Raum. Zur Politik der ästhetischen Form,* Paderborn: Wilhelm Fink 2006, S. 42–61.
31 Wilfried Dickhoff, *Nach dem Nihilismus,* in: *Bilderstreit. Widerspruch, Einheit und Fragment in der Kunst seit 1960,* Ausstellungskatalog, Museum Ludwig Köln, Köln: DuMont 1989, S. 161–170, hier S. 162f., 167.
32 Achille Bonito Oliva, *The Italian Trans-Avantgarde,* in: *Flash Art* 92/93, (Oktober/November 1979), S. 17–20, hier S. 18ff.
33 Jutta Koether, *Gespräch mit Martin Kippenberger* (1991), in: *Gespräche mit Martin Kippenberger,* Ostfildern-Ruit: Cantz 1994, S. 14–19.
34 Diederich Diederichsen, Katalogbeitrag, in: *Immendorff's Handbuch der Akademie für Adler,* Frankfurt/Main: Portikus 1990, S. 7–11, hier S. 10.
35 Rüdiger Bubner, *Über einige Bedingungen gegenwärtiger Ästhetik* (ca. 1972), in: Ders., *Ästhetische Erfahrung,* Frankfurt/Main: Suhrkamp 1989, S. 9–51, 31.
36 Jean Christophe Ammann, *Plädoyer für eine neue Kunst im öffentlichen Raum,* in: *Parkett* 2 (1984), S. 6–35, hier S. 6, 8.
37 Jörg Johnen, *Goldener Oktober. Eine Einführung,* in: *Kunstforum* 65, 9 (1983), S. 27–33.
38 Ders., *Res publica. Plätze, Gärten, Monumente,* in: *Kunstforum* 81, 4 (1985), S. 72–78, hier S. 74, 76, 78.

39 Jan Hoet, *Chambres d'Amis: eine Evasion,* in: *Chambres d'Amis,* Ausstellungskatalog, Museum van Hedendaagse Kunst, Gent 1986, S. 331, 334.

40 Walter Grasskamp, *Kunst und Stadt,* in: *Zeitgenössische Skulptur. Projekte in Münster 1997,* hrsg. v. Klaus Bussmann, Kasper König und Florian Matzner, Ausstellungskatalog, Ostfildern-Ruit: Hatje Cantz 1997, S. 7–41, hier S. 27.

41 Stefanie Endlich, *Gedenkstätten und Gedenkorte in Berlin,* in: Stefanie Endlich und Thomas Lutz, *Gedenken und Lernen an historischen Orten,* Landeszentrale für politische Bildung, 3. Aufl., Berlin 1999, S. 10–16, hier S. 14.

42 Christoph Heinrich, *Strategien des Erinnerns. Der veränderte Denkmalbegriff in der Kunst der achtziger Jahre,* München: Silke Schreiber 1993, S. 8, 26.

43 Detlev Peukert und Jürgen Reulecke (Hrsg.), *Die Reihen fest geschlossen. Beiträge zur Geschichte des Alltags unterm Nationalsozialismus,* Wuppertal: Hammer 1981, S. 13f., zit. nach: Heinrich 1993, S. 26.

44 Brigitte Franzen, *40 Jahre Kunst im öffentlichen Raum,* in: *Kunstforum* 205 (2010), S. 120–135, hier S. 124.

45 Rose Lee Goldberg, *Space as Praxis,* in: *Studio International* 190, 977 (September/Oktober 1975), S. 130–135.

46 Juliane Rebentisch, *Ästhetik der Installation,* Frankfurt/Main: Suhrkamp 2003, S. 15f., auch S. 264.

47 Richard Serra, *The Yale Lecture,* in: *Kunst & Museumsjournaal* 1, 6 (1990), S. 23–33, hier S. 24f.

48 Paul Crowther, *The Postmodern Iterable: Installation and Assemblage Art,* in: Ders. 1997, S. 203–214, hier S. 206.

49 Sabine B. Vogel, *Klebstoff Kunst. Die neue Auftragskunst,* in: *Kunstforum* 244 (2017), S. 35–89, hier S. 80, 83.

50 Wolfgang Ullrich, *Siegerkunst. Neuer Adel, teure Lust,* Berlin: Klaus Wagenbach 2016, S. 129.

51 Jean François Lyotard, *La Condition postmoderne: rapport sur le savoir,* Paris: Éditions de Minuit 1979, S. 8f.

52 Jean François Lyotard, *Qu'est-ce que le Postmodernisme?,* in: *Critique* 419 (1982), S. 357–367, hier S. 366f., 365.

53 Gerhard Richter, *Text für den Katalog der documenta 7,* 1982, in: Ders., *Text. Schriften und Interviews,* hrsg. von Hans-Ulrich Obrist, Frankfurt/Main / Leipzig: Insel 1993, S. 92f., hier S. 93.

54 Vilém Flusser, *Bilderstatus,* in: *Metropolis,* Ausstellungskatalog, Martin-Gropius-Bau, Berlin, Stuttgart: Edition Cantz 1991, S. 48–53, hier S. 52.

55 Flusser 1991, S. 50.

56 Vilém Flusser, *Der städtische Raum und die neuen Technologien,* in: Ders., *Die Revolution der Bilder* (=*Der Flusser-Reader zu Kommunikation, Medien und Design*), Mannheim: Bollmann 1995, S. 75–77, hier S. 76.

57 vialogue.wordpress.com/2013/04/02/the-medium-is-the-message-transcription/ [abgerufen am 12.07.2023].

58 Gene Youngblood, *Metaphysical Structuralism: The Videotapes of Bill Viola,* in: *Millenium Film Journal* 20, 21 (1988/1989), S. 80–114, hier S. 84 (Übersetzung H. D.).

59 Jeff Koons, Interview, in: *Flash Art* 132 (Februar/März 1987), S. 76; Jeff Koons, Interview, in: *Modern Painters* 2, 2 (Sommer 1989), S. 61 (Übersetzung H. D.).

60 John Walker, *Art in the Age of Mass Media,* 3. Aufl., London: Pluto 2001, S. 127 (Übersetzung H. D.).

61 Matthias Bruhn, *Spannungen, Entladungen. Evolutionen und Revolutionen kollektiven Sehens,* in: Matthias Bruhn und Kai-Uwe Hemken (Hrsg.) *Modernisierung des Sehens. Sehweisen zwischen Künsten und Medien,* Bielefeld: transcript 2008, S. 11–24, hier S. 21.

62 Diederich Diederichsen, *Die Politik der Aufmerksamkeit. Visual Culture. Netzkunst und die Unterscheidung von Kunst und Nichtkunst,* in: Tom Holert, *Imagineering, Visuelle Kultur und Politik der Sichtbarkeit* (=*Jahresring 47. Jahrbuch für moderne Kunst*), Köln 2000, S. 70–88, hier S. 83.

63 Sabine Himmelsbach, *Visuelle Szenarien – von der Selbstbeobachtung zur medialen Reflexion einer zunehmend fragmentierten Gesellschaft. Notizen zur historischen Entwicklung von Video* (2003), in: Ingvild Goetz und Stephan Urbanschek (Hrsg.), *Fast Forward,* München 2003, S. 13–20 (=Slavko Kacunko, Hrsg., *Theorien der Videokunst. Theoretikerinnen 1988–2003,* Berlin: Logos 2018, Bd. 1, S. 528f.).

64 Silvia Martin, *Über das skulpturale Potenzial multimedialer Arbeiten,* in: *Anonyme Skulpturen. Video und Form in der zeitgenössischen Kunst,* hrsg. v. Beate Ermacora und Silvia Martin, Ausstellungskatalog, Museum Haus Esters, Krefeld, Nürnberg: Verlag für moderne Kunst 2010 (=Kacunko 2018, Bd. 2, S. 184). Dazu auch: Inke Arns, *Soziale Technologien, Dekonstruktion, Subversion und die Utopie einer demokratischen Kommunikation,* in: Rudolf Frieling und Dieter Daniels (Hrsg.), *Medien Kunst Netz. Medienkunst im Überblick,* Wien / New York: Springer 2004, S. 200–220, und: Dies., *Interaktion, Partizipation, Vernetzung. Kunst und Telekommunikation,* in: Frieling / Daniels 2004, S. 314–332.

65 Bertolt Brecht, *Der Rundfunk als Kommunikationsapparat* (1932), in: Ders., *Werke,* Berlin / Frankfurt/Main: Suhrkamp 1992, Bd. 21, S. 553, 557.

66 Amine Haase, *Kunst als Möglichkeit des Lebens. Aktionen: Theater, Performance, Video,* in: Wulf Herzogenrath (Hrsg.), *Videokunst in Deutschland 1963–1982, Videobänder Installationen Objekte Performances,* Stuttgart: Hatje 1982/1983, S. 30–43, hier S. 39.

67 Heinrich Klotz, *Zur Ästhetik der elektronischen Kunst,* in: Ders., *Eine neue Hochschule für neue Künste,* Karlsruhe, Ostfildern-Ruit: Cantz 1995, S. 66.

68 Martina Dobbe, *Videoskulptur im erweiterten Feld,* in: Kat. *Anonyme Skulpturen* 2010 (=Kacunko 2018, Bd. 2, S. 198).

69 Hartle 2006, S. 248.

70 Vgl. Stan Douglas und Christopher Eamon, *Einführung,* in: *Jenseits des Kinos. Die Kunst der Projektion. Filme, Videos und Installationen von 1963–2005,* Ausstellungskatalog, Hamburger Bahnhof. Staatliche Museen zu Berlin, Ostfildern-Ruit: Hatje Cantz 2007, S. 16–20.

71 Erika Balsom, *Exhibiting Cinema in Contemporary Art,* Amsterdam: Amsterdam University Press 2013, S. 186.

72 Zur Kategorie der Distanz: Ernst Cassirer, *Individuum und Kosmos* (1927), Darmstadt: Wissenschaftliche Buchgesellschaft 1963, S. 179.

73 Oliver Grau, *Immersion und Interaktion. Vom Rundfresko zum interaktiven Raum,* in: Frieling / Daniels 2004, S. 269–291, hier S. 278.

74 Grau 2004, S. 269f.

75 Katja Kwastek, *Capitalocene Art. Entanglements of Technology, Economy, and Geopolitics in Works of Femke Herregraven, Angela Melitopoulos, and Hito Steyerl,* in: Oliver Grau und Inge Hinterwaldner (Hrsg.), *Retracing Political Dimensions. Strategies in Contemporary New Media Art,* Berlin: de Gruyter 2021, S. 194–212, hier S. 203.

76 Oliver Grau, *Digital Art's Political Impact. Time for Hard Humanities!,* in: Grau / Hinterwaldner 2021, S. 34–51, hier S. 40, 42f.

77 Ursula Frohne, *Video Cult/ures,* in: Dies. (Hrsg.), *Video Cult/ures. Multimediale Installationen der 90er Jahre,* Köln: DuMont 1999, S. 9–24 (=Kacunko 2018, Bd. 1, S. 328f.).

78 Ursula Frohne im Gespräch mit Slavko Kacunko, in: Kacunko 2018, Bd. 1, S. 340ff.

79 Rosalind Krauss, *‚The Rock': William Kentridge's Drawings for Projection,* in: Dies. (Hrsg.), *William Kentridge,* Cambridge (Mass.) / London: The MIT Press 2017, S. 33–68, hier S. 54 (Übersetzung H. D).

80 William Kentridge, zit. nach: *William Kentridge,* hrsg. v. Carolyn Christov-Bakargiev, Ausstellungskatalog, Brüssel: Société des Expositions du Palais des Beaux-Arts 1998, S. 112 (Übersetzung H. D.).

81 Tilman Baumgärtel, *Verschwundene websites, gelöschte Werke. Von der net.art zur Netzkunst der Gegenwart,* in: *Link in Bio. Art After Social Media,* Ausstellungskatalog, Museum der bildenden Künste Leipzig, Heidelberg: Kehrer 2020, S. 164–166, hier S. 165.

82 Peter Osborne, *Die postkonzeptuelle Situation, oder Die kulturelle Logik des Hochkapitalismus heute,* in: Georg W. Bertram, Stefan Deines und Daniel Martin Feige (Hrsg.), *Die Kunst und die Künste. Ein Kompendium zur Kunsttheorie der Gegenwart,* Berlin: Suhrkamp 2021, S. 485–507 hier S. 494.

83 Okwui Enwezor, *The Postcolonial Constellation. Contemporary Art in a State of Permanent Transition,* in: Terry Smith, Okwui Enwezor und Nancy Condee (Hrsg.), *Antinomies of Art and Culture. Modernity, Postmodernity, Contemporaneity,* Durham: Duke University Press 2008, S. 207–234, hier S. 209 (Übersetzung H. D.).

84 Enwezor 2008a, S. 225.

Globalisierung und Virtualität

‚Global turn', ‚Social turn', ‚Ethical turn'

Die Neuorientierung der in einer westlichen Tradition entstehenden Kunst der Moderne und des sie tragenden Kunstbetriebs am ‚Globalen' folgte in den 1990er-Jahren einem logistisch globalisierten Welthandel, der u. a. durch Innovationen in der Kommunikationstechnik möglich geworden war. Als deren Equipment auch für Künstlerinnen und Künstler erschwinglich wurde, führte seine Nutzung mitsamt dem neuen Datenmaterial aus dem Internet zu einer nunmehr digital basierten Medienkunst, die rund um die Welt auf Ausstellungen zirkulieren konnte. Sie hat die älteren Kunstgattungen, Malerei, Photographie, Skulptur und Installation verdrängt, dies war besonders deutlich zu sehen auf der von Okwui Enwezor verantworteten *documenta XI* (2002) – ein Video- bzw. Filmraum neben dem anderen, mit ‚Bildern aus aller Welt', die in dieser medialen Form technisch gerade erst möglich geworden waren. So gelangten auch Arbeiten von Künstlerinnen und Künstlern aus zuvor ‚peripheren' Regionen auf die vornehmlich westlichen Bühnen der internationalen Ausstellungskunst, was ihnen bislang, nicht nur aus logistischen Gründen, verwehrt geblieben war. Auch die post-koloniale Konstellation, wortgewandt gerade von Enwezor vorgetragen, begründete die vermehrte Präsenz von Kunst globalen Ursprungs im westlichen Kunstbetrieb; zum Millenium erfuhr der Begriff von Kunst infolgedessen eine neuerliche Dynamisierung, in nochmals anderer Weise als schon während der Postmoderne.

> Bei der Analyse von Postkolonialität begegnen wir einer zweifachen Tendenz: erstens die Befreiungsstrategie der Dekolonisation, will heißen, die Befreiung von innen heraus, da die politische Ordnung des Postkolonialen nicht nur antinormativ und antihegemonial ist, sondern auch zur Reproduktion des Universalen tendiert, als Zeichen des Bruchs mit imperialer Herrschaft. [...] Die zweite Lektion der Postkolonialität ist die, dass sie über die Grenzen der ehemals kolonisierten Welt hinausgeht und Anspruch auf die modernisierte, metropolitane Welt des Imperiums erhebt, indem sie das frühere ‚Andere' des Imperiums zu allen Zeiten sichtbar und präsent macht, sei es durch die Medien oder durch mediale, theatralische, karnevaleske Beziehungen von Sprache, Kommunikation, Bildern, Kontakten und Widerständen innerhalb des Alltags. Vor zwanzig Jahren hätten manche Theoretiker diese Doppeltendenz als Ehrenrettung der Postmoderne bezeichnet. Doch Postkolonialität ist stets von Postmoderne zu unterscheiden. Während es der Postmoderne darum ging, historische Transformationen zu relativieren und die Irrtümer und Vorurteile größerer epistemologischer Erzählungen zu hinterfragen, hebt die Postkolonialität im Gegenteil alle großen Erzählungen auf und sucht sie durch neue

> ethische Ansprüche an die verschiedenen Arten historischer Interpretation zu ersetzen. (Enwezor, 2002)[1]

Den bereits hier ethisch begründeten ‚global turn' vermittelten zunächst vor allem Filme und Videos, mediale ‚Fensterblicke' auf die ‚anderen' kulturellen Sphären, mit denen ein überwunden geglaubtes, im 20. Jahrhundert ‚dekonstruiertes' Dispositiv der Kunst auf einen Schlag restauriert wurde: das Bild als imaginäres Fenster. Insofern dessen Vorgeschichte in den westlichen Kulturen liegt, die während des Imperialismus erstmals auch die Begegnung einander fremder Kulturen bewirkt hatten, waren die Voraussetzungen auf beiden Seiten denkbar unterschiedlich, ist doch den technischen Bildmedien das Blickregime einer westlich geprägten Ästhetik eingeschrieben. Auch für die späteren Versuche einer ‚interculturalization' oder sogar ‚hybridization' mit vormals kolonisierten Ländern bleibt zu bedenken, von welch gegensätzlichen Positionen sie ausgingen – zugespitzt formulierte Peter Wollen schon 1990:

> We are moving inexorably into a new epoch of global culture contact, in which the art of the post-colonial world will be shaped not only by its own internal dynamic but also through its interface with immigration and tourism. [...] Tourism – the movement of consumers – is the inverse of immigration – the movement of producers. Both are mediated by the international flow of capital [...], both are intrinsic to the emerging new world system, and both will affect world art. (Wollen, 1990)[2]

Diese ungleichen, ja konträren Voraussetzungen sind in der vermeintlich liberalen Pluralisierung der Moderne zu ‚other modernities' nicht immer bedacht und als solche thematisiert worden. Außerdem ist zu unterscheiden zwischen Kunstwerken globaler Herkunft als global auszustellenden Objekten auf den internationalen Messen und Biennalen (deren Zahl zwischen 1990 und 2010 von ca. 25 auf über 100 angewachsen ist) und andererseits Kunstwerken als Akteuren, die mit ihrer Thematik und formalen Qualität die Globalisierung als Verständigung einander fremder kultureller Sphären bewirken sollen.

> Contemporary art is automatically global. Conversely, it is much more difficult to determine whether a work of art is global on the thematic level. [...] In addition to its formally global status, a work of art may or may not adress globalization thematically, by treating so-called global issues in the work. (Philipsen, 2010)[3]

Die Unterscheidung von ‚globaler Kunst' und ‚Kunst der Globalisierung' bleibt wesentlich, geht es doch zum einen um die egalitäre Verfügbarkeit von Kunstwerken aus der ganzen Welt auf der ganzen Welt, zum anderen um die künstlerische Thematisierung ökonomischer und kultureller Differenzen, um die ‚convergence of contexts', für die auch der Begriff des ‚New Internationalism' verwendet wurde.[4] In der anfänglichen Begeisterung durch die neuen medialen Möglichkeiten ist dieser Unterschied oft vernachlässigt worden, im Rausch der technischen Vernetzung der Welt in den Bildern sind die bestehenden Probleme interkultureller bzw. transkultureller Verständigung förmlich überblendet worden. So standen sich beispielsweise im partiellen Feld der Kunst völlig divergierende Auffassungen von ‚Kunst' gegenüber. Die Globalität der Kommunikation setzte somit den westlichen wie den nicht-westlichen Kunstbegriff einer neuen Diversität von Kriterien aus, nach denen überhaupt Kunstwerke als solche klassifiziert und evaluiert werden. Mit dem Hinweis auf Stephen Davies' Begriff des ‚ontological contextualism' zur Definition eines Werkes als ‚Kunst'[5] statuierte Steven Félix-Jäger in seiner Studie *Art Theory for a Global Pluralistic Age. The Glocal Artist* (2020) dazu Folgendes:

> Essentialist, aesthetic theories cannot adequately classify art in a global age. Art is based on assumptions that are predefined by prevailing cultures. Non-aesthetic approaches assess relational factors to understand art. [...] Criteria for art evaluation today is particular to the judging community. [...] A narrative-hermeneutical theory of art utilizes a universal method for classifying, understanding, and evaluating artworks on their own terms. (Félix-Jäger, 2020)[6]

Über die Postmoderne hinaus ist der Kunstbegriff seit 2000 also nochmals erheblich diversifiziert worden, wie es Hans Belting in einer umfassenden Ausstellung *The Global Contemporary and the Rise of New Art Worlds* (2011) dokumentiert hat.[7] Wie vielleicht noch nie im 20. Jahrhundert wurden die Karten neu gemischt, ohne dass es verbindliche Spielregeln im Kunstbetrieb gegeben hätte, wie man sie in Europa und den USA – nach meist kontrovers geführten Diskussionen – doch für jede Generation vereinbart hatte. In den aus westlicher Perspektive ‚anderen' Kulturen und Ländern mag beispielsweise der Gegensatz von ‚Moderne' und ‚Tradition' anders definiert worden sein und werden, ‚Moderne' kann sogar national codiert sein, so dass bisher axiomatische Auffassungen relativiert werden konnten, wie Geeta Kapur schon 1990 bemerkt hat:

> The point is to tackle the very problems western cultural hegemony suppresses or neglects. This requires above all that the two concepts, tradition and modernity, be disengaged from the abstracting ideology of capitalism – restoring to the one a self-reflexive mechanism, and to the other the utopian dimension. We have to bring to the term tradition, for example, the concreteness of extant practice, and to make the genuine extension of small particularities into new and contemporary configurations. Also at the same time we have to bring to the term modern a less monolithic, a less formalistic, indeed a less institutional, status so as to at least make it what is was once, a vanguard notion leading to a variety of experimental moves. Only with such initiatives can third world cultures begin to justify their worth as alternative cultures. (Kapur, 1990)[8]

Allein für Afrika gab Olu Oguibe schon 1993 zu bedenken:

> It is in this context [of dismissing the concept of a centre] that any meaningful discussion of modernity and ‚modernism' in Africa must be conducted, not in relation to the idea of an existing centre or a ‚Modernism' against which we must all read our bearings, but in recognition of the multiplicity and culture-specificity of modernisms and the plurality of centres. [...] Otherisation is unavoidable, and for every One, the Other is the ‚Heart of Darkness'. The West is as much the ‚Heart of Darkness' to the Rest as the latter is to the West. Invention and contemplation of the Other is a continuous process evident in all cultures and societies. But in contemplating the Other, it is necessary to exhibit modesty and admit relative handicap since the peripheral location of the contemplator precludes a complete understanding. (Oguibe, 1993)[9]

Die für die Kunst nun relevante Problematik von Globalität und Globalisierung war von zahlreichen Autorinnen und Autoren bereits für andere Sparten behandelt worden, wichtige Beiträge zum Diskurs waren beispielsweise: die Pariser Ausstellung *Magiciens de la Terre* (1989), die indes wegen ihrer Verniedlichung des Begriffs vom Künstler, von der Künstlerin, auch kritisiert wurde; Edward Said, *Orientalism*, New York 1993; Gayatri Spivak, *The Postcolonial Critic. Interviews, Strategies, Dialogues*, New York 1990; speziell zur Kunst: Mark Crinson, *‚Fragments of Collapsing Space': Postcolonial Theory and Contemporary Art*, in: *A Companion to Contemporary Art Since 1945*, hrsg. v. Amelia Jones, Malden (Mass.) 2006, S. 450–469.

Gegen die Essentialisierung von Differenzen, wie sie der Eurozentrismus kultivier(t)e, hatte maßgeblich Homi K. Bhabha (*The Location of Culture*, London / New York 1994) argumentiert und Strategien der Hybridität entworfen, bipolare Modalitäten der Verhandlung von Differenzen in einem ‚dritten Raum', einem ‚territory of translation' eingefordert. Wegen ihrer grundlegend neuen Implikationen sollen sie hier in größerem Umfang zitiert werden. Als Beispiel für eine Kunst, die solche hermeneutischen Prozesse anstoßen konnte, sind die vielstimmigen Installationen von William Kentridge zu nennen, die überkommene Dispositive der Wahrnehmung des vermeintlich ‚Anderen' des ‚Globalen Südens' bzw. des ‚Nordwestens' aufbrechen durch ein multimedial vervielfältigtes Arrangement von Perspektiven zugunsten gegenseitiger Verstehensprozesse.

> The social articulation of difference, from the minority perspective, is a complex, on-going negotiation that seeks to authorize cultural hybridities that emerge in moments of historical transformation. [...] The borderline engagements of cultural difference may as often be consensual as conflictual; they may confound our definitions of tradition and modernity; realign the customary boundaries between the private and the public, high and low; and challenge normative expectations of

> development and progress. [...] The imaginary of spatial distance – to live somehow beyond the border of our times – throws into relief the temporal, social differences that interrupt our collusive sense of cultural contemporaneity. [...] The borderline work of culture demands an encounter with ‚newness' that is not part of the continuum of past and present. It creates a sense of the new as an insurgent act of cultural translation. [...] The intervention of the Third Space of enunciation, which makes the structure of meaning and reference an ambivalent process, destroys this mirror of representation in which cultural knowledge is customarily revealed as an integrated, open, expanding, code. Such an intervention quite properly challenges our sense of the historical identity of culture as a homogenizing, unifying force, authenticated by the originary Past, kept alive in the national tradition of the People. [...] It is that Third Space, though unrepresentable in itself, which constitutes the discursive conditions of enunciation that ensure that the meaning and symbols of culture have no primordial unity or fixity; that even the same signs can be appropriated, translated, rehistoricized and read anew. [...] Hybridity is the revaluation of the assumption of colonial identity through the repetition of discriminatory identity effects. It displays the necessary deformation and displacement of all sites of discrimination and domination. It unsettles the mimetic or narcissistic demands of colonial power but reimplicates its identifications in strategies of subversion that turn the gaze of the discriminated back upon the eye of power. [...] Culture, as a colonial space of intervention and agonism, as the trace of the displacement of symbol to sign, can be transformed by the unpredictable and partial desire of hybridity. (Bhabha, 1994)[10]

Im Diskurs zur interkulturellen bzw. transkulturellen Verständigung brachte Enwezor mit Bezug auf Bhabha zur *documenta XI* (2002) das Konzept von „creolité and creolization" ins Gespräch, das einen möglichst hierarchiefreien und polyfokalen kulturellen Austausch beschreibt: „Transnational, transurban, transdiasporic, transcultural practices are deeply transforming the ways in which we understand the world. The notions of creolité and creolization offer a strategy of reading the configurations that are emerging today." („Transnationale, transurbane, transkulturelle und die jeweilige Diaspora übergreifende Verfahren verändern heute gründlich unser Verständnis der Welt. Das Modell von ‚Kreolität' und ‚Kreolisierung' [im Sinne eines dritten Raumes der Vermischung von Kulturen] bietet eine Möglichkeit, die neu entstehenden Konstellationen zu verstehen.")[11]

Man mag hier an Arbeiten von David Hammons, Jimmie Durham und Kara Walker denken, die kulturell geprägte Stereotypen, beispielsweise für ‚people of colour', aufgegriffen und durch Umcodierung in einem künstlerischen Transfer bespielt haben. Wie wichtig die sorgfältige Vorbereitung eines solchen ‚dritten Raumes' zur Aushandlung der unterschiedlichen Voraussetzungen und Sichtweisen ist, zeigte sich beim unbedachten Transfer einer indonesischen Sicht auf Israel in einem Banner der Gruppe Taring Padi auf die *docu-*

menta 15 (2022) in Kassel: Sie konnte im Kontext der deutschen Geschichte nicht unwidersprochen hingenommen werden.

Die Ausstellung globaler ‚post-kolonialer' Kunst (der Globalisierung) auf der *documenta XI* war bereits durch die *documenta X* (1997) und ihre Horizonterweiterung gut vorbereitet. Die zum Millenium relevanten Fragestellungen zur Auflösung der Nationalökonomien, zur Etablierung post-kolonialer Perspektiven, zum Verlust morphologischer und institutioneller Gewissheiten der Kunstproduktion zugunsten ihrer strategischen Begründung in einem neu bestimmten Feld des Politischen, sie waren im Katalog *Politics-Poetics. Das Buch zur documenta X* (1997) schon formuliert worden, etwa in den dort abgedruckten Texten von und Interviews mit Benjamin Buchloh, Gayatri Spivak, Edward W. Said und Jacques Rancière. 2002 führten sie in Kassel zu einer Revision und Relativierung des westlich geprägten Kunstbegriffs. Gezeigt wurden indes vorwiegend medientechnisch generierte Werke dokumentarischen Charakters, die zwar globaler Herkunft waren, aber nicht unbedingt ‚globalisierend' wirken konnten. In der Nutzung der medientechnischen Innovationen, die neben der Globalisierung der Wirtschaft die Globalisierung auch der Wahrnehmung möglich machen sollten, versuchte die *documenta XI* die Inhalte des ‚post-colonial'-Diskurses im Kunstbetrieb zu etablieren. Man schritt von einer Installation digital basierter Bilder zur nächsten, die jeweils mit getakteten loops und sounds das Publikum in ihren Bann zogen und alle anderen Kunstformen verdrängten. Kim Levin bezeichnete die Ausstellung daher als „CNN-Documenta" (in: The *Village Voice*, 2. Juli 2002), womit sie meinte, dass diese zwar alles Elend der Welt über Videos bzw. Filme nach Kassel gebracht, es aber zugleich in ein Mosaik der Bilder überführt habe, dem schon die Verdikte von Marshall McLuhan (*The Medium Is the Message*, 1964) und Neil Postman (*Amusing Ourselves to Heath*, 1985) gegolten hatten. Mit der erst kürzlich verfügbar gewordenen Bildtechnik war ein Dispositiv wieder zur Geltung gekommen, das traditionell die Kunstproduktion bestimmt hatte – die Vorstellung vom Bild als Fenster – die in der Moderne konsequent dekonstruiert worden war.[12] Der medientechnisch vermittelte Einbruch des Dokumentarischen in die Kunst schien mit einem Schlag deren moderne Geschichte zu revidieren, allen modernistischen Reflexionen der Medialität ihrer Formen zum Trotz. Überraschend war, wie bedenkenlos auf Formate zurückgegriffen wurde, deren kunsthistorische Tradition längst überwunden schien, so hat die dokumentarische Medienkunst das Bild als ‚Fenster' auf einen Schlag rehabilitiert. Parallel zum globalen Handel hatten sich Künstlerinnen und Künstler der Jahrtausendwende mit diesen Formaten ihrer Arbeit – digital basiert und leicht transferierbar – den Gepflogenheiten der international auf Messen und Biennalen kursierenden Ausstellungskunst angepasst. Sie und ihre von Norden nach Süden, von Westen nach Osten um die Welt reisenden Kuratorinnen und Kuratoren dominierten nun den Betrieb der global präsentierten globalen ‚modernities' mitsamt allen ethischen Implikationen – das Paradigma der ‚Postmoderne' war überwunden.

Mit der über visuelle Medien vermittelten Alterität fremder Kulturen, in abrufbaren Videos auf dem Mobiltelefon (seit 2007) allenthalben sichtbar – wenn auch nicht unbedingt schon verständlich – hatte sich das Referenzfeld jedes Künstlers, jeder Künstlerin wie auch das ihres Publikums thematisch derart maßlos ausgedehnt, hatte sich die Allgegenwart der Welt in Bildern derart etabliert, dass für die Kunst erneut spezifische Qualitäten zu definieren waren, um ihre Fortexistenz inmitten dieser Bildergesellschaft noch begründen zu können: Die zur Legitimation aufgebotenen Zauberworte waren zunächst, wie schon für die ältere Videokunst, die ‚Selbstreferentialität' und ‚Medienreflexivität' der Kunstbilder im Gegensatz zu den massenmedialen Gebrauchsbildern – aber sie reichten nicht aus, später sollten noch andere, politische Ansprüche geltend gemacht werden.

Mit Verweis auf ältere medienkritische Stimmen waren aber früh auch schon Bedenken gegen den Andrang des Dokumentarischen geäußert worden, begründet etwa in der Dialektik, die jedem Dokument innewohnt: „The document provides facts and is a fact in itself", so Jean François Chevrier.[13] Er war schon 1997 in Kassel kuratorisch beteiligt und monierte damals im Gespräch mit Catherine David: „Die Verwechslung von technischer Leistung und symbolischem Prozeß bekräftigt die Illusion, dass ein Bild eine Erklärung ersetzen kann, dass eine Illustration jede Analyse erspart."[14] Infolgedessen wurden Strategien angemahnt, die das Dokumentierte im Dokumentierenden in seiner Komplexität entfalten und erschließen statt es per Objektiv einer Kamera zum Dokument, zur ‚stummen' Information eines Bildes zu verdinglichen. Enwezor versuchte, Einwände gegen die überwältigende ‚Bilderflut' von dokumentarischen Kunst-Videos bzw. -Filmen auf seiner „600 hours-documenta", so die Laufzeit ihrer Bewegtbilderinstallationen, argumentativ zu entkräften: Er profilierte die jeweilige Bearbeitung des visuellen Rohmaterials, die, anders als die Massenmedien, eine nachhaltige, kritische Auseinandersetzung mit den Themen des ‚Globalen Südens' vermitteln könnte. Mit Bezug auf Alain Badiou beschrieb er die Kunst als ‚Truth Process', der die Annäherung an das Dargestellte thematisiere und dieses dadurch dem Verständnis erschließe:

> On appelle ‚vérité' (une vérité) le processus réel d'une fidélité à un événement. Ce que cette fidélité produit dans la situation. [...] Au fond, une vérité est le tracé matériel, dans la situation, de la supplémentation événementielle. C'est donc une rupture immanente. ‚Immanente', parce qu'une vérité procède dans la situation, et nulle part ailleurs. Il n'y a pas de Ciel des vérités. ‚Rupture' parce que ce qui rend possible le processus de vérité – l'événement – n'était pas dans les usages de la situation, ni ne se laissait penser par les savoirs établis. On dira aussi qu'un processus de vérité est hétérogène aux savoirs institués de la situation. Ou, pour utiliser une expression de Lacan, qu'il est une ‚trouée' dans ces savoirs. (Badiou, 2003)[15]

Für die genauere Bestimmung der von Badiou so genannten „ ‚truth as the real process of a fidelity to an event: that which this fidelity produces in the situation' " („Wahrhaftigkeit als Prozess der Treue zu einem Ereignis, das, was eine solche Treue in der Situation vollbringt")[16] bemühte Enwezor jedoch Roland Barthes' Aussagen zum ‚studium' in der Photographie, das vom Betrachter, nicht vom Künstler, zu erbringen ist.

> It is here that the pure relationship between documentary and ‚vérité' becomes clearer, for they each define the relationship between the spectator and the image – what in *Camera Lucida* Barthes defined as the ‚studium' – the interplay between fact and truth. Comprehension and verification is the agitated field of the ‚studium', for ‚to recognise the ‚studium' is inevitably to encounter the photographer's intentions, to enter into harmony with them, to approve or disapprove of them, but always to understand them, to argue with them within myself, for culture (from which the ‚studium' derives) is a contract arrived at between creators and consumers.' (Roland Barthes, *Camera Lucida. Reflections on Photography*, New York 1981, S. 27f). This is what governs the relationship between the documentary and ‚vérité', since there is nothing inherently true or factual in the documented image if the purpose of such a documentation does not further ask the viewer to approach such documentation as not only just a fact of something real in the world, but also something true in the social condition of that world which is difficult to support in a single film frame or photographic image. (Enwezor, 2008)[17]

Eine genauere Bestimmung der künstlerischen Dimensionen der seinerzeit in Kassel maßgeblichen Medienkunst blieb Enwezor schuldig. Was Kunst in diesem Feld bedeuten könnte, sprach hingegen Kitty Zijlmans an, als sie argumentierte, dass die künstlerische Bearbeitung dokumentarischen Materials der Verdinglichung des Dokumentierten entgegenwirken könne, indem sie dieses ‚belebt': „These documentations certainly work in art spaces; they provide strategies for making something living from something artificial and reproduced." („Solche Dokumentationen wirken im Kunst-Kontext, sie nutzen Strategien, um aus etwas Künstlichem, Reproduziertem etwas Lebendiges zu machen.")[18] Eine solche Qualität benötigen gerade auch die oben angesprochenen ‚Dritten Räume', um einen Freiraum der Begegnung von Kulturen in einer post-kolonialen Konstellation anbieten zu können, einen sorgfältig konstituierten Rahmen, den die bloße Ausstrahlung eines Videos allein eben nicht gewährleisten kann, so auch Mark Crinson, der für diese *documenta XI* (2002) die zu wenig reflektierte Dominanz der ‚dokumentarischen' Medien beklagt hatte: „*Documenta XI* focused especially on the interface between art and socio-political forces, but to such an extent that the theoretical problematics of this relation were practically overtaken by an apparent collapsing of art into a social documentary mode." („Die *documenta XI* schaute insbesondere auf das interface von Kunst und sozio-politischen Kräften, aber in einem solchen Ausmaß, dass die theoretischen Probleme dieser Beziehung praktisch überdeckt wurden vom Kollabieren der Kunst in einen Modus des Sozialdokumentarischen.")[19]

Gleichwohl schloss Crinson an Enwezors Programm an:

> The exhibition was thoroughly imbued with the tenets of postcolonial theory; Enwezor, for instance, aligned the exhibition with ‚the site where experimental cultures emerge to articulate modalities that define new meaning and memory-making systems of late modernity', and privileged the idea of ‚extraterritoriality' and ‚transculturality' within a context of globalization in justifying its widespread remits. Specifically, Enwezor invoked the new subjectivities of decolonization, as identified by Fanon, and the desire to make the ‚other' visible in the metropolis, an important double move within postcolonial theory. For Enwezor, postcoloniality offers ‚counter models through which the displaced [...] fashion new worlds by producing experimental cultures [...] (composing) a collage of reality from the fragments of collapsing space.' (Crinson, 2006)[20]

Doch schränkte er zugleich ein, dass mit der starken Personalisierung und Subjektivierung allzu enge Grenzen gezogen worden seien, die jede anspruchsvolle Kunst bedenken müsse:

> As applied to art, this emphasis on subjectivity can lead to the assumption that postcolonial modes of art have a different, even alternative, status because they are wrought in the heat of personal history and cooled in the privileged perspective of memory. Yet the best postcolonial artists, as has been seen here, take these matters as the subject of their work rather than its precondition. (Crinson, 2006)[21]

Dazu zählen darf man Amar Kanwars Film *A Season Outside* (1997; auf der *documenta XI*, 2002) über die Abgrenzung der Nationalstaaten Indiens und Pakistans inmitten einer belebten Landschaft, die umfassende Installation von Allan Sekula, *Fish Story* (2002), ebenfalls auf der *documenta XI*, als Assemblage von Photographien zu den ökonomischen Strukturen des Welthandels, oder auch Danika Dakics Filminstallation *El Dorado* (2007) auf der *documenta 12* zum Thema Migration, die Selbstbilder und Fremdbilder der Geflüchteten als ‚Zigeuner' miteinander kombinierte, sichtbar für die Akteure wie für die Zuschauerinnen und Zuschauer; zuletzt auch die filmisch festgehaltenen Interviews mit kenianischen Geschäftsleuten, die auf screens inmitten der aufgestapelten Altkleiderpakete aus Europa, *Return to Sender Delivery Details* (2022) von The Nest Collective auf der *documenta 15* (2022) gezeigt wurden.

Ausblick: Vom ‚Global' zum ‚Ethical turn'

Bei aller Euphorie für diese Ausweitung des Kunstbetriebs ins Globale blieb die Kehrseite der neuen Freiheiten, die vor allem dem Westen zugutekamen, nämlich die ökonomische Basis bestehender globaler Ungleichheit, oft im Dunklen. Die neoliberale Politik habe, so Julian Stallabrass, diese Ungleichheit eher genutzt als korrigiert und die weltweit gefeierte Biennalen-Kunst entsprach nur selten dem Konzept der ‚Hybridität', das nach Bhabha eine inter- bzw. transkulturelle Erfahrung hätte vermitteln können.

> Globalization encompasses the greatest freedom and the greatest oppression, each structurally bound to its opposite. […] While the ideals of the biennial are politically liberal, they are also economically neoliberal – the skepticism towards all ideals that might establish barriers to global exchange, the denigration of the national, and the implicit endorsement through lack of critique of the ‚natural' environment of the unfettered market. In its conventional recommendation of these neoliberal virtues, the art world celebrates as freedom all that is forced upon us. […] Even when the work is not manifestly national-allegorical, it often gets read as such, urged along by interpretation material that insists on national identification, including those labels for works that include the artist's nation of origin. (Stallabrass, 2009)[22]

So blieb die Wahrnehmung der Kunst der ‚Anderen' oft in den Stereotypen des jeweils ‚Nationalen' hängen, das später eine Identitätspolitik begründete, die Kunst nicht mehr primär durch künstlerische Arbeit legitimiert sehen wollte, sondern durch ihre geopolitische Herkunft. Es könne aber, konsequent weitergedacht, nach dieser Horizonterweiterung ins Globale nun umgekehrt auch darum gehen, andere Blicke auf den Westen zu werfen, denn der ‚post-colonial turn' sollte nicht nur der Etablierung künstlerischer Positionen aus ehemals kolonisierten Ländern dienen, sondern auch die Selbstwahrnehmung des westlichen Modernismus mit seinem idealistisch geprägten Kunstbegriff infrage stellen, so argumentierte beispielsweise Rasheed Araaen:

> The ambition (of the first generation of artists from Africa and Asia) was not only to reclaim their subject position historically but also to inject new dynamism into modernism. Postcoloniality demanded that modernism be redefined beyond its western / colonial boundaries, so that it could achieve a new historical validity in universal terms as part of the postcolonial modernization of the newly independent countries, particularly of Africa and Asia. […] The historical responsibility of the postcolonial artist, both white and black, European and non-European, is to understand that the world is no longer the West's colony. The philosophical discourses which justified and legitimated the centrality of the European in modernism has collapsed and has no validity today. […] The postcolonial artist must therefore challenge this colonial legacy; and only through this challenge can we intervene and transform this society into a truly postcolonial multiracial society. (Araaen, 2011)[23]

Im nachfolgenden ‚ethical turn' sollte die Kunst globaler Herkunft dann aber in anderer Weise aufgewertet werden, dergestalt nämlich, dass man oder frau allein durch seine oder ihre ethnische Identität, nationale Herkunft oder sexuelle Orientierung bevorzugt wahrgenommen wurde und infolge tatsächlicher oder angeblicher Marginalisierung Inhalte geltend machen konnte, die im Spektrum der ‚post-colonial'- und Gender-Debatten angesiedelt waren. Mit dieser neuartigen, im Grunde aber seit Barthes' Devise vom ‚Tod des Autors' historisch überholten Betonung der jeweiligen Autor:innenschaft sollten nun kunstfremde Faktoren wie die Quotierung zu wichtigen Kriterien des staatlich geförderten Kunstbetriebs werden, als ob eine solche Symbolpolitik die Verbrechen kolonialer Ausbeutung kompensieren könne. Sie prägt mittlerweile das aus Steuergeldern bezahlte Ausstellungswesen, so dass im staatlichen Kunstbetrieb Formen politisch konformer Kunst von solchen Formen zeitgenössischer Kunst zu unterscheiden sind, die allein den Qualitätsmaßstäben des Kunst-Marktes verpflichtet bleiben. Mittlerweile sei deshalb von zwei Sparten zu sprechen, die Wolfgang Ullrich als ‚Kuratorenkunst' und als ‚Kunstmarktkunst' voneinander abgegrenzt hat.[24] Während für die sogenannte ‚Kunstmarktkunst' eine Nähe zum ‚post-colonial'-Diskurs bzw. zu identitätspolitischen Forderungen oder inhaltlichen Schwerpunkten, beispielsweise Genderfragen, irrelevant sei, blieben diese für die Ausstellungskunst als ‚politisch korrekte' Signale von zentraler Bedeutung. Diese programmatische Aufladung zeitgenössischer Kunst könne aber, wie Ullrich vermutet, auch ein Indiz dafür sein, dass die aus der Moderne überlieferte Tradition ästhetischer Autonomie allein nicht mehr die Kraft besitzt, Aufmerksamkeit an sich zu binden, als seien ihre Spielarten erschöpft oder sogar ausgereizt. Demnach bedürfe eine als zeitgenössisch zu verstehende Kunst neben den überlieferten Qualitätskriterien wie beispielsweise ihrer Medienreflexivität nun auch einer moralischen Aufrüstung – im Kontext einer neuen Aufmerksamkeitsökonomie in den medialisierten ‚Bildergesellschaften'.

Hatten die Globalisierung der Wirtschaft und begleitend die neuen Medien mit der Wahrnehmung der nicht-westlichen Länder und ihrer Kunst den Diskurs um adäquate Formen von Zeitgenossenschaft von der Postmoderne auf die Vielfalt globaler Modernen (im Plural) gelenkt, so wurde seitdem in der ‚Kuratorenkunst' die Quotierung außereuropäisch bzw. nicht-nordamerikanisch gebürtiger Künstler und vornehmlich Künstlerinnen zum Gebot der Stunde. Fragen nach künstlerischer Qualität und innovativen Komponenten rückten unter den neuen kulturpolitischen Prämissen in den Hintergrund. Identitätspolitische Forderungen sind jedoch für eine sich als modern verstehende Kunst riskant, fallen sie doch hinter die Problematisierung von Autor:innenschaft zurück, die in den 1960er-Jahren von Barthes und Foucault angestoßen worden war. Philipsen sah den Fehler in der Verwechslung von Kunst und Künstler, schon auf der *documenta XI*: „This situation has developped out of a double move: first, a move from ‚contemporary (new international) art' to ‚political art', and second, from ‚political art' to ‚ethnic politics'. In many respects, *documenta 11* manifests this development." („Diese Situation ergab sich aus einer doppelten Verschiebung: zuerst von der ‚zeitgenössischen (neu internationalen) Kunst' zur ‚politischen Kunst' und dann von der ‚politischen Kunst' zur ‚ethnischen Politik'.")[25]

Die Präsenz bislang übersehener Positionen der globalen Kunst im globalen Ausstellungswesen hat sich zu einer den Westen fast pauschal kulpabilisierenden Tendenz verhärtet, etwa auf der *documenta 14* und *15*. Gegen einen vermeintlich ausgezehrten und kommerziell korrumpierten Kunstbetrieb verschaffte man sich mit Forderungen nach Gleichstellung Gehör und vermochte die maßgeblichen Gremien von der Notwendigkeit einer Alimentierung des Ausstellungswesens zu überzeugen. Eine solche hatte es für die Avantgarden des 20. Jahrhunderts so nie gegeben und es würde sie im Neoliberalismus ohne Geltendmachung moralischer Ansprüche vermutlich auch nicht mehr geben. Fassbar wird diese Tendenz in den ‚politischer Korrektheit', ‚Criticality' und/oder ‚post-kolonialen' Perspektiven verpflichteten Großausstellungen in staatlicher Trägerschaft, z. B. der *documenta* in ihren verschiedenen Ausgaben. Obwohl sie sich dem spektakulären kommerziellen Erfolg moderner und postmoderner Kunst, die auf freien Märkten weiterhin die herkömmlichen Erwartungen vor allem an gute Malerei bedient, als explizit alternativ und alternativlos präsentierte, war diese politisch aufgeladene Kunst doch oft nur deren (staatliches) Pendant. Die Bindung an Quoten und moralische Botschaften, vor allem auch die Erwartung einer unmittelbar politischen Funktion, hat indes zahlreiche Gegenstimmen provoziert, die in solchen Prämissen einen Verrat an der freien Kunst sahen.

Man hatte gegenüber dem Markt des Beliebigen eine moralische Verbindlichkeit, eine Bindung an konsensfähige gesellschaftliche Werte garantieren wollen, zumal diese erst die Förderung aus Steuergeldern sicherten bzw. das Image eines Unternehmens aufpolieren konnten, welches im Kunstbetrieb als Sponsor auftritt. So lässt sich die Entwicklung der großen, öffentlich geförderten Kunstausstellungen und Biennalen skizzieren, die seitdem eine möglichst große Vielfalt außereuropäischer bzw. außeramerikanischer Akteurinnen und Akteure aufboten und dem ‚global turn' einen ‚social turn' und einen ‚ethical turn' folgen ließen. Sie retteten das symbolische Kapital der Kunst gegen dessen Eingliederung in die postmoderne Konsumkultur des Marktes, allerdings unter der fragwürdigen ideologischen Prämisse einer Priorität moralischer vor ästhetischen Werten. Die Alteritätserfahrung, seit jeher ein Spezifikum der modernen Kunst, wurde auf fremde Länder und Kulturen insgesamt übertragen, zuletzt beispielsweise mit der Übergabe der Leitung der *documenta 15* an ein indonesisches Kollektiv, das die westliche Sicht erstmals konsequent durch seine Sicht auf den Westen revidieren sollte. War der ‚Globale Süden' zu Beginn der Moderne noch als pauschal schön, weil naturverbunden und unverbildet, wahrgenommen worden, so wurde er nun als moralisch pauschal gut gesehen, während der Westen respektive Norden in der Nachfolge des Kolonialismus vorwiegend in der Rolle des Ausbeuters gesehen wurde, der Ressourcen geplündert und Lebenswelten vernichtet hat und dies weiterhin tut.

Kader Attia, Künstler und als Kurator der *12. Berlin Biennale* (2022) maßgeblich beteiligt an der Wahrnehmung globaler Künste der Globalisierung, ihrer mehr oder weniger gelungenen Vergegenwärtigung des Kolonialismus und seiner heutigen Folgen und Formen (der Überwindung), hat dann treffliche Argumente für die Fortsetzung einer Ausstellungspolitik in der Tradition der beiden prägenden *documenta*-Ausstellungen von David und Enwezor gefunden. Während nach wie vor Künstlerinnen und Künstler aus dem ‚Globalen Süden' die Themen Kolonialismus, Neo-Kolonialismus und Post-Kolonialismus schon qua Geburtsurkunde abdeckten, hob er die konkreten Inhalte und ihre formale Umsetzung auch auf der Ebene des künstlerischen Widerstands gegen die ‚algorithmische Governance' der Medienzivilisation kapitalistischer Konsumgesellschaften hervor. Damit aktualisierte Attia die überlieferte Programmatik der ‚Selbstreferenz' und ‚Medienreflexivität' zeitgenössischer Kunst und ihre identitätspolitische Legitimation noch um eine weitere Amplitude, schraubte das Anspruchsniveau zeitgenössischer Kunst zugunsten ihrer staatlichen Förderung nochmals in die Höhe:

> Dem Regime der Unsichtbarkeit und der Kolonialität samt der dystopischen Gesellschaft, die es normalisiert, unterworfen, bleiben uns nur die Kunst und die Philosophie, die unser Denken sich lebendig entfalten lassen anstatt sich an blinder Befriedigung zu erschöpfen. Nur die Kunst und die Philosophie machen es möglich, unsere Fähigkeit zu kollektiver Intelligenz gegen die Automatisierung unserer Interpretationskraft voll zur Entwicklung zu bringen. Im Traum steckt eine antikoloniale Kraft, wie Frantz Fanon sagte: ‚Als erstes lernen die Indigenen, auf ihrem Platz zu bleiben, die Grenze nicht zu überschreiten. Deshalb sind die Träume der Indigenen, Muskelträume, Aktionsträume, aggressive Träume. Ich träume, dass ich springe, dass ich schwimme, dass ich renne, dass ich klettere. [...] Ich träume, dass ich von Autorudeln verfolgt werde, die mich niemals einholen.' (Frantz Fanon, *Die Verdammten dieser Erde*, mit einem Vorwort von Jean-Paul-Sartre, übers. v. Traugott König, Frankfurt/Main 1966, S. 43) [...] In *Das Zeitalter des Überwachungskapitalismus* erklärt Shoshana Zuboff (übers. v. Bernhard Schmid, Frankfurt/Main 2018), wie die algorithmische Governance unsere Impulse kontrolliert und wir passiv der Selbstzerstörung eines überholten Systems beiwohnen, einer kapitalistischen Megamaschine, mit deren Kollaps alle Lebenswelten – die natürliche, die psychologische und die politische – untergehen (Vgl. Fabian Scheidler, *Das Ende der Megamaschine, Geschichte einer scheiternden Zivilisation*, Wien 2015). Die Kunst und ihr Potenzial zur Selbstermächtigung aber bleiben bestehen. Die potenzielle Wirkmacht der Kunst als kreative, erfinderische Tätigkeit ist so groß wie die des Kapitalismus. Doch während der Kapitalismus zerstört und seine Verbrechen hinter einer angeblichen Verjüngung zu verstecken sucht – sich quasi stets seiner eigenen Wiedergeburt rückversichert – dekonstruiert die Kunst der Gegenwart, um sie zu reparieren, sie weiterzuentwickeln und neue Formen ihrer Interpretation zu finden. (Attia, 2022)[26]

Attias Untergangs- und Überlebensrhetorik führte in die nächste Runde der Konzeptionen zeitgenössischer Kunst, der Begründung komplexer ‚Wahrnehmungsfelder' – gegen die ‚algorithmische Governance'. Mit seinen prophetischen Worten zu einer angekündigten ‚Reparatur' sollte die Kunst nun zum Erretter nach dem Ende des Kapitalismus aufgewertet werden, als Hort des guten Gewissens quasi eine Art Religionsersatz. Es bleibt jedoch kritisch zu fragen, ob eine derartige intentionale Überfrachtung der Kunst (böse Zungen könnten sagen und der eigenen Kuratorentätigkeit) nicht doch in erster Linie der Einwerbung von Steuergeldern für Ausstellungszwecke diente, also keineswegs direkt den versprochenen politischen Zielen zugutekam, die durch ihre Ästhetisierung im Kontext von Ausstellungen ohnehin kompromittiert wurden.

‚Social turn'

Der über die neuen Medien vermittelte ‚global turn' war möglich geworden durch eine nochmalige ‚Dematerialisierung der Kunst', nämlich ihre Digitalisierung, die im Gegensatz zu Lucy R. Lippards Beobachtungen zur ‚Conceptual Art' der 1960er-Jahre (*Six Years: The Dematerialization of the Art Object*, New York / London 1973) mit einer visuellen Aufladung ungeahnten Ausmaßes verbunden war: in den großen Bewegtbilderinstallationen, die auf Datenträgern gespeichert als globale Ausstellungskunst weltweit kursieren konnten. Diese neue Kunstgattung ist gleichsam das hochkulturelle Pendant zum exponentiellen Wachstum visueller Informationen im Netz und anderen Kanälen. Der nachfolgende Trend einer ‚relational aesthetics' kann auch als eine Reaktion auf diese Entwicklungen verstanden werden, er ist zumindest als Versuch der Kompensation jener sozialen Nebenwirkungen von Entfremdung und Vereinsamung erklärt worden, die ein allzu exzessiver Gebrauch von ‚social media' verursachen kann: ‚Mitmachkunst' sollte dem Verlust an Unmittelbarkeit entgegenwirken, indem sie Begegnungen vor Ort über die Gemeinschaft von Produzentinnen, Produzenten, Rezipienten und Rezipientinnen vermittle, so Nicolas Bourriaud.

> Devant les médias électroniques, les parcs de loisir, les espaces conviviaux, la prolifération des formats compatibles de la socialité, nous nous trouvons pauvres et démunis, tel le rat de laboratoire condamné à un parcours immuable dans sa cage parsemée de morceaux de fromage. [...] C'est là que se situe la problématique la plus brûlante de l'art d'aujourd'hui: est-il encore possible de générer des rapports au monde, dans un champ pratique – l'histoire de l'art – traditionellement dévolu à leur ‚représentation'? Contrairement à ce que pensait Debord, qui ne voyait dans le monde de l'art qu'un réservoir d'exemples de ce qu'il fallait ‚réaliser' concrètement dans la vie quotidienne, la pratique artistique apparaît aujourd'hui comme un riche terrain d'expérimentations sociales, comme un espace en partie préservé de l'uniformisation des comportements. Les oeuvres dont il sera ici question dessinent autant d'utopies de proximité. [...] En d'autres termes, les oeuvres ne se donnent plus pour but de former des réalités imaginaires ou utopiques, mais de constituer des modes d'existence ou des modèles d'action à l'intérieur du réel existant, quelle que soit l'échelle choisie par l'artiste. [...] La possibilité d'un art ‚relationnel' (un art prenant pour horizon théorique la sphère des interactions humaines et son contexte social, plus que l'affirmation d'un espace symbolique autonome et ‚privé'), témoigne d'un bouleversement radical des objectifs esthétiques, culturels et politiques mis en jeu par l'art moderne. [...] Ce qu'ils partagent est bien

> plus déterminant, à savoir le fait d'opérer au sein d'un même horizon pratique et théorique: la sphère des rapports interhumains. Leurs oeuvres mettent en jeu les modes d'échange sociaux, l'interactivité avec le regardeur à l'interieur de l'expérience esthétique qu'il se voit proposer, et les processus de communication, dans leur dimension concrète d'outils servant à relier des individus et des groupes humains entre eux. [...] Ce qu'elles produisent sont des espaces-temps relationnels, des expériences interhumaines qui s'essaient à se libérer des contraintes de l'idéologie de la communication de masse: en quelque sorte, des lieux où s'elaborent des socialités alternatives; des modèles critiques, des moments de convivialité construite. [...] L'utopie se vit aujourd'hui au quotidien subjectif, dans le temps réel des expérimentations concrètes et délibérément fragmentaires. L'oeuvre d'art se présente comme un ‚interstice social' à l'intérieur de laquelle ces expériences, ces nouvelles ‚possibilités de vie', s'avèrent possibles: il semble plus urgent d'inventer des relations possibles avec ces voisins au présent que de faire chanter les lendemains. (Bourriaud, 1998)[27]

Auch theoretisch bleibt Bourriauds Plädoyer für eine ‚relationale' Kunst niederschwellig, so in seinem späteren *Artforum*-Interview: „For me, art is a space of images, objects and human beings. Relational aesthetics is a way of considering the productive existence of the viewer of art, the space of participation that art can offer." („Für mich ist die Kunst ein Raum aus Bildern, Objekten und Menschen. Relationale Ästhetik ist eine Möglichkeit, die produktive Existenz der Kunstbetrachtenden zu berücksichtigen, den Raum der Teilnahme, den Kunst anbieten kann.")[28]

Gegen allzu viel Euphorie schränkte er jedoch auch ein: „L'art contemporain développe bel et bien un projeté politique quand il s'efforce d'investir la sphère relationelle en la problématisant." („Die zeitgenössische Kunst entwickelt ein politisches Projekt am besten, wenn sie sich anstrengt, das relationale Feld einzubringen, indem sie es problematisiert.")[29] Dazu müsste in erster Linie die gemeinschaftsstiftende Funktion solcher künstlerisch initiierten Projekte in ihren institutionellen Voraussetzungen reflektiert werden, bleiben diese doch in der Regel reserviert für eine ohnehin privilegierte Klientel.[30] Mit ihren Ambitionen, die Kunst vom Werk zum Prozess bzw. zur Sozialität seiner Rezeption hin zu verschieben, zielten solche Projekte auf weitreichende soziale Veränderungen, verbleiben dabei jedoch stets im Modus des Spiels.

So korrespondierte mit der oben beschriebenen Expansion ins Globale die gegenläufige Tendenz einer in begrenzten Kontexten agierenden Kunst, deren ‚relationale Ästhetik' und kommunikative Tendenz, interaktiv-partizipativ oder sozialpolitisch motiviert, nicht allein den schädlichen Folgen des exzessiven Gebrauchs neuer Medien entgegenwirken, sondern vor allem zur Lösung drängender gesellschaftlicher Probleme beitragen wollte. In der Abwendung von allen werkhaften Formen, in der Öffnung zur Projektarbeit, sollten die Rezipientinnen und Rezipienten aktiviert werden zu Agentinnen und Agenten des gesellschaftlichen Wandels. Fragen nach dem Subjekt des Urhebers und der selbstreflexiven künstlerischen Form, die in der Moderne noch im Vordergrund standen, wurden ersetzt durch gut gemeinte Modelle sozialpolitischer Maßnahmen. Damit war Adornos ‚ästhetische Negativität' in einen ästhetischen Positivismus umgeschlagen. In ihrem Versuch einer Einbettung der Kunst in das Alltagsleben stießen diese Versuche zu ihrer Sozialisierung auf (global) sehr unterschiedliche Voraussetzungen:

> In a broader reading of conceptualism [...] ‚dematerialization' did not always mean the disappearance of the object, but a redefining of the role of the object as a carrier of meaning, the reinvestment of meaning in preexisting objects, and the attempt to eliminate the erosion of information. Dematerialization became a tool to approach art-making in a way that was more adaptable to the interests of merging art and daily life – an increasingly important concern of postwar artmaking in many countries. [...] While Western conceptualism generally was derived from the notion of the autonomy of art, in locations such as Mainland China and Africa the absence of such a legacy meant conceptualism focused less on the problematic of the art system per se, and more broadly addressed issues between art and life which were also strongly attached to traditional cultural and/or religious foundations. Assessments of conceptualism's importance to contemporary artmaking vary, from those who feel it failed because it was quickly absorbed into art's commodity system, to others who feel that it actually reformed if not revolutionized important aspects of the idea of art. Many of the intellectual constructs of conceptualism have been integrated into the present understanding of an artwork, as evidenced by the focus of so many contemporary artists on idea, process, and experience; on political and social contexts; as well as the ubiquity of installation, photography, language, earth art, cross-overs to science, mapping, and other systems, and a continued interest in merging art and life. (Camnitzer, 1999)[31]

Grant Kester plädierte schließlich sogar dafür, die traditionellen Kategorien ‚Freiheit', ‚Autonomie', ‚künstlerische Form' ganz aufzugeben zugunsten einer dialogischen Struktur von ästhetischer Praxis und sozialer Projektarbeit.[32] Elisabeth Fritz hat diese weit verbreitete, in den USA und Europa anders als im ‚Globalen Süden' vor dem Hintergrund von Moderne und Modernismus konzipierte Haltung zusammenfassend kommentiert:

> Seit den 1990er Jahren ist eine derartige ‚soziale' Ausrichtung von Künstler:innen und Kurator:innen mit Begriffen wie ‚new genre public art' (Suzanne Lacy), ‚connective aesthetics' (Suzi Gablik), ‚relational aesthetics' (Nicolas Bourriaud), ‚collaborative turn' (Maria Lind) oder ‚social works' (Shannnon Jackson) beschrieben worden. Zugleich kam es zur Hinterfragung der Auslagerung sozialpolitischer Aufgaben an eine ‚community-based art' (Miwon Kwon) und zum Ruf nach Kriterien bei der

> kunsthistorischen Beurteilung von ‚dialogical aesthetics' (Grant Kester). (Fritz, 2022)[33]

Claire Bischop hielt in ihrer Auseinandersetzung mit solchen grenzüberschreitenden Projekten an der Frage nach den spezifisch künstlerischen Dimensionen fest und zog diesbezüglich Begriffe aus dem Theater zu Rate. Sie diskutierte die Problematik sozial engagierter Kunst vor dem Hintergrund der Verdikte Adornos gegen jede Form von ‚ästhetischem Positivismus'. Dessen Plädoyer für die unerschöpflichen Qualitäten subjektiv konzipierter Kunstwerke, für die undomestizierbaren Potentiale des Ästhetischen, solle neben der pragmatischen Ausrichtung weiterhin bedacht werden. Die künstlerische Dimension in sozial engagierter Kunst dürfe nicht mit ihrem sozialen Potential verwechselt werden. Eine kritische Debatte zu den mittlerweile recht unterschiedlichen Erscheinungsformen des ‚social turn' der Kunst wurde insbesondere in den USA geführt, dabei galt es, im Einzelfall sozialpolitische und kunsttheoretische Argumente gegeneinander abzuwägen.[34] Bischop hat die Auseinandersetzung 2006 zusammenfassend erörtert und neben den guten Absichten dezidiert auch nach den künstlerischen Komponenten solcher Projekte gefragt, denn moralische Kriterien reichten im Kunstkontext allein nicht aus:

> Good intentions shouldn't render art immune to critical analysis. […] The discursive criteria of socially engaged art are, at present, drawn from a tacit analogy between anticapitalism and the Christian ‚good soul'. In this schema, self-sacrifice is triumphant: The artist should renounce authorial presence in favor of allowing participants to speak through him or her. This self-sacrifice is accompanied by the idea that art should extract itself from the ‚useless' domain of the aesthetic and be fused with social praxis. As the French philosopher Jacques Rancière has observed, this denigration of the aesthetic ignores the fact that the system of art as we understand it in the West – the ‚aesthetic regime of art' inaugurated by Friedrich Schiller and the Romantics and still operative to this day – is predicated precisely on a confusion between art's autonomy (its position at one remove from instrumental rationality) and heteronomy (its blurring of art and life). Untangling this knot – or ignoring it by seeking more concrete ends for art – is slightly to miss the point, since the aesthetic is, according to Rancière, the ability to think contradiction: the productive contradiction of art's relationship to social change, characterized precisely by that tension between faith in art's autonomy and belief in art as inextricably bound to the promise of a better world to come. For Rancière the aesthetic doesn't need to be sacrificed at the altar of social change, as it already inherently contains this ameliorative promise. (Bischop, 2006)[35]

So nachdrücklich sich in der Öffnung des jeweiligen Werkes zu sozialen Projekten mit Beteiligten der Wunsch nach einer gesellschaftlichen Anbindung, wenn nicht Einbeziehung der Kunst zugunsten einer besseren Welt verrät, so deutlich sollte doch auch vermerkt werden, dass es sich bei den ‚relational' adressierten Teilnehmerinnen und Teilnehmern stets um ein beschränktes Kunstpublikum handelte, die Partizipation oft nur rhetorischen Charakter hatte und mit der Diffusion der Kunst nichts gewonnen war, wenn sie im ‚Leben' eher unter- als aufzugehen drohte. So verdienstvoll die Arbeiten derart engagierter Künstler und Künstlerinnen auch sein mochten, so waren ihre Schauplätze, die sie mit dem partizipierenden Publikum bespielten, um gesellschaftliche Verbesserungen zu bewirken, doch stets künstliche, nicht das wirkliche Leben, sondern ästhetisch eingegrenzte Zonen. Die Projekte blieben an den institutionellen Rahmen der Kunst gebunden. Im kunsthistorischen Vergleich mit den politisch weit gespannten, mitunter utopisch aufgeladenen Zielen der Neo-Avantgarden der 1960/70er-Jahre wurden jene der partizipativen Kunst enger gesteckt, in der Regel auf ‚local communities' ausgerichtet. Eingedenk solcher Grenzen erinnerten Bischop und Fritz an ein gegenläufiges Potential der Projekte ‚relationaler Ästhetik', nämlich den möglichen Dissens:

> Angesichts der durchaus problematischen Verquickung von Ästhetik und Politik im Glauben an die gesellschaftsverändernde Kraft der Kunst fordert Bischop, dass partizipative Projekte weniger auf das affirmative Herstellen harmonischer Gemeinschaften abzielen sollten als auf soziale Erfahrungen von Dissens, Distanz und Unbehagen. (Fritz, 2022)[36]

indem sie nämlich an die historischen Avantgarden erinnerte, die gerade nicht konsensuell hatten wirken wollen. In diesem Sinne brachte auch Foster hilfreiche Kriterien für die Beurteilung in die Diskussion ein, indem er mit Verweis auf frühere Formen der Interaktivität, in den Veranstaltungen der Dadaisten (Cabaret Voltaire) beispielsweise, aber auch in den multimedialen Arbeiten von Schwitters und El Lissitzky, Begegnungsstätten, Umschlagplätze für die ‚Neuverhandlung des Sinnlichen' (Rancière) ausmachte. Dabei sei jeweils zu fragen, inwiefern die Arbeiten „perverse Alternativen zur symbolischen Ordnung" böten oder doch nur „unleserliche Spektakel" blieben.[37]

Bischop sah im ‚social turn' der Gegenwartskunst auch den Auslöser eines ‚ethical turn' in der Kunstkritik, der künstlerische Kriterien bei der Beurteilung von Kunst zunehmend auszublenden drohe. Während Bourriaud und Kester das soziale Engagement auch als eine Kompensation der Entfremdung durch die Massenmedien begriffen, insistierte Bischop – mit Bezug auf Schiller und Rancière – auf die Spannung zwischen der ästhetischen Autonomie der Kunst und ihren sozialen Versprechen, welche etwa in den partizipativen Arbeiten von Thomas Hirschhorn und Carsten Höller explizit zu erkennen sei, etwa in Hirschhorns *Bataille Monument* in Kassel (2002) oder auch in Höllers ironisch gebrochener Installation *Soma* (2010) in Berlins Hamburger Bahnhof, Arbeiten, deren bedachte Formen vielfältige Angebote zum Gebrauch, zur Beobachtung und zur Teilhabe boten. Nach Meinung Bischops könne die Perspektive des Sozialen, des gesellschaftlichen Nutzens, dagegen den künstlerischen Anspruch preisgeben, ihn in die unverbindliche Potentialität von Prozessen entlassen, ihn aus der individuellen Verantwortung in die eines Kollektivs diffundieren, wenn er nicht durch eine genügend strukturierte Form vermittelt wird. Besonders fatal war dies auf der viel gescholtenen *documenta 15* (2022).

‚Ethical turn'

Exemplarisch für die zuweilen maßlos überzogenen politischen Ansprüche an die Kunst, die im Horizont der Globalisierung und des geforderten Engagements formuliert wurden, waren die Verlautbarungen zur *documenta 14*: Ihr Chefkurator Adam Szymczyk ging gleich aufs Ganze und verkündete, ungebrochen durch die Reflexionsschleifen zum Verhältnis von Kunst und Politik, die noch David ihrem *documenta X*-Programm *Politics Poetics* (1997) vorangestellt hatte, im Sprachduktus unterkomplexer Flugblatt-Pamphlete:

> Indem wir indigene Wissenspraktiken und -techniken aus der ganzen Welt via Athen nach Kassel und an andere Orte tragen, versuchen wir genau diese weiße Vorherrschaft beanspruchende, männliche, nationalistische, kolonialistische Existenz- und Denkweise zu hinterfragen, die weiterhin die Weltordnung konstruiert und dominiert. [...] Es sind die Krise der Demokratie und der ‚alten' Dualitäten, die die Verteilung der Macht festlegten, die allmähliche Aufzehrung der natürlichen Ressourcen, die Zerstörung menschlicher Lebensräume und die Verbrechen des Menschen gegen die eigene wie gegen andere Gattungen, die uns dazu motivieren, heute vom künstlerischen Feld aus zu sprechen. Wir sind von der Hoffnung getragen, dass die Kunst nicht bloß die bestehenden sozialen Beziehungen reproduziert, sondern einen Raum schaffen und besetzen kann, Diskurse ermöglichen kann, die über das hinausgehen, was allen bekannt ist, und darauf hinwirken kann, den vorhersehbaren, düsteren Gang der gegenwärtigen politischen und sozialen globalen Ereignisse infrage zu stellen, die uns den Schlaf rauben und uns lähmen. (Szymczyk, 2017)

Solcher Alarmismus legitimiert zwar das nachgeschobene Heilsversprechen der Kunst, das oft die Antragsprosa für staatliche Zuschüsse schmückt, einer kunsttheoretischen Prüfung hält es aber kaum stand: „Die alte Welt basiert auf Begriffen der Zugehörigkeit, der Identität und der Verwurzelung. Unsere stets neue Welt wird eine Welt der radikalen Subjektivitäten sein." Ob dabei das Konzept des ‚Unlearning', der ‚Aneducation', helfen kann, scheint aber eher fraglich. Szymczyk führte weiter aus:

> Denn solange wir nicht die Möglichkeit eröffnen, realisieren und anwenden, durch einen Akt der radikalen Subjektivierung unseren Platz in der Gemeinschaft einzufordern, werden wir nicht in der Lage sein, uns von den Apparaten der souverä-

> nen Macht zu entfernen, in die wir hineingeboren wurden und die weiterhin unser Leben festlegen und zerstören, indem sie uns in immer prekäreren Arbeitsbedingungen halten und den lähmenden politischen Strukturen unterwerfen, die die Menschen voneinander isolieren oder gegeneinander aufstellen. (Szymczyk, 2017)[38]

In ihrer begrifflichen Unschärfe ignorieren diese fast naiv vorgetragenen Hoffnungen etwa das Problem, dass es doch gerade die ‚radikalen Subjektivitäten' waren und sind, die so viele Miseren auf der Welt verursacht haben. Der Intentionsüberschuss in den Verlautbarungen des *documenta 14*-Teams ist zurecht als anmaßend kritisiert worden, die moralische Aufrüstung der Kunst hat Gegenstimmen der Kritik provoziert. Scharfsinnig konterte beispielsweise Juliane Rebentisch, indem sie (mit Rancière) an die spezifische Politizität einer welthaltigen, bedeutungsoffenen Kunst und ihrer ästhetischen Erfahrung erinnerte:

> Kunst entfaltet ihre kognitive Dimension im Modus eines gegenüber den gesellschaftlichen Wissensbeständen skeptischen Denkens und ihre Politik durch ein asoziales Moment. Darin, in dieser Negativität, hat die Kunst auch eine gesellschaftliche Funktion – die der Abstandnahme vom und Infragestellung des Gegebenen. Dass sich der ‚Impact' einer solchen reflexiven Distanz nicht unmittelbar dingfest machen lässt, ist dabei eine ihrer Pointen. Dennoch meint man heute vielfach, die Negativität der Kunst zugunsten einer Positivität überspringen zu müssen, in deren Rahmen Kunst überhaupt nicht mehr zu ihren räumlichen, diskursiven, sozialen Kontexten in eine wie auch immer spannungsreiche Beziehung tritt, sondern direkt in diese eingeht, als deren Produktion oder Gestaltung. […] Es ist, als fahre der Betrieb, statt mit ihr zu arbeiten, zur Verdrängung der Eigenlogik der Kunst immer größere Geschütze auf. Immer großspuriger werden die kuratorischen Erklärungen zur Politizität der Kunst; alarmistische Krisendiagnosen und hemmungslose Überfrachtung der Kunst mit der Aufgabe zu deren Beantwortung Wesentliches beizutragen, gehen Hand in Hand. Diese Überfrachtung verkennt nicht nur die Kunst als Kunst, sondern übersieht auch, was diese Verkennung für die Seite der reklamierten politischen Inhalte bedeutet. […] Eine solche Operation des ästhetischen Unbestimmtmachens [empfiehlt] sich keineswegs immer und für alle Gegenstände. Es kann Gegenstände geben, für die ebendiese Operation aus politischen Gründen überhaupt nicht wünschbar ist, hinsichtlich derer es im Gegenteil darum geht, um eine bestimmte Deutung zu kämpfen. […] Damit wir uns zu Bildern oder Dokumenten fremden Leids oder fremder Kämpfe in ein politisches Verhältnis setzen können, bedarf es einer sorgfältigen Kontextualisierung, die auch den Standpunkt und Kontext unserer Betrachtung nicht außer Acht lässt. Wenn sich die moralischen Affekte, sofern sie sich überhaupt regen, nicht mit einem Prozess des Verstehens verbinden, der die Position unserer Betrachtung mit umgreift, werden sie schnell verpuffen. Verbinden sie sich nicht mit der Anstrengung des Verstehens, tendiere

> sie überdies zum Narzissmus. Die Mitleidenden versetzen sich dann in das Leiden des anderen, um selbst zu leiden, nicht, um das Leiden des anderen zu beenden.

Gegen die politische Überfrachtung der Kunst bei gleichzeitiger Missachtung der Politik helfe „ein vertieftes Bewusstsein für die ästhetische Differenz, das heißt mehr Aufmerksamkeit für die transformativen Operationen des Ästhetischen, seine Logik des Als-ob und seine negativen Distanzen." (Rebentisch, 2018)[39]

Rezeptionsästhetisch verfeinert hat Rebentisch hier Argumente Adornos zu den ungelösten Aporien der Kunstautonomie aktualisiert: Gegen die vorschnelle Politisierung der Kunst und die darin liegende Gefahr einer Auflösung des spezifischen Spannungsverhältnisses zwischen dem autonomen und dem gesellschaftlichen Status der Kunst hatte Adorno schon auf dem Höhepunkt der Studentenbewegung polemisiert. Mit der Einebnung dieser für die Kunst konstitutiven Spannung drohe sie ihre Kraft zu verlieren:

> Mit Gesinnung ist wenig getan. [...] Die politische Wirkung auch der so genannten engagierten [Kunst] ist höchst ungewiss. [...] Engagement vielfach nichts als Mangel an Talent oder an Anspannung, Nachlassen der Kraft. Mit ihrem jüngsten freilich schon im Faschismus praktizierten Trick funktioniert Ichschwäche, die Unfähigkeit zur Sublimierung, sich ins Höhere um, belohnt die Linie des geringsten Widerstands mit einer moralischen Prämie. Die Zeit der Kunst sei vorüber, es käme darauf an, ihren Wahrheitsgehalt, der mit dem gesellschaftlichen umstandslos identifiziert wird, zu verwirklichen: das Verdikt ist totalitär. [...] Die Unterordnung autonomer Kunstwerke unter das gesellschaftliche Zweckmoment, das in jedem vergraben ist und aus dem in langwierigem Prozeß die Kunst aufstand, verletzt sie an der empfindlichsten Stelle. (Adorno, 1970)[40]

Die mit solchen Erwartungen einhergehende Banalisierung von Kunst, aber auch Politik, stellte auch Regine Prange bloß am Beispiel der Naivität der oben zitierten programmatischen Aussagen der *documenta 14* Leitung:

> Szymczyks Essay ist von derselben Widersprüchlichkeit und Realitätsferne der Argumentation geprägt, wie sie Marx an Proudhon rügte und zurückführte auf eine kleinbürgerliche Ideologie, die, ganz im Sinne der Alltagspraxis, das Unversöhnte zu vereinigen sich zutraut. Der Begriff der Freiheit meint zum einen ‚radikale Subjektivitäten', die es zu entfalten gelte; zum anderen die besagte Kollektivität der Gemeinschaft der d 14. (Prange, 2018)[41]

Nach den Kommentaren zur Kunstsaison 2017 mit der vieldiskutierten Ausstellung in Kassel musste auch skeptisch gefragt werden, ob der ethische Fundamentalismus der Kunst tatsächlich die politischen und gesellschaftlichen Folgen gezeitigt hat, die er versprochen hatte, oder ob seine Alarmsignale nicht doch primär dazu dienten, die Aufmerksamkeit auf sich selbst zu lenken. Offenbar musste inmitten der Konkurrenz der Kuratorinnen und Kuratoren und der eklatant ansteigenden Spekulationsgewinne auf dem kommerziellen Kunstmarkt (infolge der niedrigen Zinsen auf dem Kapitalmarkt) derart penetrant ein ‚ethical turn' beworben werden, um in der Aufmerksamkeitsökonomie des Kulturbetriebs Ansprüche zu behaupten, denen noch staatliche Förderung zukommen sollte. Außerdem trugen sie der Erwartungshaltung des mehrheitlich ‚kritischen' Kunstpublikums Rechnung, das sich im Besuch einer solchen Ausstellung seiner kritischen Haltung zu Welt und Gesellschaft vergewissern könne, was Hanno Rauterberg zutreffend als „Tugendkonsum" verspottet hat, denn niemand müsse sich fragen, was seine, ihre kritische Haltung de facto bewirke.

Die Abkehr von genuin künstlerischen Fragen zeigte sich etwa darin, dass nun auch das Geschlecht von Künstlerinnen bzw. die geopolitische Herkunft von Künstlerinnen und Künstlern und jene aus bislang benachteiligten Minderheiten explizit zu Kriterien ihrer Auswahl für Ausstellungen und Ankäufe werden konnten. Auch wenn diese Maßnahmen sozialpolitisch berechtigt sein mögen, bleiben sie doch der Sache fremd und disqualifizieren sich dadurch, dass sie Kunst und Künstler, Kunst und Künstlerin, verwechseln, was in anderen Bereichen wie der Medizin oder dem Maschinenbau, die auf Sachkompetenz in höchstem Maße angewiesen sind, aus sozialen Gründen so nicht möglich wäre, weil diese unmittelbar gebraucht wird. Als Subventionsprogramm für Einzelne ist eine dem Staat mit derartigen Prämissen aufgenötigte Kunstförderung nicht mehr vorrangig der Kunst verpflichtet, sondern den Künstlerinnen und Künstlern, und zwar jenen mit dem dringlichst vorgetragenen Opfernarrativ. Kritisch bleibt auch anzumerken, dass jede Identitätspolitik, die auf diese Weise Privilegien erstreitet, quasi als positive Diskriminierung z. B. umgekehrten Sexismus bzw. Rassismus betreibt, wenn sie andere Gruppen, beispielsweise Männer durch die deutsche Frauenquote, benachteiligt. Mit ihrem Verstoß gegen das Menschenrecht der Gleichheit vor dem Gesetz erinnere diese Quote, so der US-Jurist Aaron Rhodes, an die dunkelste Zeit deutscher Geschichte:

> In der Vergangenheit wurden Geschlechter-, Rassen- oder religiöse Quoten damit begründet, dass sie ‚gut für die Gesellschaft' seien. [...] Gerade in Deutschland gibt es [aber] gute Gründe, skeptisch zu sein, wenn sich der Staat dazu versteigt, die Gesellschaft verändern zu wollen. [...] Offenbar sind die Menschenrechte in Deutschland nur so lange unantastbar, wie sie nicht mit der Regierungspolitik kollidieren. Das ist gefährlich, denn spätere Generationen werden möglicherweise weniger gut gemeinte Gründe als den Frauenanteil anführen, um Menschenrechte zu verletzen. [...] Wenn wir die Freiheit und Gleichheit vor dem Gesetz anderen Zielen opfern, schwächen wir die Menschenrechte und somit unseren Schutz vor Tyrannei und Willkür. (Rhodes, 2014)[42]

Neben dem Etikett der ‚Medienreflexivität' der Kunst, mit dem lange Zeit ihre Fortexistenz und Notwendigkeit beworben worden war, etablierten sich nun also die Identität einer Künstlerin, eines Künstlers, mitsamt den ihr angehängten sozialpolitischen Forderungen als maßgebliche Selektionskriterien für Ausstellungbeteiligungen und staatliche Ankäufe. An diese Vorgaben drohte die Kunst die Substanz ihrer ästhetischen Autonomie zu verlieren, die sie sich im 20. Jahrhundert mühsam erstritten hatte.[43] Selbst wenn die Kunst die erwünschten moralischen Impulse und gesellschaftlichen Ziele, die über die persönliche Förderung der jeweiligen Künstler, vornehmlich aber Künstlerinnen, hinausging, gar nicht kommunizieren konnte, wurde sie oft nach solchen fachfremden Kriterien gefördert – damit aber letztlich kompromittiert. An die Leine ‚politischer Korrektheit' gebunden, waren die Optionen möglicher Autonomie der Kunst geopfert worden, um stattdessen staatliche, steuerfinanzierte Zuschüsse zu erhalten. Mittlerweile kann sogar ein völliger Verzicht auf die ehemals ästhetisch begründete Eigengesetzlichkeit der Kunst propagiert werden, wie Roland Schappert resümiert: Die identitätspolitische Begründung künstlerischer Vorhaben unter dem Aspekt von Diversifikation dominiere, der Begriff ‚Kunst' werde für politische Initiativen bemüht, um deren symbolisches Kapital abzapfen zu können oder – bei heiklen Strategien – das verbürgte Recht auf Kunst- und Meinungsfreiheit in Anspruch nehmen zu können:

> Die Kunst [...] darf nach Vorstellung und Ansicht vieler Akteur:innen nicht mehr künstlerischem Eigensinn folgen oder gar hermetisch und detailversessen daherkommen, denn es gibt auf der Welt Wichtigeres und viel Praktisches zu tun. Kunst soll im Dienste einer als richtungsweisend und angemessen empfundenen Kulturvorstellung tätig werden. [...] Sie hat nicht gegen kulturpolitische Richtlinien zu verstoßen. [...] Auf den meisten kulturellen Schauplätzen scheint heutzutage zu gelten: Kunst ist als Kunst nicht genug. [...] Wichtig ist die Verbindung vieler Lebensbereiche und die richtige Haltung zum Leben im Allgemeinen und zur politischen Organisation unserer Gemeinschaften. Kunst soll dann als kulturelle Maßnahme unter zielführenden Auftrags- und/oder Arbeitsbedingungen der realen Politik oder gesellschaftspolitischen Ansichten von Gruppen, Kollektiven sowie Vereinigungen nachkommen und zuspielen, auf Missstände aufmerksam machen und Korrekturen zumindest symbolisch durchführen. [...] Wer Kunst dagegen bloß der Kunst wegen liebt im Sinne einer ästhetischen Betrachtungsweise oder eines in sich gekehrten Empfindens, kann nun als hoffnungsloser Egoist angesehen werden, der jeden überindividuellen praktischen Nutzen verweigert und an Privilegien zu Unrecht festhält. [...] Kunst als Selbstzweck hat für viele ausgedient. Jedes autonome oder teilautonome Verständnis von Kunst hat seine Deutungshoheit weitgehend verloren. Da Kunst demnach nicht für sich selbst zu stehen hat und keinem verwertungsfreien Schutzraum ausgesetzt werden soll, da dies nur den Privilegierten mit viel Zeit, Geld und Bildung dienen würde, darf Kunst nun im Bündel

> mit vielen anderen Aktivitäten ungeahnte kommunikative Kräfte freisetzen. […] Die Darstellung von Ungleichgewichten, kolonialen Hinterlassenschaften, Neuinterpretationen, das Gebot, verborgene Unterdrückungen freizulegen und notwendige Revisionen durchzuführen, all das lässt ästhetische und beliebig erscheinende Innovationen als überflüssige Patina ermatten. (Schappert, 2022)[44]

Allein im kommerziellen Kunstmarkt bleiben künstlerische Qualitätskriterien maßgeblich, denn hier gibt es keine Instanz, der gegenüber ein Opferstatus reklamiert werden könnte. Gemäß den Vorlieben, die der freie Markt abdeckt, sind es dort allerdings bevorzugt die traditionell handwerklichen Techniken, Malerei, Zeichnung, Plastik, derer sich Künstlerinnen und Künstler in der Fortführung moderner Kunst bedienen, entlastet von den Parolen staatlich geförderter Ausstellungspolitik. Sie sichern somit ihr Auskommen, erfreuen Sammler und Sammlerinnen, bevor ausgewählte Werke im Museum der Allgemeinheit zur Verfügung gestellt werden. Der Anspruch auf den Begriff ‚Kunst' für die mehr oder weniger berechtigten sozialen Anliegen kommt dagegen in der Regel nur den wenigen Akteuren zugute, sei es durch das Einwerben von Steuergeldern, die nach diesen Kriterien vergeben werden, sei es durch den Distinktionsgewinn. Bedenkenswert sind demgegenüber auch die unbeabsichtigten Nebenwirkungen des ‚ethical turn', nämlich die Verschiebung der Maßstäbe:

> Was sonst chronisch unterfinanzierte Sozialarbeit wäre, kann durch den symbolisch wie finanziell gewichtigen Kontext Kunst valorisiert werden, während zugleich auch das, was sonst im Kontext Kunst bestenfalls Epigonentum wäre, durch moralisch wertvolle Ziele (wie eben dem der Partizipation) aufgewertet wird. […] Gegen die Selbstsicherheit der Moral, mit der sich die Kunst wappne, um ihrer eigenen Unbegründetheit zu entgehen, affirmiert Leonard Emmerling [in seinem Aufsatz im unten genannten Buch] die Schwäche oder Ohnmacht der Kunst, eine Permanenz der Entzweiung, welche die Stilllegung des Kunstwerkes durch seine Positivierung verhindert. (Emmerling / Kleesattel, 2016)[45]

Gegen die für Kuratorinnen und Künstler offenbar einträgliche ‚Criticality' der Kunst sind aus verschiedenen Fraktionen Einwände erhoben worden, gerade auch zum Erhalt ihrer durch die Kulturpolitik des Neoliberalismus bedrohten Freiheit. Man war sich dabei einig, gesellschaftliche Funktionen und politische Absichten der Kunst mit Adorno und Rancière weiterhin in den Werken selbst verankert sehen zu wollen, um diese von dort aus, und nicht von sonstigem, politischen bzw. gesellschaftlichen Engagement aus, sich entfalten zu lassen. Der vielbeschworene ‚Artivismus', die Aufladung der Kunst mit moralischen und politischen Ansprüchen, sei ihr zur Legitimation ihrer selbst aufoktroyiert worden. Und er sei einem kleinbürgerlich verengten Kunstverständnis geschuldet, welche die institutionellen Voraussetzungen der Autonomie der Kunst in der Geschichte des von Adel und

Kirche sich befreienden Bildungsbürgertums vergessen habe, sie sogar preisgebe, um sich demgegenüber durch einen nicht selten naiv vorgetragenen Anspruch auf eine direkte Operationalisierung der Kunst abzugrenzen. Diese intentionale Überfrachtung der Gegenwartskunst, zumindest jener, die in öffentlich subventionierten Ausstellungen präsentiert wird, korrespondiert aber paradoxerweise mit den exorbitanten Preisen und Gewinnen auf dem Kunstmarkt, insofern nämlich beide die Aufmerksamkeit von der Kunst auf ihren Kontext verlagern, so Ullrich:

> Vordergründig mögen die luxuriöse Kunst des globalen Marktes (mit ihrem Fokus auf Starkult) und die politisierte Kunst globaler Events (mit ihrem Blick auf Marginalisiertes) wenig miteinander zu tun haben. Beide Sparten treffen sich jedoch darin, dass in ihnen an die Stelle der im Westen lange Zeit favorisierten autonomen Kunstwerke Realien treten. Während im einen Fall hohe Preise, Kooperationen mit Luxusmarken und ein starkes Image dafür sorgen, dass die Arbeiten feste Bestandteile einer mächtigen ökonomischen und sozialen Ordnung sind und als solche Autorität und Stärke besitzen, sind es im anderen Fall die dringlichen gesellschaftspolitischen Themen, ja ist es die Vergegenwärtigung von Ungerechtigkeit und Grausamkeit, von ‚echtem' Leid, wodurch sich bloße Werke in geradezu letztgültige Zeugnisse verwandeln. (Ullrich, 2022)[46]

So sind die drei moralisch motivierten ‚turns' mit der Orientierung der Kunstproduktion an politischen Vorgaben mentalitätsgeschichtlich vor dem Hintergrund eines bislang so nicht dagewesenen kommerziellen Erfolges der zeitgenössischen Kunst zu betrachten. Eine inzwischen globale Käufer- und Käuferinnenschicht von Globalisierungsgewinnerinnen und -gewinnern investierte vor allem während der Finanzpolitik niedriger Zinsen wie nie zuvor in zeitgenössische Kunst, offenbar nicht allein wegen des damit verbundenen Statusgewinns. Die dann auch in den Medien kommunizierte ökonomische Prominenz moderner und zeitgenössischer Kunst steht also im Hintergrund der angestrengten Bemühungen um eine Legitimation ihres staatlich geförderten Fortbestands. Anders gesagt: Im Kontext des global expandierenden Kunstmarkts schien das ‚symbolische Kapital' der Kunst, das traditionell als ‚Schönes, Wahres und Gutes' Gepriesene, nur in der engagierten bzw. identitätspolitisch legitimierten Kunst noch glaubwürdig zu sein, daher sollte die kompensatorische Funktion der drei hier besprochenen ‚turns' nicht übersehen werden.

Ihre politischen Ansprüche wurden indes durch die Schwächen ihrer künstlerischen Vermittlung gleich doppelt beschädigt, durch ihren Status als Kunst wie auch durch deren Schwäche. Bedenken gegen den Übereifer des ‚Artivismus' äußerte auch Rauterberg, der in den überzogenen politischen Ansprüchen die Gefahr einer Selbstliquidierung der Kunst ausmachte, denn: mit ihrer besserwisserischen Bevormundung stoße sie ihr Publikum ab; mit ihrer Medialisierung drohe sie die politischen Anliegen zu überblenden, ja zu verraten; mit ihrer plakativen Vereinfachung der Sachverhalte mache sie sich (in Konkurrenz zu anderen Medien) überflüssig und mit ihrem Anspruch auf unmittelbare Effizienz setze sie sich dem direkten Vergleich mit politischen Initiativen aus, die als solche in der Regel effizienter agieren. Ist sie aber tatsächlich einmal erfolgreich, könne dies zum Vorwand für Kürzungen im Sozialetat werden.[47]

Den fundamentalistischen Formen des ‚Artivismus' hielt auch Christian Krüger entgegen, dass seine Verfechterinnen und Verfechter das Label ‚Kunst' nicht nur missbrauchten, sondern sie in ihrem Anspruch auf Überwindung der Kunst zugunsten direkter politischer Eingriffe auch einen allzu verengten Kunstbegriff hätten, beinhalte die Kunst doch seit ihrer Bestimmung durch Schiller Implikationen politischer Art. „Der aporetische Streit um den Status artivistischer Praktiken ist Symptom eines dürftigen Kunstbegriffs."[48] Umso wichtiger sei es dann, umgekehrt, so Ullrich, in einem möglichen neuen Feld der von ihm sogenannten „postautonomen" Kunst globaler Herkunft danach zu fragen, welche Qualitäten einer Arbeit im jeweiligen Bezug auf heteronome Zwecke noch als künstlerische zu beurteilen seien, wolle man sie überhaupt noch im Kontext ‚Kunst' diskutieren; und so lehnte er, gut begründet, manche der politischen Arbeiten, etwa von Ai Wei Wei, als inhaltlich manieriert, aber formal unstimmig ab.[49] Bei der Beurteilung der in Deutschland vieldiskutierten Arbeiten von Christoph Schlingensief und des *Zentrums für politische Schönheit* sind dann neben den Überlegungen Ullrichs zur Begründung einer ‚postautonomen' Kunst, die weiterhin (auch) als Kunst wahrgenommen werden will, ohne mit dem Kunstbegriff nur zu kokettieren, Argumente aus den nachfolgend referierten Debatten hilfreich.

Gegenstimmen zum Kurzschluss von Kunst und Politik – Die *Politik der Kunst*: Komplexität mit Eigensinn

Gegen die Moralisierung und politische Überfrachtung der Kunst sind Bedenken von verschiedenen Seiten geäußert worden. Mit der Kunsttheorie Rancières ragt dabei eine – an Schillers *Briefen über die ästhetische Erziehung* (1795) orientierte – Argumentation heraus, die zur qualitativen Auszeichnung zeitgenössischer Kunst besonders gerne herangezogen wird. Gegen die Subsumierung der Kunst unter gesellschaftliche Funktionen erhob Rancière Einspruch: Eine solche Anbindung der Kunst im Sinne einer ‚Criticality' falle hinter jene Entlassung in die Freiheit zurück, die der Kunst um 1800 widerfahren sei. Sie unterstelle die Möglichkeit erneuter Aufgaben für einen Auftrag(geber), gegen welche sich doch in der Moderne alle Bemühungen um Entfaltung des freiheitlichen Eigensinns der Kunst verwahrt hatten.

Die Zurückweisung des in dieser Tradition autonomer Kunst stehenden Kunstbegriffs der Moderne zugunsten einer erneut operativ wirksamen Kunst verrät jedoch die Dringlichkeit der Forderungen nach gesellschaftlicher Anbindung, obwohl die Kunst doch gerade in ihren Bestimmungen von Schiller, Adorno, Rancière und vielen anderen die Implikationen solcher Zwecke enthält. Es wurde nun aber fälschlicherweise suggeriert, diese seien unmittelbar erreichbar – in Verkennung der schwierigen Konstellationen von Kunst und Politik. Inmitten der virulenten Diskurse um Ästhetik und Ethik im politischen Kontext der Globalisierung war es vor allem Rancière, der Bedenken gegen eine solche voreilige Operationalisierung der Kunst formuliert und mit Argumenten aus der Tradition der Ästhetischen Theorie das Spezifische ihrer Qualitäten in Erinnerung gerufen hat. So definierte er die *Politik der Kunst* durch ihr Potential der ,Neuaufteilung des Sinnlichen' (,partage du sensible') im Modus des ästhetischen Scheins. Rancière plädierte dafür, ihn beizubehalten, denn gerade in seiner konjunktivischen Form des Spiels seien soziale und politische Fragen neu zu verhandeln:

> Mon propos n'est pas de ,défendre' l'esthétique', mais de contribuer à éclairer ce que ce mot veut dire, comme régime de fonctionnement de l'art, et comme matrice de discours, comme forme d'identification du propre de l'art et comme redistribution des rapports entre les formes de l'expérience sensible. [...] L'art n'est pas politique d'abord par les messages et les sentiments qu'il transmet sur l'ordre du monde. Il n'est pas politique non plus par la manière dont il représente les structures de la société, les conflits ou les identités des groupes sociaux. Il est politique par l'écart même qu'il prend par rapport à ces fonctions, par le type de temps et d'espace qu'il institue, par la manière dont il découpe ce temps et peuple cet espace. [...] Dans l'art ,relationnel', la construction d'une situation indécise et éphémère appelle un déplacement de la perception, un passage du statut de spectateur à celui d'acteur, une reconfiguration des places. Dans les deux cas, le propre de l'art est d'opérer un redécoupage de l'espace matériel et symbolique. Et c'est par là que l'art touche à la politique. (Rancière, 2004)[50]

Gegen die Thesen vom vermeintlichen Ende der Kunst (Danto), vom Überfluss und Verbrauch der Bilder (Baudrillard), gegen die Finaldiskurse und die Unterwerfung der Kunst unter politische Zwecke ergriff Rancière das Wort mit einer Verteidigung des Ästhetischen, ohne dabei die Paradigmen der Moderne und ihrer Avantgarden restaurieren zu wollen. Entscheidend sei vielmehr die ,Neuaufteilung' oder ,Neuverhandlung' des ,Sinnlichen' im Modus der Kunst (Jacques Rancière, *Le partage du sensible. Esthétique et politique*, Paris 2000):

> Il ne s'agit pas ici de revendiquer à nouveau, contre le désenchantement postmoderne, la vocation avantgardiste de l'art ou l'élan d'une modernité liant les conquêtes de nouveautes artistiques à celles de l'emancipation.

Statt dessen plädiert er für

> un régime spécifique d'identification et de pensée des arts": ,La surface des signes ,peints', le dédoublement du théâtre, le rythme du choeur dansant: on a là trois

> formes de partage du sensible structurant la manière dont des arts peuvent être perçus et pensés comme arts et comme formes d'inscription du sens de la communauté. Ces formes définissent la manière dont des oeuvres ou performances ‚font de la politique', quels que soient par ailleurs les intentions qui y président, les modes d'insertion sociaux des artistes ou la façon dont les formes artistiques réfléchissent les structures ou les mouvements sociaux. (Rancière, 2000)[51]

Und an anderer Stelle heißt es dementsprechend in einer zuerst in deutscher Sprache vorgelegten Publikation:

> Die Idee des aus dem Sinnlichen gerissenen Sinnlichen, des dissensuellen Sinnlichen, charakterisiert genau das Denken des modernen Regimes der Kunst, das ich ästhetisches Regime der Kunst zu nennen vorgeschlagen habe. Was dieses Regime der Wahrnehmung und des Denkens der Kunst charakterisiert, ist die Idee einer Form spezifisch sinnlicher Erfahrung, die von den normalen Formen der sinnlichen Erfahrung abgetrennt ist. Wenn Deleuze uns von der Arbeit berichtet, die das Perzept der Perzeption und den Affekt der Affektion entrissen hat, übersetzt er auf seine Weise die ursprüngliche Formel des ästhetischen Diskurses, die Formel, die in der Kantischen Analyse des Schönen resümiert wird: die ästhetische Erfahrung ist die eines zweifach abgetrennten Sinnlichen. Es ist abgetrennt vom Gesetz des Verstehens, das die sinnliche Wahrnehmung seinen Kategorien unterwirft, und vom Gesetz des Begehrens, das unsere Affektionen der Suche nach einem Guten unterwirft. Die durch das ästhetische Urteil aufgegriffene Form ist weder diejenige eines Erkenntnisobjekts noch diejenige eines Objekts des Begehrens. Es ist dieses ‚weder noch', das die Erfahrung des Schönen als Erfahrung eines Widerstands bestimmt. Das Schöne ist dasjenige, das zugleich der begrifflichen Bestimmung wie der Verlockung der konsumierbaren Güter widersteht. [...] Damit die ästhetische Erfahrung des Schönen identisch mit Erfahrung der Kunst ist, muss die Kunst von einer doppelten Differenz markiert sein: sie muss in einem den normalen Bedingungen der sinnlichen Erfahrung entrissenen Sinnlichen die Äußerung eines Denkens sein, das von sich selbst nicht weiß. (Rancière, 2008)[52]

Kunst müsse im spielerischen Modus bleiben, sonst verliere sie ihre Kraft. Rancière nahm hier Gedanken aus Schillers *Briefen* auf, wie vor ihm bereits Adorno: „In der Befreiung der Form [...] verschlüsselt sich vor allem anderen die Befreiung der Gesellschaft, denn Form, der ästhetische Zusammenhang alles Einzelnen, vertritt im Kunstwerk das soziale Verhältnis; darum ist die befreite Form dem Bestehenden anstößig."[53] In diesem Sinne auch Johan Frederik Hartle: „Dabei eröffnet die Kunst mit ihrer impliziten Bindung ans Unbestimmte, das Feld des Politischen kontinuierlich von neuem, indem sie die Kontingenz der symbolischen Ordnung einsehbar macht."[54]

Mit dieser Argumentation gegen einen moralischen Absolutismus, der einen Teil der Kunstproduktion und Theoriebildung seit 2000 erfasst hatte, kann auch die Identitätspolitik als ‚polizeilich' im Gegensatz zu ‚politisch' (Rancière) qualifiziert werden, da sie keine gegensätzlichen Sichtweisen mehr verhandeln lässt und jede Spannung zwischen politischer Wunschvorstellung und gesellschaftlicher Wirklichkeit beispielsweise per Quotengesetz aushebelt und damit andere Minderheiten diskriminiert. Die Bindung der Kunst an die schon sprichwörtlich gewordene ‚Moralkeule' einer vermeintlich ‚guten' Identitätspolitik führte zur Preisgabe ihres ästhetischen Eigensinns. Kunst, die sich primär über solche Opfernarrative definiert, lässt auch der Betrachterin, dem Betrachter, keine Wahl, keine freie ästhetische Erfahrung, sie verharrt im Modus des Postulats.

> Kunst, die politisch sein will, darf ihren Betrachter:innen [aber] nicht diktieren, was sie wahrzunehmen haben (sonst ist sie im Sinne Rancières polizeilich). Statt dessen muss sie durch ihre Unbestimmtheit den Raum offenhalten für je eigene, aktive Aneignungen und Abenteuer der Rezipient:innen. (Kleesattel, 2016)[55]

So hält auch die Künstlerin Almut Linde dem Intentionsüberschuss des sogenannten ‚Artivismus' entgegen: „Bildung des Bewusstseins des Individuums ist die direkteste politische Einflussnahme, die Kunst leisten kann," dies aber nur durch beiderseitige Freiheit, die der Künstlerinnen, Künstler wie der Betrachter, Betrachterinnen.[56] Wie bedeutsam Rancières Philosophie für eine Neudefinition des Freiheitsraumes des Ästhetischen und der Kunst im Besonderen auch für die post-koloniale Konstellation war, schätzte Tom Holert zusammenfassend ähnlich ein:

> In einer […] meta-ethischen Reflexion und der aus ihr folgenden Neuanordnung des Begriffs der Verantwortung liegt die Chance, ‚aus der ethischen Konfiguration von heute herauszukommen' (Rancière). Die ‚ethische Konfiguration' zu verlassen, hieße, der Politik und der Kunst ‚ihre Unterschiedenheit' zurückzuerstatten, ihre anti-konsensualistische Kraft. Darüber hinaus bedeute ein solcher Schritt, den Charakter ‚von immer zweideutigen, vorläufigen und strittigen Einschnitten' in den Erfindungen der Politik und der Kunst zu erneuern. […] Eine solche Verantwortlichkeit könnte in Formen der ästhetischen Reflexion resultieren, die – immer wieder aufs Neue – Distanzverhältnisse zu den Unmittelbarkeitszumutungen aktueller Dringlichkeitsethiken etablieren. (Holert, 2018)[57]

Die von Rancière und seiner Leserschaft geltend gemachte *Politik der Kunst*, die in der ‚Neuverhandlung des Sinnlichen' ihren Eigensinn entfalte, könne ‚Distanzverhältnisse' aufbauen, die sowohl ästhetische Erfahrung als auch politische Reflexion vermitteln. Die in diesem Selbstverständnis neu konzipierten Formen zeitgenössischer Kunst seit etwa 2000 sind daher nicht mehr primär an morphologische Bestimmungskriterien gebunden, vielmehr wurden sie aus strategischen Überlegungen heraus entwickelt. Vor dem Hintergrund der referierten Debatten zur Moral sind Tendenzen der Kunst zu verstehen, die eine gesetzlich, symbolisch oder konsumistisch geordnete Welt zur Disposition stellen oder zumindest deren Kontingenz aufzeigen wollen. Verschiebungen in der Wahrnehmung werden ausgelöst, wie z. B. für das aktuelle Themenfeld ‚Natur' in Pierre Huyghes *Untilled* auf der *documenta 13* (2012) – hier schon im Titel angesprochen – oder zur Problematik des Tourismus in der Inszenierung der Oper *Sun & Sea (Marina)* im litauischen Pavillon der *Biennale Venedig* 2019 und – für die dazu gegenläufige Problematik der Migration – beispielsweise in den choreographierten Interventionen Christoph Schlingensiefs (*Bitte liebt Österreich*, Wien 2000). Rancières Bestimmungen zeitgenössischen Kunstschaffens reklamieren diesbezüglich einen Freiraum, dessen Domestizierung durch politische Forderungen an die Kunst von ihm als Verrat an deren Erbe abgelehnt wurde. Sein Begriff der ‚Neuaufteilung des Sinnlichen' ist jedoch insofern zu präzisieren, als dieses ‚Sinnliche' inzwischen allenthalben kulturell affiziert ist.

Kunst nach 2000
Wahrnehmungsfelder der Kunst und die Dispositive der Bildergesellschaft

An die expansiven Formate der 1960er/70er-Jahre anschließend entwickelte sich seit 2000 die neue Kunstform konvulsivischer ‚Wahrnehmungsfelder', die unter Einbezug digital generierter Bildwelten, z. T. auf skulptural bzw. installativ arrangierten screens, sowie etlicher anderer, heterogener Komponenten wie sound oder auch herkömmlicher Malerei und Zeichnung das Publikum aus seiner distanzierten Position der Betrachtung lösen und es statt dessen räumlich, zeitlich und kommunikativ einbeziehen wollen. Diese Strategien der Immersion können im Zusammenhang mit Lev Manovichs Erörterung der ‚Database' und der ‚Akteur-Netzwerk-Theorie' Bruno Latours verstanden werden. Seitdem es der Kunst nicht mehr darum gehen kann, sichtbare Wirklichkeit abzubilden, da die technischen Bildmedien dies besser und effizienter tun, ist es wiederholt als eine ihrer Aufgaben deklariert worden, Wirklichkeit diesseits gesellschaftlicher Wahrnehmungsmuster freizulegen, verborgene Verbindungen aufzudecken, multiple Perspektiven anzubieten, ja auch: sinnlich Raum- und Zeiterfahrung zurückzugewinnen.

Manovich hat überzeugend beschrieben, wie die Bereitstellung potentiell unendlich vieler und unendlich vielfältig kombinierbarer Bilder und Texte das cinematographische Dispositiv des Narrativs im Film untergraben hat. Dessen Erzähllogik sei durch die Eigenlogik der Auswahl und Kompilation vorgegebener Bild- und Textelemente hinfällig geworden. Sie entbehrten mit der Möglichkeit digitaler Produktion bzw. Manipulation ohnehin jeder Referenzfunktion auf soziale Wirklichkeit, wenn sie nicht schon als ‚Simulakren' entstanden waren. Mit der Vielfalt solcher Komponenten sei eine bislang so nicht mögliche Freiheit künstlerischer Fiktionalisierung gegeben, die in den Strukturen des WWW ihre Grundlage habe. In der Kunst könne sie ästhetisch und technisch überboten werden, u. a.

durch eine räumliche und zeitliche Kontextualisierung in den mittlerweile häufig anzutreffenden und vom Publikum gerne frequentierten ‚Wahrnehmungsfeldern': Manovich sieht in den Datenmengen und den Algorithmen ihrer Verarbeitung im Netz die Basis zeitgenössischer Kulturproduktion und spricht daher von einer

> projection of the ontology of a computer onto culture itself. [...] As a cultural form, the database represents the world as a list of items, and it refuses to order this list. [...] The database becomes the center of the creative process in the computer age [which is based on selection instead of ‚creation']. [...] During the 1980s and 1990s, all image-making technologies became computer-based, thus turning all images into composites. [...] The ability of a computer to produce endless variations of elements and to act as a filter, transforming its input to yield a new output – becomes the logic of culture at large. (Manovic, 2005)[58]

Wenngleich diese Beobachtungen in erster Linie die Filmproduktion und die digital basierte Medienkunst betreffen, beschreiben sie doch maßgebliche kulturelle Trends der Zeit, die auch aller zeitgenössischen Kunst und ihrer möglichen ‚Politizität' strukturell zugrunde liegen. Es sei nämlich die ‚Database', auch ‚infosphere' genannt, mit deren Komponenten in künstlerisch konzipierten Kombinationen auch die symbolischen Ordnungen des gesellschaftlichen Lebens neu zu verhandeln seien. Hybride Wendungen, experimentelle De- und Neucodierungen, rhizomatische Verknüpfungen, polyfokale links sind denkbar, in dem Sinne, wie es bereits Flusser für die künstlerische ‚Drehung und Wendung' der ‚Apparatprogramme' der älteren technischen Bildmedien propagiert hatte. Da die Kunst angesichts dieser Datenmenge nicht mehr glaubhaft der abbildenden Darstellung von Welt und Wirklichkeit dienen könne, solle sie stattdessen jene Medien sichtbar machen, die uns diese Welt kulturell codiert und symbolisch geordnet vermitteln und deren Basis eben das WWW und die ‚Personal Computer' sind. Die separate Wahrnehmung dieser Medien als Medien werde in ihren üblichen ‚sozialen Gebrauchsweisen' (Bourdieu) eher verhindert, so dass in die mediale Konstitution von ‚Welt' unbemerkt eingeschleust werden könne, was man dieser für zuträglich halte. So hatte es Adorno schon für das Fernsehen bemerkt. Und die Verdinglichung, welche die neuen Medien dem ‚Sinnlichen' antun, indem sie komplexe Sachverhalte zu abrufbaren digitalen units verkürzen, könne durch die ästhetische Komplexität künstlerischer Maßnahmen revidiert werden. In diesem Sinne ist auch der von Bourriaud eingebrachte Begriff der ‚Postproduction' zu verstehen, der die heuristisch sinnvolle Verarbeitung ungeordneter Daten aus der ‚Database' beschreibt. Als ein solches Format der ‚Aneignung' könnte man etwa Hirschhorns kumulative Klebecollagen bezeichnen, deren ‚relationale Ästhetik' z. B. im Kasseler *Bataille-Monument* (2002) mehrere kulturelle Sphären umfasste und diese in einem vielstimmigen ‚Wahrnehmungsfeld' für ein heterogenes Publikum erschloss und ‚neu verhandelte'.

Vor dem Hintergrund seiner Tätigkeit als Leiter des Karlsruher Zentrums für Kunst und Medientechnologie argumentierte auch Peter Weibel dahingehend, die massenmedial formierte Informationsgesellschaft nicht etwa als Gegner, sondern mit ihrer ‚infosphere' als Grundlage zeitgenössischer Kunst zu verstehen:

> Since the replacement of the alphabetic code by the numeric code, algorithms – from stock exchange to airport – have become a fundamental element of our social order. Today, people live in a globally interconnected society, in which biosphere and infosphere are interpenetrating and interdependent. […] We thus live in a new sphere, the so-called infosphere, and the infosphere has meanwhile become as necessary as the atmosphere for the lives of the over seven billion human beings inhabiting the earth. Media art is a way out of the antinomies of modern art. By being apparatus-based like science, technological art has become part of that movement which seeks to change and to create the world. […] Once we reset modernism, we shall be able to register many alternatives to the usual divides between arts, media, evolution and data. In that sense, a reset brings us closer to what used to be called Renaissance. Except it is Renaissance 2.0. (Weibel, 2016)[59]

Auch der französische Soziologe Bruno Latour, mit dem Weibel die Karlsruher Ausstellung *Reset Modernity!* (2016) kuratiert hatte, beschrieb in seiner ‚Akteur-Netzwerk-Theorie' Interdependenzen, die diesseits bestehender symbolischer Ordnungen geltend zu machen seien, etwa der üblichen Dichotomie von ‚Kultur' und ‚Natur'. Etliche der multimedial bespielten Wahrnehmungsfelder in der Gegenwartskunst scheinen diesem Modell verpflichtet zu sein: sie lassen verschiedene Faktoren interagieren, involvieren dabei auch ihr Publikum. Im Spiel der Kunst, unter Einbezug der Medien, der literarischen Fiktion, der Wissenschaft, der Populärkultur, des jeweiligen Schauplatzes, bringen sie die eingeübten Muster der Wahrnehmung von Welt und Wirklichkeit durcheinander und eröffnen andere Perspektiven. Dabei bahnt sich ein zweiter ‚Ausstieg aus den Bildern' an, nicht mehr aus denen der Kunsttraditionen wie in den 1960/70er-Jahren, sondern aus denen einer massenmedial konditionierten ‚Bildergesellschaft', prägt doch die Magie der vermeintlich dokumentarischen Qualität ihrer Bilder mittlerweile schon die sozialen Verhaltensweisen, wie es Baudrillard prognostiziert hatte. Latour zielte mit seinen Überlegungen zur Interdependenz von Akteuren in Netzwerken auf die bisherigen ‚Dispositive' ihrer Trennung und Gegenüberstellung. Sie bedürften einer Revision, ja Auflösung, um soziale Phänomene nicht zu isolieren, sondern sie in ihrem Zusammenhang begreifen zu können. Seine Argumentation galt im Kontext der Diskussionen um das ‚Anthropozän' zwar vor allem dem tradierten ‚Natur-Kultur'-Gegensatz, doch etliche Environments zeitgenössischer Künstler und Künstlerinnen können auch insofern auf seine Theorie zurückgeführt werden, als sie nicht nur diese Opposition auflösen, sondern auch die herkömmlichen Dichotomien von Inhalt und Form, Material und Narrativ, Subjekt und Objekt, in neuartiger Weise bespielen.

> Nous serons obligés de trouver un successeur à l'ancien partage qui distinguait la nature – au singulier – des cultures – au pluriel –, afin de poser à nouveau la question du nombre de collectifs et de la composition progressive de monde commun que la notion de nature comme celle de société avaient prématurément simplifiée. Enfin nous nous interrogerons sur le type de Léviathan qui permet à l'ecologie politique de sortir de l'état de nature. (Latour, 1999)[60]

> On comprend que l'Esprit des Lois dans les deux régimes soit à ce point différent; dans l'Ancien Régime Climatique, tout conflit est déjà jugè par la simple application des lois de la ‚nature'; dans le Nouveau Régime Climatique, il n'y a plus d'arbitre souverain, il faut se battre point à point, pour découvrir – et non plus appliquer – les réactions des puissances d'agir les unes sur les autres. Dans le premier régime, les objets sont désanimés, les sujets seuls ont une âme; dans le second, l'animation est partagée entre toutes les entités, si bien, qu'il n y a plus ni objet (désanimé) ni sujet (suranimé). [...] Dans le premier régime, la Paix est donnée d'avance; dans le second, il faut l'inventer par la mise en place d'une diplomatie spécifique. Le premier est naturaliste; le second, disons, compositionniste. [...] C'est qui vient, Gaia, doit apparaître comme une menace, parce que c'est le seul moyen de nous rendre sensibles à la mortalité, à la finitude, à la ‚négation existentielle', à la simple difficulté d'être de cette Terre. (Latour, 2015)[61]

Latours Modell einer Enthierarchisierung in der Vielfalt der aufeinander einwirkenden Akteure und Faktoren hat offenbar als Plädoyer für eine Kunstform gewirkt, die jenseits des ‚Bild'-Paradigmas den permanenten Blick- bzw. Rollenwechsel der an ihr Beteiligten – z.B. betrachtendes Subjekt versus betrachtetes Objekt – impliziert. Hierarchien werden bespielt und Interdependenzen vor Augen geführt. Ein besonders vielstimmiges ‚Wahrnehmungsfeld' mit einer Vielfalt solcher kommunizierenden Elemente aus der Biosphäre und der ‚infosphere' hatte Huyghe für die *skulptur-projekte-Ausstellung* 2017 in einer ehemaligen Münsteraner Eishalle arrangiert: *After ALife Ahead* (2017). Wie in früheren Environments kombinierte er verschiedene Realitätsebenen, die den Standort der Betrachtung und herkömmliche Kategorien in Zweifel zogen. Foucaults Theorie der Dispositive der Wahrnehmung wurde hier erneut künstlerisch fruchtbar gemacht. André Rottmann führte dazu im Anschluss an Krauss' Argumentation zur ‚post-medium condition' der Kunst Folgendes aus, indem er den Begriff der ‚agencement' (Anordnung) anstelle der Assemblage für die Analyse von Huyghes Strategien einbrachte:

> Following from such a theoretical approach to Huyghe's environments, ‚agencement' – not ‚assemblage' – might be regarded as one of the prevailing epistemes of current sculpture and perhaps contemporary art in general. [...] The french term ‚agencement' – in the sense provided by Deleuze and Guattari – signifies the estab-

> lishment and dismantling of linkages between multiple concrete elements whose exact modes of interaction and functionality are obscure or unobservable. [...] Staging ‚agencements' in which medium and site are diffused into concatenations of the living and the machinic, the work of Huyghe ‚ecologizes' aesthetic production and experience not in order to upend art into a general ‚technosphere'; rather, it makes art permeate and reveal the varied yet interrelated milieus of communication, reproduction, and creation it inexorably participates in and stems from. (Rottmann, 2019)[62]

‚Ecologization' meint also nicht ein ökologisches Engagement der Kunst, sondern die Auffassung von Welt und Wirklichkeit als Ganzheit ökologisch vernetzter Faktoren, so etwa auch in seiner Arbeit *Variants* (2021), die eine kleine Insel in Norwegen und ihr Bild als aufeinander einwirkende Faktoren der ‚biosphere' und ‚infosphere' kurzschloss:

> To the organic processes of biological entities has been added the inorganic processing of information technologies – technologies that materially are closely related to minerals and metals that are already part of the island environment. At times, the volumetric mutations in the simulation also form the basis for the production of sculptural objects that are integrated in the actual forest landscape and altered in turn by its biochemical and climatic ecosystem. [...] Huyghe's long series of works probing the intersection of animal, human, and technical forms of life [...] convey a specific perspective on what art works are or should be: emergent terrains, new worlds in the making, instances of a drive to break off from that which already exists. (Blom, 2022)[63]

Medial aufgefächerte, polyfokale Wahrnehmungsfelder werden demgemäß als zeitgenössische Kunstformen im Computer-Zeitalter definiert, sie können in der Mischung der Realitätsebenen von Bewegtbilderinstallationen mit interaktiv partizipativen Komponenten herkömmliche Dispositive zugunsten neuer Perspektiven unterlaufen. In der Kombination ihrer Elemente liegt auch das Potential einer ‚Neuverhandlung des Sinnlichen'. Die angesprochenen Strategien sollen prästabilisierte Weltbilder erschüttern, wie es seit dem Kubismus zur Programmatik moderner Kunst gehört, sollen die Betrachtenden, die oft auch Betrachtete sind, in ein komplexes Wahrnehmungsfeld verstricken, dessen künstlerische Aussage in der Auflösung von Hierarchien, Zuordnungen, zugunsten potentieller Interdependenzen der Beteiligten liegen kann. Beispielhaft werden diese Strategien auch wirksam in den der Apartheid in Südafrika und ihrer Aufarbeitung gewidmeten Installationen Kentridges, die Krauss als ein Beispiel für zeitgenössische Kunst unter der ‚post-medium condition' ausführlich erläutert hat, dienen seine ‚Wahrnehmungsfelder' mit ihrer intermedialen Verschaltung von Zeichnung, Film, Theater, Typographie doch auch als ein Modell für die Verhandlung kolonialer Traumata in einem ‚dritten Raum' (Bhabha).

Thematisch ähnlich komplex in der Zusammenführung eines Films (*The Scene of Crime*) über die industrielle Aneignung eines ursprünglich agrarisch geprägten Lebensraumes mit einer Sammlung von Dokumenten zu der damit einhergehenden, teils kriminellen Ausbeutung der Ressourcen war die Installation *The Sovereign Forest* auf der *documenta XIII* (2012) von Amar Kanwar: als ein vielstimmiges ‚Wahrnehmungsfeld' hat seine Arbeit die Konflikte zwischen traditionell bodenständigen Wirtschaftsformen und dem Abbau von Bodenschätzen für die Industrialisierung in einer medial angemessen komplexen Form in Szene gesetzt.[64]

Neben den hier angesprochenen, vornehmlich skulptural installativen Arbeiten finden sich auch zahlreiche Bewegtbilderinstallationen in der zeitgenössischen Kunst, die ebenfalls die Strukturen der ‚Bildergesellschaft' bespielen, „drehen und wenden" (Flusser), Interventionen in die Choreographie des Alltagslebens vornehmen. Differenzen zwischen Sichtbarem und Hörbarem sind etwa in den Arbeiten von Anri Sala und Cyprien Gaillard wahrzunehmen, ein Künstlerfreund hat sie zutreffend kommentiert:

> La réalité peut écrire un film et un film peut écrire la réalité. Trouver de nouveaux scripts, de nouvelles relations peut nous permettre de voir ce que nous ne pouvons pas voir d'habitude. Comme les synesthètes perçoivent ce que personne ne peut. Il y a une fixation à confondre la vision avec le compréhension parce que tout le monde dit ‚je vois' pour exprimer ‚je comprends'. En d'autres termes, ce qui est réel n'est pas forcement ce qui est visible. Je m'interesse en plus maintenant à ce que n'est pas visible parce que je ne crois pas à la résolution. L'invisibilité est donc le contraire de la visibilité, l'autre coté de l'ordre visible dans l'espace idéologique. Il y a des choses qui doivent rester invisibles pour que le visible puisse maintenir sa visibilité. (Parreno, 2012)[65]

Sala arbeitet mit Lücken und Intervallen im stream der Bilder seiner installativ verankerten Medienkunstwerke, zeitlichen Intervallen in der parallel zur musikalischen Begleitung orchestrierten Schnitttechnik komponierter Sequenzen, räumlichen Lücken im Display der zugehörigen Apparaturen. Auf diese Weise fächert er seine Bilder auf zur Vergegenwärtigung verschiedener Realitätsebenen des Sichtbaren und des Nicht-Sichtbaren, darin oft verborgen Traumatisierungen oder historische Reminiszenzen. Carolyn Christov-Bakargiev sieht in seinen Arbeiten nicht nur eine Opposition zur Dominanz der massenmedialen Verstrahlung durch glatt verlaufendes streaming, sondern auch ein Potential für parallele Narrative und die Thematisierung von Brüchen und Verlusten:

> We live in an era of big data and reproduced images, with a flow of images produced and reproduced on the internet. Overwhelmed by data, we increasingly navigate them through programms of AI that interpret and do the thinking for us, and our only function is to ‚click'. The wish to rebuild situations of active interpretation is a

> counter-reaction to this disempowerment by algorithms. In this perspective, Anri Sala's work is a form of political and aesthetic resistance to the passivity encouraged by the digital. (Christov-Bakargiev, 2020)[66]

Cyprien Gaillard hatte in Berlin eine Pyramide aus Kästen türkischen Biers aufbauen lassen, die sich während der Ausstellung in Leergut und Glasscherben auflöste bzw. deren Inhalt die Ausstellung in mehr oder weniger betrunkenen Besuchern und Besucherinnen verließ (*The Recovery of Discovery*, 2011). Den formalen Anspielungen auf Pop und Minimal Art in der Aufstapelung der Kästen waren inhaltliche Referenzen auf den Berliner Pergamon-Altar eingeschrieben, der Aufstand gegen die Obrigkeit: Mit der Einbeziehung bislang fremder Besuchergruppen wurde der ‚post-colonial clash' durch einen ‚post-institutional clash' überschrieben, dessen Spuren im Sinne von Robert Smithsons Konzept der Entropie sichtbar bleiben sollten – Beispiel für ein facettenreiches Wahrnehmungsfeld. Auch sein Film *Formation* (2021) zu den Flugrouten invasiver südindischer Papageien oberhalb der Düsseldorfer Königsallee, welche die in Nordeuropa heimische Fauna verdrängt hatten, spannte vielerlei Bezüge auf. Mit der ästhetisch rekursiven Struktur des loops, den er adäquat mit volatilen Drohnen-Kameras gefilmt hatte, kam hier eine post-koloniale Konstellation ins Bild: Die Vögel hatten ein Habitat inmitten der westlichen Luxus-Zivilisation besiedelt, aus dem ‚Globalen Süden' kommend einen wichtigen Verwaltungsstandort der deutschen Rüstungsindustrie besetzt und als ‚paradis artificiel' neu codiert. Christoph Schlingensiefs szenische Interventionen in öffentlichen Räumen, seine Kurzschlüsse zwischen Kunst und Leben im Modus des theatralen Spiels im ungeschützten Freiraum, ließen die Normen und Codes des üblichen sozialen Verhaltens als solche kenntlich werden, zum anderen geriet die soziale Not der ausgestoßenen Randgruppen über seine Kooperationen ins Blickfeld der Teilnehmerinnen und Teilnehmer. Dabei ging es Schlingensief nicht um eine Mimesis der sozialen Wirklichkeit, eher umgekehrt die Freilegung sozialer Wirklichkeit diesseits eingeübter Wahrnehmungsmuster war beabsichtigt, und er wollte nicht ‚Widerstand leisten, sondern Widersprüchlichkeit herstellen'.[67] In ihrem theatralen Menschenlabor *Faust* im Deutschen Pavillon der *Biennale Venedig* 2019 hat Anne Imhof mit Hilfe sichtbarer gläserner Trennscheiben eine Schwelle errichtet, jenseits derer sich ihre Akteurinnen und Akteure zu Figuren auf- und ausstellten, d. h. nach choreographierten Abläufen als solche entstanden und auch wieder vergingen. Mit dem Publikum, den Ausstellungsbesucherinnen und -besuchern interagierend, führte das Ensemble im Spiel der Posen Potentiale des Einzelnen vor Augen. Deren Genese und Verfall konnte man, räumlich und zeitlich eingebunden in den Parcours der Körper-Bilder, ästhetisch durch die Glaskonstruktion aber distanziert, in einer „Abwesenheit in Co-Präsenz", verschieden wahrnehmen, im Modus des Betrachtens oder der empathischen Adaption.

Für die Ästhetik des technischen Bildes, das als dokumentarisches wahrgenommen wird, und seine Behandlung in der zeitgenössischen Kunst ist die Doktorarbeit von Hito Steyerl, *Die Farbe der Wahrheit. Dokumentarismen im Kunstfeld* (2008) besonders relevant, zumal ihr zahlreiche künstlerische Arbeiten der Autorin zur Seite stehen. Steyerl fordert für die heutigen Bewegtbilder das, was Bourdieu und Barthes für die Photographie gefordert hatten: die Wahrnehmung der in der Regel codierten Bilder als vermeintlich decodierte Dokumente zu unterbrechen. Steyerl spricht von der „Unschärferelation des modernen Dokumentarismus", neigten dessen Medien doch „zur Reduktion von Information auf Ästhetik, zur Verwandlung von Sinn in Sinnlichkeit."[68] Kann es der Kunst gelingen „die [dem Dokumentarismus] eigene ‚Passion des Realen' und die damit verbundene Paranoia des Authentischen aufzugeben?" [Denn in der Kunst gehe es darum] „die Gegenwart so zu montieren, dass sie auch anders denkbar wäre."[69] In den Formen ihrer ‚Post-Production' auf der Grundlage der ‚database' (Manovich) entfaltet Steyerl die medialen Dispositive zu materialer Präsenz und Sichtbarkeit, in einer Weise, dass alle vordem aufgebotene Bildmagie des Dokumentarischen in ihre supports zerfällt. Insofern die technischen Bildmedien heute nicht mehr der „Errettung der Wirklichkeit" (Siegfried Kracauer) dienen, sondern ihrer Steuerung, beispielsweise durch Mustererkennung auf Smartphones, gelte es, „eine andere Art der ‚Bildbearbeitung' zu betreiben, bevor die ‚operationalen Bilder' uns selbst verarbeiten."[70] Daher Steyerls Dekonstruktion der medialen Apparatur in multimedial facettierte Wahrnehmungsfelder. Für diese immersiven Kunstformen wird, ähnlich wie zuvor für die technischen Bildmedien in der Kunst, die Qualität einer (Medien-)Reflexivität geltend gemacht, welche die Rezipientinnen und Rezipienten wechselweise in sie ‚eintauchen', aber auch wieder ‚auftauchen' lasse, um Doris Koleschs' Metapher zu zitieren:

> Eine Ästhetik der Immersion entfaltet mithin nicht einfach ein vermeintlich totales Eintauchen in eine wie auch immer gestaltete Umwelt, sondern dieses Eintauchen ist nur ein häufig durchaus als intensiv oder herausgehoben erlebter Moment innerhalb eines permanenten Oszillierens von Hineingezogensein und Distanz, von Eintauchen und Auftauchen. (Kolesch, 2021)[71]

Und weiter:

> Die Ästhetik der Immersion bearbeitet das Verhältnis von Mensch und Welt neu: Dieses ist nicht mehr aus einer Perspektive des Gegenübers, nicht mehr aus einer Perspektive des Überblicks zu beschreiben, sondern als Einnahme und Akzeptanz eines vielfach vernetzten Mittendrin, als gleichwertige Gleichzeitigkeit unterschiedlicher, sich verändernder Sichtweisen und Wahrnehmungen. Die widersprüchliche Gleichzeitigkeit von Überblick und Eingebettet-Sein, von kritischer Distanz und perzeptivem, affektivem wie körperlichem Involviertsein in die Situation ist mit Erfahrungen der Unsicherheit und Instabilität, aber auch potenzieller Veränderbarkeit verbunden. Sie bietet in einer Zeit, in der Globalisierung, Klimawandel und Coronapandemie die Verflochtenheit von Menschlichem wie Nichtmenschlichem, von Natürlichem wie Technischem vorführen, einen hochaktuellen Experimen-

> tierraum: Wie können posthumane Mensch-Umwelt-Relationen erfahrbar und reflektierbar werden? Welchen Beitrag kann Kunst zu einem neuen Weltverhältnis leisten, als intermediäre Zone, als Zone des Kontakts und der Trennung zugleich? (Kolesch, 2021)[72]

In der Beschreibung solcher konvulsivischen Formate der zur Zeit maßgeblichen ‚Kuratorinnen- und Kuratorenkunst' von ‚Ausstellungskünstlerinnen und -künstlern' wird zusammenfassend ein Trend profiliert, der neben der weiterhin in traditionellen Formaten sich darbietenden ‚Kunstmarktkunst' in den frühen 20er-Jahren des 21. Jahrhunderts die künstlerische Produktion bestimmt. Er löst die Fixierung auf die screens der Bewegtbilderinstallationen ab, die zum Millenium das Ausstellungswesen geprägt hatten bzw. er dehnt sie potentiell ins Dreidimensionale, so dass man vermuten kann, in dieser spezifischen Form entwerfe die Kunst gegenwärtig schon eine ihrer maßgeblichen Formen in der Zukunft, die ‚virtual reality'.

Schlussbemerkung

Am Ende fällt der Blick noch einmal zurück auf die einleitende Frage nach einer Alternative zu Sedlmayrs vermeintlichem ‚Verlust der Mitte'. Die in vielfachen und vielfältigen Facetten gegebenen Antworten, begleitet von der Pluralisierung des Kunstbegriffs, haben eine solche Eigendynamik und gesellschaftliche Modellfunktion entwickelt, dass sie in ihrer gemeinsamen Ausrichtung auf eine permanente Innovation inzwischen selbst zu einer Art ‚Mitte' geworden sind: Reckwitz spricht von einem ‚Kreativitätsdispositiv'. Auf dessen soziale Dynamik können sich alle Teilbereiche der westlichen Gesellschaften einigen, als hätten sie darin ihre zeitgenössische ‚Mitte' gefunden.

In der Postmoderne, bis in die unmittelbare Gegenwart, versuchte die Kunst sich immer wieder neu aus diesen Aporien zu befreien, indem sie etwa ins Politische oder ins soziale Engagement ausbrach oder ihre Konturen zu verschleifen versuchte, wie man es für die oben beschriebenen ‚Wahrnehmungsfelder' beobachten kann. So bleibt am Ende vom schillernden Glanz der angeblichen ‚Mitte', an die Sedlmayr auch 1948 noch glaubte, das Funkeln ungezählter Sternschnuppen – um bei den Metaphern zu bleiben – als welche man die jeweils neu konzipierten Formen zeitgenössischer Kunst verstehen könnte. Gerhard Richters *192 Farben* (1966) auf dem Cover des Buches mögen dies anzeigen. Für eine kurze Zeit im Zentrum der Aufmerksamkeit aller Kunstinteressierten, verlöschen sie rasch und landen zu einem geringen Teil als Spolien im Museum. Statt einer großen Mehrheit aber den Konsens einer ‚Mitte' vorzutäuschen, dem die Kunst einmal gedient haben soll, hoffe ich, dass die Sternschnuppen der zeitgenössischen Kunst immer wieder neu Bewegung in die ‚Ordnung des Sinnlichen' bringen.

Anmerkungen

1 Okwui Enwezor, *Die Black Box,* in: *Documenta 11,* Ausstellungskatalog, Ostfildern-Ruit: Hatje Cantz 2002, S. 42–55, hier S. 44f.

2 Peter Wollen, *Tourism, Language and Art,* in: *Formations,* London 1990, S. 43–57, hier S. 46f, zit. nach: Paul Wood, Leon Wainwright und Charles Harrison (Hrsg.), *Art in Theory. The West in the World. An Anthology of Changing Ideas,* Hoboken (New Jersey): Wiley Blackwell 2021, S. 830–833, hier 830f.

3 Lotte Philipsen, *Globalizing Contemporary Art,* Aarhus: Aarhus University Press 2010, S. 126.

4 Jean Fisher (Hrsg.), *Global Visions. Towards a New Internationalism in the Visual Arts,* London: Kala 1994.

5 Stephen Davies, *Philosophical Perspectives an Art,* Oxford: Oxford University Press 2007, S. 81.

6 Steven Félix-Jäger, *Art Theory for a Global Pluralistic Age. The Glocal Artist,* Cham (CH): Palgrave Macmillan 2020, S. 117, 142.

7 *The Global Contemporary and the Rise of New Art Worlds,* hrsg. v. Hans Belting, Ausstellungskatalog, ZKM Karlsruhe 2011, Karlsruhe / Cambridge (Mass.): MIT Press 2013, darin Hans Beltings Aufsatz *The Plurality of Art Worlds. The New Museum,* S. 246–254.

8 Geeta Kapur, *Contemporary Cultural Practice: Some Polemical Categories,* in: *Third Text* 11 (1990), S. 109–117, hier S. 115. Vgl. auch: Winfried van Damme, *Interculturalization in Art: Conceptualizing Processes and Products,* in: Kitty Zijlmans und Wilfried van Damme (Hrsg.), *World Art Studies: Exploring Concepts and Approaches,* Amsterdam: Valiz 2008, S. 375–384; John Clark, *Modernities in Art: How Are They ‚Other'?,* in: Zijlmans / Damme 2008, S. 401–418.

9 Olu Oguibe, *In the ‚Heart of Darkness', Editorial,* in: *Third Text. Third World Perspectives on Contemporary Art & Culture* 23 (1993), S. 3–8, hier S. 4, 8.

10 Homi K. Bhabha, *The Location of Culture,* London / New York: Routledge 1994, S. 1–9, hier S. 2, 4, 7, 37, 112, 115.

11 Okwui Enwezor et al., *Introduction,* in: Ders. et al. (Hrsg.), *Creolité and Creolization, Documenta 11_Platform 3,* Ostfildern-Ruit: Hatje Cantz 2002, S. 16 (Übersetzung H. D.). Dazu auch: Édouard Glissant, *Creolisation and the Americas,* in: *Caribbean Quarterly* 57, 1 (1993), S. 11–20 (=Wood / Wainwright / Harrison 2021, S. 880–883).

12 Gertrud Koch, *Die Wiederkehr der Illusion. Der Film und die Kunst der Gegenwart,* Berlin: Suhrkamp 2016.

13 Jean François Chevrier, *Documentary, Document, Testimony,* in: *Documentary Now! Contemporary Strategies in Photography, Film and the Visual Arts,* Rotterdam: NAi 2005, S. 46–56, hier S. 48.

14 Jean-François Chevrier und Catherine David, *Aktualität des Bildes, zwischen den Schönen Künsten und den Medien,* in: *documenta documents 2,* Ostfildern-Ruit: Cantz 1997, S. 52–61, hier S. 57.

15 Alain Badiou, *L'éthique. Essai sur la conscience du mal,* Caen: Nous 2003, S. 63.

16 Okwui Enwezor, *Documentary / Vérité: Bio Politics, Human Rights, and the Figure of ‚Truth' in Contemporary Art,* in: Maria Lind and Hito Steyerl (Hrsg.), *Reconsidering the Documentary and Contemporary Art,* New York / Berlin: Sternberg Press 2008, S. 62–102, hier S. 83; zuerst veröffentlicht in: *Australian and New Zealand Jornal of Art* 4/5 (2003/2004), S. 11–42.

17 Enwezor 2008b, S. 97f.

18 Kitty Zijlmans, *Documentary Evidence and / in Artistic Practices,* in: Margriet Schavemaker und Mischa Rakier (Hrsg.), *Right About Now. Art & Theory Since the 1990's,* Amsterdam: Valiz 2007, S. 100–107, hier S. 107 (Übersetzung H. D).

19 Mark Crinson, *‚Fragments of Collapsing Space': Postcolonial Theory and Contemporary Art,* in: Amelia Jones (Hrsg.), *A Companion to Contemporary Art since 1945,* Malden (Mass.): Blackwell Publishing 2006, S. 450–469, hier S. 457, 464 (Übersetzung H. D.).

20 Crinson 2006, S. 464; Okwui Enwezor, *Documenta XI, Platform 5: Exhibition,* Ostfildern-Ruit: Hatje Cantz 2002, S. 44f.

21 Crinson 2006, S. 466.

22 Julian Stallabrass, *The Fracturing of Globalization,* in: *Now is the Time: Art and Theory in the 21st Century,* Rotterdam: NAi 2009, S. 65–74, hier S. 65, 68, 67.
23 Rasheed Araeen, *Art and Postcolonial Society,* in: *Globalization and Contemporary Art,* Malden (Mass.): Wiley Blackwell 2011, S. 365–374, hier S. 370, 373.
24 Wolfgang Ullrich, *Zwischen Deko und Diskurs,* in: *Der Perlentaucher. Das Kulturmagazin,* 17. Juli 2017.
25 Philipsen 2010, S. 147.
26 Kader Attia, *Einführung,* in: *12. Berlin Biennale für zeitgenössische Kunst,* Ausstellungskatalog, Berlin 2022, S. 21–41, hier S. 37–40.
27 Nicolas Bourriaud, *Esthétique relationnelle,* Dijon: les presses du réel 1998, S. 9f., 13f., 45, 47.
28 Nicolas Bourriaud, *Public Relations. Bennett Simpson talks with Nicolas Bourriaud,* in: *Artforum* 39, 8 (2001), S. 47f., hier S. 48.
29 Bourriaud 1998, S. 17.
30 Ein Beispiel dafür war das in seiner Unbedarftheit fast schon peinliche Kunstprojekt der schwerreichen Migros-Supermarktkette, in ihrem Migros-Kunstmuseum den ohnehin wohlhabenden Züricherinnen und Zürichern durch Rirkrit Tiravanija kostenlos Lebensmittel zur Verfügung zu stellen: vgl. Georg Imdahl, *Leben im Supermarkt. Am Rande der Banalität. Rirkrit Tiravanija in Zürich,* in: *FAZ,* 6. Oktober 1998.
31 Luis Camnitzer, Jane Fraver und Rachel Weiss, *Global Conceptualism: Points of Origin 1950s–1980s,* Ausstellungskatalog, Queens Museum of Art, New York 1999, zit. nach: Wood / Wainwright / Harrison 2021, S. 941–945, hier S. 944f.
32 Grant Kester, *Conversation Pieces. Community and Communication in Modern Art,* Berkeley / Los Angeles: California Press 2004, 2013.
33 Elisabeth Fritz, *Ästhetiken des Sozialen. Vorschlag für einen anderen* social turn *in der Kunstgeschichte,* in: *kritische berichte* 2 (2022), S. 71–78, hier S. 71f.
34 Claire Bischop, *Antagonism and Relational Aesthetics,* in: *October* 110 (2004), S. 51–79; Dies., *The Social Turn. Collaboration and Its Discontents,* in: *Artforum* 44, 6 (2006), S. 178–183; Dies., *Artificial Hells. Participatory Art and the Politics of Spectatorship,* London / New York: Verso 2012.
35 Bischop 2006, S. 178–183, hier S. 183.
36 Fritz 2022, S. 71–78, hier S. 72.
37 Hal Foster, *(Dis)engaged Art,* in: Schavemaker / Rakier 2007; vgl. auch: Louis Hartnoll, *The Road to Artificial Hells. Revisiting the Theory of Socially Engaged Art,* in: *kritische berichte* 2 (2022), S. 8–13.
38 Adam Szymczyk, *Iterabilität und Andersheit: Von Athen aus lernen und agieren,* in: Quinn Latimer und Adam Szymczyk (Hrsg.), *Der documenta-Reader,* Kassel / München: Prestel 2017, S. 17–42, hier S. 29, 31–33, 42.
39 Juliane Rebentisch, *Notizen eines Kunstsommers,* in: *Zeitschrift für Kunstgeschichte* 2 (2018), S. 174–180, hier S. 175–180.
40 Adorno 1970, S. 344f., 372f., 375.
41 Regine Prange, *Kunst der Freiheit oder: Von Proudhon zu Szymczyk. Zum Konzept der documenta 14 und zur aktuellen Diskussion über die soziale Bestimmung der Gegenwartskunst,* in: *Kunstchronik* 71, 1 (2018), S. 2–15, hier S. 7.
42 Aaron Rhodes, *Die Frauenquote ist ein Menschenrechtsverstoß,* in: *Die Zeit,* 11. Dezember 2014, S. 13.
43 Vgl. dazu: Robert Fleck, *Art. Kunst im 21. Jahrhundert,* Wien / Hamburg: Edition Konturen 2021.
44 Roland Schappert, *Alternative Kriterien der Kunst,* in: *Kunstforum* 284 (2022), S. 200–203, hier S. 202f.
45 Emmerling / Kleesattel 2016, S. 13, 16.
46 Wolfgang Ullrich, *Die Kunst nach dem Ende ihrer Autonomie,* Berlin: Wagenbach 2022, S. 61f.
47 Hanno Rauterberg, *In den Fallen der Freiheit. Völkerrecht auf dem Theater, Flüchtlingselend als Performance. Wie wirkungsvoll ist die politische Kunst tatsächlich,* in: *Die Zeit,* 2. Juli 2015.
48 Christian Krüger, *Aporien des Artivismus,* in: Birgit Eusterschulte und Christian Krüger (Hrsg.), *Involvierte Autonomie. Künstlerische Praxis zwischen Engagement und Eigenlogik,* Bielefeld: transcript 2022, S. 189–203, hier S. 192, 201. Wie man die Literatur nicht mit dem Verlagswesen verwechseln sollte, so die Kunst nicht mit dem Kunstmarkt.

49 Wolfgang Ullrich, *Formen des Misslingens postautonomer Kunst,* in: Ders. 2022, S. 125–142.

50 Jacques Rancière, *Malaise dans l'esthétique,* Paris: Galilée 2004, S. 25, 36f.

51 Jacques Rancière, *Le partage du sensible. Esthétique et politique,* Paris: Fabrique 2000, S. 16.

52 Jacques Rancière, *Ist Kunst widerständig?,* Vortrag gehalten in Brasilien 2004, in deutscher Sprache publiziert, Berlin: Merve 2008, S. 14f., 17.

53 Adorno 1970, S. 379.

54 Hartle 2006, S. 240.

55 Ines Kleesattel, *Kunst und Kritik. Das Problem in Rancières politischer Kunsttheorie und eine Erinnerung an Adorno,* in: Emmerling / Kleesattel 2016, S. 175–189, hier S. 181.

56 Almut Linde, *Nur das autonome Kunstwerk ist politisch. Betrachtungen zur Ästhetik und Propaganda,* in: *Kunstforum* 205 (2010), S. 87–97, hier S. 97.

57 Tom Holert, *Für eine meta-ethische Wende. Anmerkungen zur neueren Verantwortungsästhetik,* in: *Zeitschrift für Kunstgeschichte* 4 (2018), S. 538–554, hier S. 551. Dazu auch, mit der Unterscheidung moralischer von ethischen (die jene kontextuell reflektieren) Maßstäben in der Kunstkritik: Magdalena Nieslony, *Moralische oder ethische Wende des gegenwärtigen Kunstdiskurses?,* in: *21. Inquiries Into Art, History and the Visual. Beiträge zur Kunstgeschichte und visuellen Kultur* 3, 2 (2022), S. 343–381.

58 Lev Manovic, *The Database,* in: Zoya Kocur und Simon Leung (Hrsg.), *Theory in Contemporary Art Since 1985,* Malden (Mass.): Blackwell 2005, S. 408–427, hier S. 411, 413f., 417, 416, 420.

59 Peter Weibel, *For Another Reset: Renaissance 2.0,* in: *Reset Modernity!,* hrsg. Bruno Latour, Ausstellungskatalog, ZKM Karlsruhe 2016, Cambridge: MIT Press 2016, S. 533–537, hier S. 537.

60 Bruno Latour, *Politiques de la nature. Comment faire entrer les sciences en democratie,* Paris: Éditons La Découverte 1999, S. 18.

61 Bruno Latour, *Face à Gaia. Huit conférences sur le Nouveau Regime Climatique,* Paris: La Découverte 2015, S. 308, 316.

62 André Rottmann, *‚The Medium is Leaking'. Notes on the Work of Pierre Huyghe and the „Ecologization" of Contemporary Art,* in: *Grey Room* 77 (2019), S. 84–97, hier S. 92f.

63 Ina Blom, *Possibility of an Island,* in: *Artforum* 61, 3 (2022), S. 63f. Vgl. zur Idee des Komposthaufens auch: Svetlana Chernyshova, *Compost the Posthuman! Von Parasiten, Netzwerken und Symbiosen: Das Anthropozän als technisches Milieu,* in: Timo Skrandies und Romina Dümler (Hrsg.), *Kunst im Anthropozän,* Köln: Snoeck 2023, S. 28–41.

64 Vgl. dazu meine exemplarische Analyse: Hans Dickel, *Natur in der zeitgenössischen Kunst. Konstellationen jenseits von Landschaft und Materialästhetik,* München: Edition Metzel 2016, S. 179–196.

65 Philippe Parreno, *Toi et moi simultanément,* in: *Anri Sala,* Ausstellungskatalog, Centre Pompidou, Paris: Éditions du Centre Pompidou 2012, S. 131–133, hier S. 133.

66 Carolyn Christov-Bakargiev, *Until We Belong Together,* in: *Anri Sala, As You Go,* Ausstellungskatalog, Museo d'Arte contemporanea, Castello di Rivoli, Turin 2020, S. 40–57, hier S. 47.

67 Helen Roth, *Christoph Schlingensief. Vom Provokateur zum Erbauer einer Sozialen Plastik,* Würzburg: Königshausen & Neumann 2018, S. 58–105, hier S. 149.

68 Hito Steyerl, *Die Farbe der Wahrheit. Dokumentarismen im Kunstfeld,* Wien: Turia und Kant 2008, S. 8, 120.

69 Ebd., S. 100, 130.

70 Florian Ebner, *Resurrected Again and Again, Forever, Resurrected Into Something New. Hito Steyerl und die (negative) Errettung der Bilder,* in: *Hito Steyerl, I Will Survive,* Ausstellungskatalog, Kunstsammlung Nordrhein-Westfalen, Düsseldorf / Centre Pompidou, Paris, Leipzig: Spector Books 2020, S. 70–80, hier S. 80.

71 Doris Kolesch, *Ästhetik der Immersion,* in: Bertram / Deines / Feige 2021, S. 422–441, hier S. 432.

72 Ebd., S. 441.

Anhang: Quellentexte in deutschen Übersetzungen

Einführung

(16) Daniel Bell, 1978
„Die Legitimationen sozialen Verhaltens wurden von der Religion auf die modernistische Kultur übertragen. Und damit ging eine Akzentverschiebung einher: vom ‚Charakter', der Einheit von Moralgesetz und disziplinierter Zweckorientierung, zur ‚Persönlichkeit', einer Steigerung des Selbst durch den zwanghaften Drang zur individuellen Differenzierung." Zit. nach: Charles Harrison und Paul Wood (Hrsg.), *Kunsttheorie im 20. Jahrhundert. Künstlerschriften, Kunstkritik, Kunstphilosophie, Manifeste, Statements, Interviews*, 2 Bde. Ostfildern-Ruit: Hatje 1998, S. 1227–1232, hier S. 1230.

(19) Henri Bergson, 1907
„Ob nun Materie, ob Geist – die Wirklichkeit erschien uns als ein stetes Werden. Sie wird oder sie entwird; sie ist nie ein fertig Gewordenes. Dies ist die Schauung vom Geiste, die uns zu teil wird, wenn wir den Schleier zerreißen, der sich zwischen uns und unser Bewusstsein schiebt. Dies auch, was Intellekt und Sinne selber uns von der Materie zeigen würden, wenn anders sie eine unmittelbare und uninteressierte Vorstellung von ihr empfingen." Henri Bergson, *Schöpferische Entwicklung*, übers. v. Gertrud Kantorowicz, Jena: Diederichs 1912, S. 276.

Kapitel I

(3) Guillaume Apollinaire, 1912
„Heute halten sich nun aber die Wissenschaftler nicht mehr an die drei Dimensionen der euklidischen Geometrie. Die Maler wurden auf ganz natürliche Weise und sozusagen durch Intuition dazu gebracht, sich mit den neuen Maßen der Ausdehnung zu beschäftigen, die man in der modernen Ateliersprache insgesamt und abgekürzt mit dem Begriff der ‚vierten Dimension' bezeichnet. [...] Ich würde sagen, dass die vierte Dimension aus den drei bekannten Dimensionen hervorgegangen ist: Sie stellt die Unendlichkeit des Raumes dar, der sich zu einem bestimmten Zeitpunkt in alle Richtungen hin verewigt. Sie stellt den Raum selbst dar, seine Dimension des Unendlichen. [...] Die griechische Kunst hatte von der Schönheit eine rein menschliche Vorstellung. Sie nahm den Menschen als Maß der Vollkommenheit. Die Kunst der neuen Maler nimmt das unendliche Weltall zum Ideal. Allein die vierte Dimension stellt dem Künstler das neue Maß der Vollkommenheit zur Verfügung, das ihm erlaubt, dem Gegenstand Proportionen zu geben, wie sie dem Grad an Plastizität entspricht, den er dem Gegenstand zukommen lassen will." Zit. nach: Harrison / Wood 1998, S. 225.

(5) Fernand Léger, 1913
„Wenn ich mit Nachdruck auf die Wichtigkeit des französischen Impressionismus verweise, so deshalb, weil damals, wie mir scheint, die zwei großen Kunstauffassungen des ‚visuellen' und des ‚konzeptionellen Realismus' aufeinandergestoßen sind: die Zeit des ‚visuellen Realismus', der die ganze Malerei bis zu den Impressionisten umfasst, ging zu Ende, und der neue ‚konzeptionelle Realismus' fand seine ersten Meister. Der ‚visuelle Realismus' blieb, wie gesagt, den Gegenständen, Motiven und perspektivischen Mitteln verhaftet, die man heute als unbrauchbar und anti-realistisch erkannt hat. Der ‚konzeptionelle Realismus', der diesen Ballast daher über Bord werfen musste, ist bereits in einer Reihe moderner Werke verwirklicht worden." Zit. nach: Harrison / Wood 1998, S. 240–244, hier S. 242.

(6) Guillaume Apollinaire, 1912
„Der Simultankontrast sorgt für die Dynamik der Farben und ihre Konstruktion, das heißt ihre Tiefe, ihre Konturen auf der Bildfläche. Er ist das stärkste Ausdrucksmittel der Realität. In ihrem mimetischen Bewegungsausdruck erzeugen die Farben einen gleichzeitigen Kontrast und (ungerade) Maße. Die Simultaneität der Farben ist die einzige von der Malerei zu konstruierende Wirklichkeit. Wir erreichen eine Kunst rein expressiver Malerei." „Malen ist keine nachbildende Kunst, sondern eine schaffende. Mit diesen orpheischen und kubistischen Bewegungen gelangen wir in vollster Poesie ins helle Licht. Ich liebe die Kunst der neuen Maler, weil ich vor allem das Licht liebe. Und da alle Menschen vor allem das Licht lieben, haben sie das Feuer erfunden." Zit. nach: *Stimme des Lichts. Delaunay, Apollinaire und der Orphismus,* hrsg. v. Nina Schallenberg, Ausstellungskatalog, Wilhelm Hack Museum, Ludwigshafen, München: Hirmer 2018, S. 237, 242.

(8) Filippo Tommaso Marinetti, 1909
„Wir erklären, dass sich die Herrlichkeit der Welt um eine neue Schönheit bereichert hat: die Schönheit der Geschwindigkeit. Ein Rennwagen, dessen Karosserie große Rohre schmücken, die Schlangen mit explosivem Atem gleichen […] ein aufheulendes Auto, das auf Kartätschen zu laufen scheint, ist schöner als die *Nike von Samothrake*. Wir wollen den Mann besingen, der das Steuer hält, dessen Idealachse die Erde durchquert, die selbst auf ihrer Bahn dahinjagt. […] Wir wollen die Museen, die Bibliotheken und die Akademien jeder Art zerstören und gegen den Moralismus, den Feminismus und gegen jede Feigheit kämpfen, die auf Zweckmäßigkeit und Eigennutz beruht. Wir werden die großen Menschenmengen besingen, die die Arbeit, das Vergnügen oder der Aufruhr erregt; besingen werden wir die vielfarbige vielstimmige Flut der Revolutionen in den modernen Hauptstädten; besingen werden wir die nächtliche, vibrierende Glut der Arsenale und Werften, die von grellen elektrischen Monden erleuchtet werden; die gefräßigen Bahnhöfe, die rauchende Schlangen verzehren; die Fabriken, die mit ihren sich hochwindenden Rauchfäden an den Wolken hängen; […] die breitbrüstigen Lokomotiven, die auf den Schienen wie riesige, mit Rohren gezäumte Stahlrosse einherstampfen und den gleitenden Flug der Flugzeuge,

deren Propeller wie eine Fahne im Winde knattert und Beifall zu klatschen scheint wie eine begeisterte Menge." Zit. nach: Wolfgang Asholt und Walter Fähnders (Hrsg.), *Manifeste und Proklamationen der europäischen Avantgarde (1909–1938)*, Stuttgart / Weimar: Metzler 1995, S. 4–7, hier S. 5.

(15) Marcel Duchamp, 1960
„Er sieht sich mit einer Welt konfrontiert, die auf einem brutalen Materialismus beruht, in der alles in bezug auf den materiellen Wohlstand bewertet wird und in der die Religion, die viel an Terrain verloren hat, nicht mehr die große Spenderin geistiger Werte ist. Heutzutage ist der Künstler ein merkwürdiges Reservoir an para-spirituellen Werten in absoluter Opposition zum alltäglichen Funktionalismus, für den die Wissenschaft die Huldigung einer blinden Bewunderung empfängt." Zit. nach: Herbert Molderings, *Marcel Duchamp. Parawissenschaft, das Ephemere und der Skeptizismus*, Frankfurt/Main: Qumran 1983, S. 90.

(16) Andre Breton, 1934
„Um es beim Namen zu nennen: wir haben eine mechanische, zynische Interpretation des Liebes-Phänomens vor uns: den Übergang der Jungfrau zur Frau als Thema einer gefühllosen Spekulation, als versuche ein Wesen von einem anderen Planeten sich diesen Vorgang deutlich zu machen." Zit. nach: Robert Lebel, *Marcel Duchamp. Von der Erscheinung zur Konzeption,* Köln: DuMont 1972, S. 183–191, hier S. 188.

(20) Piet Mondrian, 1919
„Wenn Sie mein Werk in seinem Fortschreiten verfolgen, werden Sie merken, wie ich immer mehr von der natürlichen Erscheinung der Dinge absehe und wie allmählich die Darstellung der Beziehung in den Vordergrund rückt. [...] Beziehung tritt in der Naturform, in der natürlichen Farbe und Linie nur verschleiert auf; sie muss durch Farbe und Linie an sich dargestellt werden, um zu bestimmtem Ausdruck zu kommen. [...] Die Malerei hat mich gelehrt, dass die ausgewogene Zusammenstellung von Farbbeziehungen der naturgebundenen Komposition und Darstellung auf die Dauer überlegen ist – wenn es sich nämlich darum handelt, Gleichgewicht, Harmonie so rein wie möglich zu gestalten." Zit. nach: Hans L. C. Jaffé, *Mondrian und De Stijl,* Köln: DuMont 1967, S. 112–121.

(21) Piet Mondrian, 1921
„[Die neue Gestaltung in der Malerei] ist eine Komposition farbiger Rechtecke, welche die tiefste Realität ausdrücken. Dahin kommt sie durch den gestalteten Ausdruck der Verhältnisse, und nicht durch die natürliche Erscheinung. Sie verwirklicht das, was alle Malerei gewollt hat, aber nicht anders, als in verschleierter Form ausdrücken konnte. Die farbigen Flächen drücken sowohl durch ihre Lage und Größe als durch die Stärke ihrer Farben bildnerisch nur Verhältnisse und nicht Formen aus. – Die neue Gestaltung bringt ihre Verhältnisse in ästhetisches Gleichgewicht und bildet dadurch die neue Harmo-

nie. – Die Zukunft der neuen bildnerischen Gestaltung und ihre in der Malerei besonders besprochene Verwirklichung ruht in der Farbengestaltung der Architektur." Zit. nach: Piet Mondrian, *Die neue Gestaltung. Das Generalprinzip gleichgewichtiger Gestaltung*, in: Ders., *Neue Gestaltung, Neoplastizismus, Nieuwe Beelding*, übers. v. Rudolf F. Hartogh und Max Burchartz (=*Bauhausbücher*, Bd. 5), München: Albert Langen 1925, S. 5–28, hier. S. 11.

(33) Jacques Rancière, 1995
„Allgemein benennt man mit dem Namen der Politik die Gesamtheit der Vorgänge, durch welche sich die Vereinigung und die Übereinstimmung der Gemeinschaften, die Organisation der Mächtigen, die Verteilung der Plätze und Funktionen und das System der Legitimierung dieser Verteilung vollziehen. Ich schlage vor, dieser Verteilung und dem System dieser Legitimierungen einen anderen Namen zu geben. Ich schlage vor, sie ‚Polizei' zu nennen. [...] Die Polizei ist in ihrem Wesen das im Allgemeinen unausgesprochene Gesetz, das den Anteil oder die Abwesenheit des Anteils der Teile bestimmt. Aber um das zu bestimmen, muss zuerst die Gestaltung des Sinnlichen, in welche sich die einen und die anderen einschreiben, bestimmt werden. Die Polizei ist somit zuerst eine Ordnung der Körper, die die Aufteilungen unter den Weisen des Machens, den Weisen des Seins und den Weisen des Sagens bestimmt, die dafür zuständig ist, dass diese Körper durch ihren Namen diesem Platz und jener Aufgabe zugewiesen sind; sie ist eine Ordnung des Sichtbaren und des Sagbaren, die dafür zuständig ist, dass diese Tätigkeit sichtbar und jene andere es nicht ist, dass dieses Wort als Rede verstanden wird, und jenes andere als Lärm. [...] Ich schlage nun vor, den Namen der Politik auf genau die bestimmte Tätigkeit, die der ersten feindlich ist, zu beschränken: diejenige, die die sinnliche Gestaltung zerbricht, wo die Teile und die Anteile oder ihre Abwesenheit sich durch eine Annahme definieren, die darin ‚per definitionem' keinen Platz hat: die eines Anteils der Anteillosen. Dieser Bruch offenbart sich in einer Reihe von Taten, die den Raum neu ordnen, wo die Teile, Anteile und die Abwesenheiten der Anteile sich bestimmten. Die politische Tätigkeit ist jene, die einen Körper von dem Ort entfernt, der ihm zugeordnet war oder die die Bestimmung eines Ortes ändert; sie lässt sehen, was keinen Ort hatte gesehen zu werden, lässt eine Rede hören, die nur als Lärm gehört wurde. [...] Damit eine Sache politisch ist, muss sie eine Begegnung zwischen der polizeilichen und der gleichheitlichen Logik stattfinden lassen, welche niemals bereits konstituiert ist. [...] Die politische Subjektivierung erzeugt eine Vielheit, die nicht in der polizeilichen Verfassung der Gemeinschaft gegeben war, eine Vielheit, deren Zählung der polizeilichen Logik widerspricht." Jacques Rancière, *Das Unvernehmen. Politik und Philosophie*, übers. v. Richard Steurer, Frankfurt/Main: Suhrkamp 2002, S. 39–41, 44, 47.

(44) André Breton, 1924
„Wenn die Tiefen unseres Geistes seltsame Kräfte bergen, die imstande sind, die der Oberfläche zu mehren oder gar zu besiegen, so haben wir allen Grund, sie einzufangen, sie zuerst einzufangen und danach, wenn nötig, der Kontrolle unserer Vernunft zu unterwerfen."

Zit. nach: André Breton, *Die Manifeste des Surrealismus,* deutsch von Ruth Henry, Reinbek: Rowohlt (1968) 1977, S. 11–48, hier S. 15f.

(45) André Breton, 1928
„Ein sehr enger Begriff von Nachahmung, die als Ziel aller Kunst hingestellt wurde, steht am Anfang des tiefgreifenden Missverständnisses, das wir bis in unsere Tage verfolgen können. Auf den Glauben hin, dass der Mensch nur fähig ist, das Bild von dem, was ihn von außen anrührt, mit mehr oder weniger Glück zu reproduzieren, haben sich die Maler bei der Wahl ihrer Gegenstände zu sehr zurückgehalten. [...] Die Werte des Wirklichen müssen einer grundlegenden Prüfung unterzogen werden, darin sind heute alle geistigen Menschen einig; und um dieser Notwendigkeit zu gehorchen, muss sich das bildnerische Werk einem rein inneren Vor-Bild zuwenden, oder es wird aufhören, zu sein." Zit. nach: Harrison / Wood 1998, S. 551–557, hier 553.

(47) André Breton, 1924
„Ich glaube an die künftige Auflösung dieser scheinbar so gegensätzlichen Zustände von Traum und Wirklichkeit in einer Art absoluter Realität, wenn man so sagen kann: ‚Surrealität'." Zit. nach: Breton (1968) 1977, S. 11–48, hier S. 18.

(48) André Breton, 1924
„Der Surrealismus beruht auf dem Glauben an die höhere Wirklichkeit gewisser, bis dahin vernachlässigter Assoziationsformen, an die Allmacht des Traumes, an das zweckfreie Spiel des Denkens. Er zielt auf eine endgültige Zerstörung aller anderen psychischen Mechanismen und will sich zur Lösung der hauptsächlichen Lebensprobleme an ihre Stelle setzen." Zit. nach: Breton (1968) 1977, S. 11–48, hier S. 26f.

(49) Salvador Dali, 1930
„Durch den heftig paranoischen Willen, die Verwirrung zum System zu erheben, könnte eine moralisch ausgerichtete Aktivität hervorgerufen werden. [...] Ich glaube, der Augenblick ist nahe, wo ein Denkvorgang paranoischen, aktiven Charakters (gleichzeitig mit dem Automatismus und anderen passiven Zuständen) die Verwirrung zum System erheben und zum vollständigen Verruf der realen Welt beitragen kann. [...] Die Paranoia bedient sich der Außenwelt, um der Zwangsvorstellung Geltung zu verschaffen, mit der verwirrenden Besonderheit, dass sie die Wirklichkeit dieser Vorstellung andern einsichtig macht. Die reale Außenwelt dient als Veranschaulichung und Beweis und wird der Wirklichkeit unseres Geistes dienstbar gemacht. [...] Die tödliche Aktivität dieser neuen Vorstellungsbilder kann außerdem im Verein mit anderen surrealistischen Aktivitäten zum Ruin der Wirklichkeit und zum Besten all dessen beitragen, was uns über alle möglichen niederträchtigen und ekelhaften Ideale, die ästhetischen, humanitären, philosophischen usw. hinweg zu den klaren Quellen der Onanie, des Exhibitionismus, des Verbrechens und der

Liebe zurückführt. Idealisten, ohne an irgendeinem Ideal teilzuhaben. Die idealen Vorstellungsbilder des Surrealismus im Dienst der bevorstehenden Bewusstseinskrise, im Dienst der Revolution." Zit. nach: Salvador Dali, *Unabhängigkeitserklärung der Phantasie und Erklärung der Rechte des Menschen auf seine Verrücktheit. Gesammelte Schriften,* hrsg. v. Axel Matthes und Tilbert Diego Stegmann, deutsch von Brigitte Weidmann, München: Rogner & Bernard 1974, S. 131–135, hier S. 131, 135.

(61) Michel Leiris, 1937
„In einem schwarz-weißen Rechteck, so wie uns die antike Tragödie erscheint, schickt uns Picasso unseren Trauerbrief: alles, was wir lieben, wird sterben, deshalb ist es jetzt nötig, dass all das, was wir lieben, wie der Überschwang bedeutender Abschiede in etwas unvergesslich Schönem zusammengefasst wird." (Übersetzung H. D.)

(63) Francis Ponge, 1945
„Zusammengefasst: er entspricht durch die Wahl seines Themas unserem Gefallen an Wahrheit (an der Hierarchie der Werte, an der relativen Wahrheit, an der menschlichen Wahrheit) und durch die Art seiner Behandlung unserem Gefallen an Schönheit. Er verwandelt den gegenwärtigen menschlichen Horror in Schönheit. [...] Die Gesichter sind zugleich Monde und ich nehme an, dass jeder Liebhaber, der zuhause ein solches hängen hat, es zugleich als einen gemarterten Kopf betrachtet, der wie ein Satellitengesicht um seinen Kopf kreist und für immer von ihm untrennbar. [...] Das Aufheulen des gemarterten Spaniens ist kraftvoll ausgedrückt worden durch Picassos berühmtes Gemälde, *Guernica.* Acht Jahre später hier die ‚Geiseln': Horror und Schönheit vereint in einem Protokoll." (Übersetzung H. D.)

(64) Jean Paul Sartre, 1948
„Es gibt (für Giacometti) ein festes Endziel, das es zu erreichen gilt, ein einziges Problem, das gelöst werden muss: wie kann man aus Stein einen Menschen machen, ohne ihn zu versteinern? [...] Unangenehm ist ihm nur, dass diese lockeren Entwürfe – immer halbwegs zwischen dem Nichts und dem Sein, stets wieder abgeändert, verbessert, zerstört und begonnen – angefangen haben, selbständig und auf gut Glück zu existieren und unabhängig von ihm ihren Weg in der Öffentlichkeit zu machen. [...] Gerade dadurch, dass seine Gestalten dazu bestimmt sind, in derselben Nacht, da sie entstehen, wieder zu vergehen, bewahren sie als einzige unter allen mir bekannten Skulpturen die unaussprechliche Anmut des Vergänglich-Scheinens. Nie war die Materie weniger ewig, zerbrechlicher, menschenähnlicher." Zit. nach: Jean Paul Sartre, *Situationen. Essays,* übers. v. Hans Georg Brenner und Günther Scheel, Hamburg: Rowohlt 1956, S. 187–198, hier S. 189–191.

(65) Jean Paul Sartre, 1946
„Der atheistische Existentialismus, den ich vertrete, [...] erklärt: wenn Gott nicht existiert, so gibt es zumindest ein Wesen, bei dem die Existenz der Essenz vorausgeht, ein Wesen, das existiert, bevor es durch irgendeinen Begriff definiert werden kann, und dieses Wesen ist der Mensch oder, wie Heidegger sagt, das Dasein. [...] Der Mensch ist nichts anderes als das, wozu er sich macht. Das ist das erste Prinzip des Existentialismus." Zit. nach: Jean Paul Sartre, *Gesammelte Werke. Philosophische Schriften I,* hrsg. von Vincent von Wroblewsky, Reinbek: Rowohlt 1994, S. 117–155, hier S. 120.

(66) Francis Bacon, 1962
„Die Art, wie sich die Farbe von einer Kontur in die andere hineinbewegte, schuf eine Ähnlichkeit mit dem Menschen, den ich zu malen versuchte. [...] Es geht unmittelbar von der Abstraktion aus, wird aber am Ende nichts mehr mit ihr zu tun haben. Es ist ein Versuch, das Figurative schärfer und durchdringender auf das Nervensystem einwirken zu lassen. [...] Man hat noch nie untersucht, warum diese bestimmte Art des Malens einen stärker berührt als die illustrative Malerei. Ich vermute, weil sie ein vollständiges Eigenleben führt. Sie lebt für sich selbst, wie das Bild, das man einfangen will, sie lebt aus sich selbst und übermittelt deshalb das Wesen des Bildes eindringlicher. So kann der Künstler die Ventile des Gefühls öffnen oder, wie ich wohl besser sagen sollte, entriegeln und dadurch den Betrachter mit gesteigertem Gefühl in das Leben zurückschicken." Zit. nach: David Sylvester, *Gespräche mit Francis Bacon,* übers. v. Helmut Schneider, München / New York: Prestel (1982) 1997, S. 9–30, hier S. 13, 18.

(68) Georges Bataille, 1929
„Tatsächlich müsste das ganze Universum Form annehmen, um die Herren Akademiker zufriedenzustellen. Die gesamte Philosophie hat kein anderes Ziel: Ihr geht es darum, allem, was ist, einen mathematischen Gehrock überzustreifen. Dagegenzuhalten, dass das Universum nichts anderem ähnelt und einfach nur ‚formlos' ist, hieße soviel wie behaupten, das Universum sei so etwas wie eine Spinne oder ein Rotz. [...] Es ist an der Zeit, mit dem Wort ‚Materialismus' die direkte Interpretation der nackten Tatsachen zu bezeichnen, die ‚jeden Idealismus ausschließt'." Zit. nach: Harrison / Wood 1998, S. 587f.

(70) Clement Greenberg, 1939
„Auf der Suche nach dem Absoluten gelangte die Avantgarde zu ‚abstrakter' oder ‚ungegenständlicher' Kunst und Dichtung. Letztlich versucht der Avantgardekünstler, Gott zu imitieren, indem er etwas schafft, das seinen Wert allein in sich selbst trägt, so wie die Natur, wie eine Landschaft – nicht ihr Abbild – einen ästhetischen Wert besitzt; etwas ‚Vorhandenes', aus sich selbst heraus Existierendes, das nicht auf Bedeutung, Vergleichbarkeit oder Originale angewiesen ist. Der Inhalt soll derart vollständig in der Form aufgehen, dass das Kunstwerk oder der Text weder als Ganzes noch in Teilen auf irgend etwas außer-

halb seiner selbst zurückgeführt werden kann. Doch das Absolute ist absolut, und da der Künstler auch nur ein Mensch ist, hegt er für bestimmte relative Werte mehr Sympathie als für andere. Gerade die Werte, in deren Namen er das Absolute beschwört, sind relativ: die ästhetischen Werte. So imitiert er denn eigentlich nicht Gott – und ich verwende das Wort ‚imitieren' hier im aristotelischen Sinne –, sondern die Verfahren und Prozesse von bildender Kunst und Literatur. Das ist die Entstehung des ‚Abstrakten'. Der Künstler verlagert seine Aufmerksamkeit von Themen oder allgemeinen Erfahrungen zurück auf das Medium seines eigenen Handwerks. Soll das Nichtgegenständliche oder ‚Abstrakte' einen ästhetischen Wert haben, darf es nicht willkürlich oder zufällig sein, sondern muss sich aus einem allgemein akzeptierten Grund oder Original herleiten. Ist die Welt der allgemeinen, äußeren Erfahrung aber nicht mehr verfügbar, lässt sich dieser Grund nur noch in eben jenen Verfahren oder Prozessen finden, mit denen bildende Kunst und Literatur ihre Umwelt imitieren. Diese werden dann selbst zum Gegenstand der künstlerischen Auseinandersetzung. Wenn, um mit Aristoteles fortzufahren, alle Kunst Imitation ist, dann haben wir es hier mit der Imitation des Imitierens zu tun." Zit. nach: Harrison / Wood 1998, S. 658f.

(72) Jackson Pollock, 1950
„William Wright: Mr. Pollock, die klassischen Künstler hatten eine Welt auszudrücken, und sie taten es, indem sie die Objekte in dieser Welt abbildeten. Warum tut der moderne Künstler das nicht auch? Jackson Pollock: Hm – der moderne Künstler lebt im technischen Zeitalter, wir haben technische Möglichkeiten, die Naturobjekte abzubilden, etwa durch die Kamera, die Photographie. Der moderne Künstler, so scheint mir, arbeitet daran, eine innere Welt auszudrücken – Energie auszudrücken, Bewegung und andere innere Kräfte. William Wright: Kann man sagen: der klassische Künstler hat seine Welt ausgedrückt, indem er die Objekte darstellte, während der moderne Künstler seine Welt ausdrückt, indem er die Wirkung darstellt, die die Objekte auf ihn haben? Jackson Pollock: Ja, der moderne Künstler arbeitet mit Raum und Zeit und drückt seine Gefühle aus, statt zu illustrieren." Zit. nach: Harrison / Wood 1998, S. 701–704, hier S. 702f.

(73) Harold Rosenberg, 1952
„Zu einem bestimmten Zeitpunkt erschien einer Reihe amerikanischer Künstler die Leinwand plötzlich nicht mehr als eine Fläche, auf der ein wirklicher oder imaginierter Gegenstand reproduziert, neu entworfen, untersucht oder ‚ausgedrückt' werden sollte, sondern als eine Arena, in der es zu agieren galt. Nicht ein Bild gehörte auf die Leinwand, sondern ein Ereignis. [...] Die Geste auf der Leinwand war eine Geste der Befreiung, der Befreiung von Werten – politischen, ästhetischen, moralischen." Zit. nach: Harrison / Wood 1998, S. 708–711, hier S. 708, 710.

(75) Barnett Newman, 1947
„Mit einem Ast zog die Hand des Menschen einen Strich durch den Sand, bevor dieser Ast zum Speer wurde. [...] Was ist der Beweggrund, was steckt hinter dem eigentlich wahnsinnigen Trieb des Menschen, Maler und Poet zu sein, wenn nicht ein Akt der Auflehnung gegen den Sündenfall und der Wille, den adamitischen Zustand im Garten Eden wiederzuerlangen? Denn die Künstler waren die ersten Menschen." Zit. nach: Barnett Newman, *Schriften und Interviews 1925–1970,* übers. v. Tarcisius Schelbert, Bern / Berlin: Gachnang & Springer 1996, S. 165–170, hier S. 169f.

(76) Barnett Newman, 1965
„Bei diesem Gemälde, genannt *Onement I,* überkam mich plötzlich die Gewissheit, dass ich zum ersten Mal dem von mir gemachten Ding gegenüberstand, während ich bis zu diesem Zeitpunkt in der Lage war, mich vom Malakt und dem Gemälde selbst zu lösen. Das Gemälde war etwas, das ich machte, während mir hier bei diesem Gemälde plötzlich aufging, dass das Gemälde ein Eigenleben hatte, und zwar auf eine Art und Weise, die anderen Werken abging." Zit. nach: Newman 1996, S. 281f.

(79) Barnett Newman, 1948
„Ich glaube, dass einige von uns hier in Amerika, befreit vom Ballast der europäischen Kultur, die Antwort [auf die Frage nach dem Schönen] finden, indem unsere Kunst das Problem des Schönen konsequent ausklammert, wo auch immer es anzutreffen ist. Wenn wir in einer Zeit ohne Legenden oder Mythen, die man erhaben nennen könnte, leben, wenn wir die Exaltierung reiner Formen ablehnen, wenn wir das Leben in der Abstraktion zurückweisen, dann lautet die Frage: Wie können wir eine sublime Kunst realisieren? Wir bekräftigen unser natürliches menschliches Verlangen nach dem Erhabenen, nach absoluten Emotionen. Wir sind nicht angewiesen auf die abgenützten Requisiten einer verloschenen und antiquierten Legende. Wir schaffen Bilder, deren Realität selbstverständlich ist und die ohne Stützen und Krücken oder Assoziationen mit veralteten Bildern, erhabenen oder schönen, auskommen. Wir entledigen uns des Ballastes der Erinnerung, der Assoziationen, Nostalgie, Legende, des Mythos oder was auch immer, die Werkzeuge der europäischen Malerei waren. Anstatt ‚Kathedralen' aus Christus, dem Menschen oder dem ‚Leben' zu machen, schaffen wir die Bilder aus uns selbst und aus unseren eigenen Gefühlen. Das Bild, das wir hervorbringen, ist so einleuchtend, wirklich und konkret wie eine Offenbarung, ein Bild, das von allen, die es nicht durch die nostalgischen Brillengläser der Kunstgeschichte anschauen, verstanden werden kann." Zit. nach: Newman 1996, S. 179.

(81) Barnett Newman, 1962
„Vor beinahe fünfzehn Jahren forderte mich Harold Rosenberg auf, zu erklären, was eines meiner Gemälde für die Welt wohl bedeuten könnte. Meine Antwort war, wenn er und an-

dere es richtig zu lesen verstünden, würde es das Ende eines jeglichen Staatskapitalismus und Totalitarismus bedeuten. Die Antwort gilt immer noch." Zit. nach: Newman 1996, S. 250.

(82) Clement Greenberg, 1954
„Das Bild ist jetzt ein Objekt geworden, das derselben räumlichen Realität angehört wie unsere Körper. Es ist nicht mehr Medium einer vorgestellten Entsprechung zu dieser Realität. Es hat sein dargestelltes ‚Inneres' verloren und ist ganz es selbst als darstellendes ‚Äußeres' geworden, reine Fläche. Der Betrachter kann sich nicht mehr seiner räumlichen Realität in einen Illusionsraum entziehen, im Gegenteil, das ‚abstrakte' oder ‚quasi-abstrakte' Objekt konfrontiert ihn mit diesem in all seiner Direktheit." (Übersetzung H. D.)

Kapitel II

(1) Leo Steinberg, 1972
„Die Flachbett-Bildebene. [...] Ich möchte damit die charakteristische Bildebene der sechziger Jahre beschreiben – eine Bildfläche, deren Ausrichtung zur Körperhaltung des Menschen die Vorbedingung ihres veränderten Inhaltes ist. [...] Die Bilder simulieren keine vertikalen Felder mehr, sondern opake Flachbett-Horizontalen. Sie sind ebensowenig auf eine Kopf-bis-Fuss-Entsprechung zur menschlichen Körperhaltung angewiesen wie eine Tageszeitung. Der symbolische Bezug der Flachbett-Bildebene weist vielmehr auf eine feste Oberfläche, z. B. eine Tischplatte, den Boden eines Ateliers, eine Landkarte, ein Anschlagbrett – jede beliebige Fläche, auf der Gegenstände verstreut liegen, auf der Daten eingetragen sind, auf die Informationen geschrieben, gedruckt oder geprägt werden können, egal ob in geordneter oder konfuser Form. Die Bilder der letzten fünfzehn bis zwanzig Jahre insistieren auf einer radikal neuen Orientierung, bei der die bemalte Fläche nicht mehr Analogon einer visuellen Erfahrung von Natur, sondern eines operationellen Verfahrens ist. [...] Ich verstehe das Kippen der Bildebene von der Vertikalen in die Horizontale als Ausdruck einer denkbar radikalen Verschiebung im Gegenstandsbereich der Kunst, einer Verschiebung von der Natur zur Kultur. [...] Die Flachbett-Bildebene eignet sich für alle Inhalte, die kein vorgängiges optisches Ereignis evozieren. [...] Die Allzweck-Bildebene, die dieser postmodernistischen Malerei zugrunde liegt, hat den Verlauf der Kunst wieder nichtlinear und unvorhersagbar gemacht. Was ich ‚Flachbett' genannt habe, ist mehr als ein oberflächliches Unterscheidungsmerkmal, wenn man es als einen Wandel in der Malerei versteht, durch den sich das Verhältnis zwischen Künstler und Bild und zwischen Bild und Betrachter verändert hat. Darüber hinaus aber ist diese immanente Veränderung nur ein Symptom anderer Veränderungen, die weit über Fragen der Bildebene oder der Malerei im allgemeinen hinausgehen. Der zunehmende Vorstoß der Kunst in die Nichtkunst entfremdet den traditionellen Kenner – die Kunst desertiert, sie bricht in fremde Territorien auf und überläßt den Reservetruppen der alten Kriterien die Herrschaft über ein verfallendes Reich." Zit. nach: Harrison / Wood 1998, S. 1169–1174, hier S. 1169f., 1173f.

(3) Rosalind Krauss, 1977
„Wenn das Symbolische seinen Weg in die bildende Kunst über das menschliche Bewusstsein findet, das hinter den Formen der Repräsentation wirkt, indem es eine Verbindung zwischen den Objekten und ihrer Bedeutung herstellt, dann ist das in der Fotografie nicht der Fall. Ihre Stärke liegt darin, Index zu sein und ihre Bedeutung liegt in jenen Identifikationsweisen, die mit dem Imaginären [wie es von Jacques Lacan dem Symbolischen gegenüber bestimmt wurde] zusammenhängen. [...] Die Fotografie könnte, was auch immer sonst ihre Stärke ist, sub- oder präsymbolisch genannt werden; sie überantwortet die Kunst wieder der Zudringlichkeit der Dinge. [...] Die Funktionsweise des Index in der Kunst der Gegenwart, die Weise, in der er die hochdifferenzierte Sprache ästhetischer Konventionen (und die Art von Geschichte, die sie codieren) durch die Registrierung nackter psychischer Präsenz ersetzt [...], betrifft ein viel weiteres Feld als die Objektarten, die ich gerade angegeben habe. Zu ihren Beispielen gehört auch ein gewandelter Begriff von abstrakter Kunst." Zit. nach: Harrison / Wood 1998, S. 1207, 1209.

(6) Umberto Eco, 1962
„Während [...] die klassische Kunst originelle Veränderungen in das Innere eines sprachlichen Systems einführte, dessen Grundregeln sie prinzipiell respektierte, zeigt die moderne Kunst ihre Originalität im Setzen eines (oft von Werk zu Werk neuen) Sprachsystems, das die neuen Gesetze in sich selbst hat. Besser als von der Etablierung eines neuen Systems spricht man vielleicht von einer dauernden Pendelbewegung zwischen der Ablehnung des traditionellen Sprachsystems und seiner Bewahrung: Führte man ein absolut neues System ein, so käme überhaupt keine Kommunikation mehr zustande; die Dialektik zwischen der ‚Form' und der ‚Möglichkeit für vielfache Bedeutungen', die uns schon als wesentlich für ‚offene' Kunstwerke erschien, vollzieht sich in eben dieser Pendelbewegung." Umberto Eco, *Das offene Kunstwerk*, Frankfurt/Main: Suhrkamp 1973, S. 124.

(9) Michel Foucault, 1969
„Es geht darum, das traditionelle Problem umzukehren: Nicht mehr die Frage zu stellen: wie lässt sich die Freiheit eines Subjekts in die Kompaktheit der Dinge einfügen und ihr einen Sinn verleihen, wie kann sie von innen die Regeln einer Sprache beleben und so ihre eigenen Ziele an den Tag bringen? Vielmehr sollte man fragen: wie, aufgrund welcher Bedingungen und in welchen Formen kann so etwas wie ein Subjekt in der Ordnung des Diskurses erscheinen? Welchen Platz kann es in jedem Diskurstyp einnehmen, welche Funktionen kann es ausüben, indem es welchen Regeln folgt? Kurzum, es geht darum, dem Subjekt (oder seinem Substitut) seine Rolle als ursprüngliche Begründung zu nehmen und es als variable und komplexe Funktion des Diskurses zu analysieren. [...] Der Autor – oder das, was ich als Autor-Funktion zu beschreiben versucht habe – ist wohl nur eine der möglichen Spezifikationen der Subjekt-Funktion. Mögliche oder notwendige Spezifikation? Betrachtet man die historischen Veränderungen, die stattgefunden haben, so scheint

es keineswegs unvermeidlich, dass die Autor-Funktion in ihrer Form, ihrer Komplexität und sogar in ihrer Existenz konstant bliebe. Man kann sich eine Kultur vorstellen, in der Diskurse zirkulierten und rezipiert würden, ohne dass es die Autor-Funktion jemals gäbe." Oder anders gesagt: „Die Wahrheit ist eine ganz andere: der Autor ist keine unendliche Quelle von Bedeutungen, die das Werk erfüllten, der Autor geht dem Werk nicht voraus. Es ist ein bestimmtes funktionelles Prinzip, durch das man in unserer Kultur begrenzt, ausschließt, auswählt selegiert; kurz, das Prinzip, durch das man der freien Zirkulation, der freien Manipulation, der freien Komposition, Dekomposition und Rekomposition der Fiktion Fesseln anlegt. Wenn wir gewohnt sind, den Autor als Genie zu präsentieren, als beständiges Auftauchen von Neuem, so deshalb, weil wir ihn in Wirklichkeit auf eine genau entgegengesetzte Weise funktionieren lassen." Michel Foucault, *Was ist ein Autor?*, in: Ders., *Schriften*, Bd. 1 (=1954–1969), hrsg. v. Daniel Defert und Francois Ewald, Frankfurt/Main: Suhrkamp 2001, S. 1003–1041, hier S. 1029f.

(10) Roland Barthes, 1971
„Einmal mehr setzt sich die Metapher des Texts hier von der Metapher des Werks ab: Diese verweist auf das Bild eines ‚Organismus' mit seinem vitalen Wachstum, seiner ‚Entwicklung' (ein bezeichnend ambiger, weil zugleich biologischer und rhetorischer Begriff); die Textmetapher aber ist die eines ‚Netzwerks', wenn der Text sich ausdehnt, dann vermittels einer Kombinatorik, einer Systematik (ein Bild, das übrigens der aktuellen biologischen Auffassung vom Leben ähnelt). Dem Text wird daher kein wesentlicher ‚Respekt' geschuldet: Er kann ‚aufgebrochen' werden [...], er kann ohne väterlichen Rückhalt gelesen werden; die Wiederherstellung des Intertexts beseitigt paradoxerweise die Erbfolge. [...] Die Theorie des Texts kann sich nur zusammen mit einer Praxis der Schrift vollziehen." Zit. nach: Harrison / Wood 1998, S. 1161–1167, hier S. 1165, 1167.

(15) Pierre Restany, 1963
„Die neuen Pariser Realisten kehren zur soziologischen Realität zurück aus dem Bedürfnis nach frischer Luft. Sie haben einen neuen modernen Sinn für die städtische Natur wiedergefunden in einem künstlerischen Umfeld, das übersättigt ist von allerlei Rezepten der Bearbeitung und Kompromissen mit der Materie. Sie treiben den Fundamentalismus des Realen auf die Spitze, indem sie alle Formen kombinatorischer Ästhetik des Tachismus preisgeben. Den Augiasstall der abstrakten Kunst reinigen sie gründlich. Dieser Unterschied im Kontext ist wichtig, er erklärt den gegenwärtigen geistigen Abstand zwischen Paris und New York. [...] Der neue Realismus betrachtet die künstlerische Taufe des Gegenstandes als ein wesentliches Ereignis, als die transzendentale Lektion. Jedes mögliche gebräuchliche Objekt wird dem Reich der Kontingenz entzogen: durch Benennung, d. h. durch die bloße Tatsache der willkürlichen Auswahl wird es ein Kunstwerk, ein Kunstwerk indes mit einem Potential absoluter und genereller Ausdruckskraft. [...] Der neue Realismus, der den Gegenstand in seiner Unmittelbarkeit begreift, in seinem Rohzustand, bietet

uns viel klarere, extremere und bestimmtere Haltungen. Die ‚poubelles' [Müllbehälter] von Arman, die Plakate von Hains z. B. oder das industrielle Pigment von Klein in seiner Absolutheit." (Übersetzung H. D.)

(17) Maurice Merleau-Ponty, 1945
„Sie [die Phänomenologie] hat es abgesehen auf Philosophie als ‚strenge Wissenschaft' – doch gleichwohl ist sie Besinnung auf Raum, Zeit und Welt des ‚Lebens'. [...] Das Universum der Wissenschaft gründet als Ganzes auf dem Boden der Lebenswelt, und wollen wir die Wissenschaft selbst in Strenge denken, ihren Sinn und ihre Tragweite genau ermessen, so gilt es allem voran, auf jene Welterfahrung zurückzugehen, deren bloß sekundärer Ausdruck die Wissenschaft bleibt. [...] Dem Wesen der Welt nachfragen heißt nicht, sie reduzieren auf den Gegenstand unserer Rede und dann sie in die Idee erheben, vielmehr heißt es darauf zurückgehen, was vor aller Thematisierung die Welt faktisch für uns schon ist. [...] Die Welt ist nicht, was ich denke, sondern das, was ich lebe, ich bin offen zur Welt, unzweifelhaft kommuniziere ich mit ihr, doch ist sie nicht mein Besitz, sie ist unausschöpfbar." Maurice Merleau-Ponty, *Phänomenologie der Wahrnehmung,* übers. v. Rudolf Boehm, Berlin: de Gruyter 1966, S. 3f., 12–14.

(20) Donald Judd, 1965
„Stellas geformte Leinwände teilen mit dreidimensionalen Werken verschiedene wichtige Merkmale. So korrespondiert die Peripherie einer Arbeit mit den Linien im Innern. Die Streifen laufen nie Gefahr, sich als Einzelelemente auszusondern. [...] Da die Fläche außergewöhnlich vereinheitlicht ist und wenig oder gar keine Raumwirkung erzeugt, wird die parallele Fläche ungewöhnlich deutlich. [...] Ein Gemälde ist kein Bild. Die Formen, die Einheit, Projektion, Ordnung und Farbe sind spezifisch, aggressiv und kraftvoll. [...] Drei Dimensionen sind wirklicher Raum. Dadurch ist Schluss mit dem Problem des Illusionismus und des buchstäblichen Raums, Raum in und um Markierungen und Farben – dies bedeutet die Befreiung von einem der augenfälligsten Relikte der europäischen Kunst. [...] Es ist nicht nötig, dass eine Arbeit viele Dinge zum Anschauen bietet, zum Vergleichen, zum Eins-nach-dem-anderen-Analysieren oder zum Nachsinnen. Die Sache als Ganze, ihre Qualität als ein Ganzes, ist das Interessante." Zit. nach: Gregor Stemmrich (Hrsg.), *Minimal Art. Eine kritische Retrospektive,* Dresden / Basel: Verlag der Kunst 1995, S. 59–73, hier S. 67–69.

(21) Robert Morris, 1966
„Einfachheit der Form ist nicht unbedingt das gleiche wie Einfachheit der Erfahrung. Einheitliche Formen verringern nicht die Beziehungen. Sie ordnen sie. Fungiert das vorherrschende, hieratische Wesen der einheitlichen Form als Konstante, werden dadurch nicht all jene spezifizierenden Beziehungen des Maßstabs, der Proportion usw. abgeschafft. Sie werden vielmehr enger und unlösbarer miteinander verknüpft. Die Verstärkung dieses einzelnen wichtigsten Wertes der Skulptur – der Form – macht, im Verein mit größerer

Vereinheitlichung und mit stärkerer Integration aller anderen wesentlichen Werte der Skulptur, einerseits die vielteiligen, modulierten Erscheinungen vergangener Skulptur zu etwas Fremden und verschafft andererseits der Skulptur sowohl eine neue Grenze wie eine neue Freiheit." Zit. nach: Stemmrich 1995, S. 92–100, hier S. 100.

(22) Peter Schjeldahl, 1984
„Die 24 Meter seiner Länge abzuschreiten ist so, als ob man mit seinem Körper eine große Bach'sche Fuge durchläuft – und mit seiner Gehgeschwindigkeit deren Tempo bestimmt. [...] Das Objekt ist rational erdacht, doch seine Wirkung ist irrational, eine endlose und auf angenehme Art sich übersteigernde Präsenz." Zit. nach: Stemmrich 1995, S. 572f.

(23) Allan Kaprow, 1965
„Dadurch wurde aber zugleich deutlich, dass ‚auch der Raum schon immer ein Rahmen oder ein Format gewesen ist' und dass diese Form sich mit den Formen und dem Ausdruck der betreffenden Arbeiten nicht vereinbaren lässt. [...] Aus dem Gesagten sollte klar geworden sein, dass sich hier so etwas wie eine Krise abzeichnet. Ganz abgesehen von der ästhetischen Neubewertung, zu der sie uns zwingt, hat sie den unmittelbaren praktischen Effekt, die übliche Galeriesituation obsolet werden zu lassen." Zit. nach: Harrison / Wood 1998, S. 862–869, hier 863f.

(24) Allan Kaprow, 1965
„Obwohl die Environments in der Wahl ihrer Medien und der Weisen ihrer Sinnesreizung frei sind, lagen die Hauptakzente bis heute im visuellen, taktilen und manipulativen Bereich. Zeit (im Gegensatz zum Raum), Klang (im Gegensatz zu greifbaren Objekten) und die physische Präsenz von Menschen (im Gegensatz zur physischen Umgebung) sind eher untergeordnete Elemente. Was aber, wenn man die Potentialität dieser Nebensachen erhöhen wollte? Das Ziel wäre ein einheitliches Feld von Komponenten, die theoretisch alle gleichwertig und manchmal auch exakt gleich wären. Dazu müsste man die Komponenten gewissenhafter ins Werk einarbeiten, wodurch den Menschen größere Verantwortung übertragen würde und die Rolle der unbelebten Teile besser mit dem Ganzen vereinbar wäre. Die Zeit könnte gewichtet, komprimiert oder gedehnt werden, Klänge würden unvermittelt ertönen, Dinge wären in stärkere Bewegung zu versetzen. Für das Ereignis, das dies geleistet hat, bürgert sich immer mehr der Name ‚Happening' ein. Grundsätzlich sind Environments und Happenings einander ähnlich. Sie sind die passive und aktive Seite einer einzigen Medaille, deren Währung die ‚Ausdehnung' ist." Zit. nach: Harrison / Wood 1998, S. 864f.

(25) Michael Fried, 1967
„Weiterhin ist die Gegenwart der literalistischen Kunst, die Greenberg als erster analysierte, im Grunde ein theatralischer Effekt oder eine theatralische Eigenschaft – eine Art

‚Bühnen'-Präsenz. Sie ist eine Funktion nicht nur der oft sogar aggressiven Aufdringlichkeit der Kunstwerke, sondern auch der besonderen Mitwirkung, welche die Arbeiten vom Betrachter verlangen. [...] Kunst degeneriert, wenn sie sich den Bedingungen des Theaters annähert.' [...] Es scheint, dass die Erfahrung der letztgenannten keine Zeitdauer hat – nicht etwa, weil man ein Bild von Noland oder Olitski oder eine Skulptur von David Smith oder Caro nicht tatsächlich in der Zeit erfährt, sondern weil das Werk selbst in jedem Moment gänzlich manifest ist. [...] Diese fortwährende und vollständige Gegenwärtigkeit, gewissermaßen eine unaufhörliche Selbstschöpfung, wird erfahren als eine Art Augenblicklichkeit: als reichte, wenn man nur unendlich viel scharfsichtiger wäre, ein einzelner, unendlich kurzer Moment aus, um alles zu sehen, um das Werk in seiner ganzen Tiefe und Fülle zu erfahren, um für immer von ihm überzeugt zu sein. [...] Ich denke, dass es dank dieser Gegenwärtigkeit und Augenblicklichkeit der modernen Malerei und Skulptur gelingt, das Theater zu überwinden." Zit. nach: Stemmrich 1995, S. 345, 360, 365f.

(30) Robert Morris, 1969
„Relevant für die sechziger Jahre war die Notwendigkeit, das Objekt als Kunst neu zu konstituieren. Objekte bildeten einen offensichtlichen Schritt weg von Illusionismus, Anspielungen und Metapher. Sie stellen den eindeutigsten Typus einer unabhängigen künstlichen Gegebenheit dar, die klar vom Anthropomorphen distanziert und getrennt ist. Dabei ist es nicht besonders überraschend, dass eine Kunst, die sich in Richtung größerer Konkretheit und weg vom Illusorischen bewegt, sich mit der wesentlich idealistischen Bildlichkeit des Geometrischen verbündete. Unter allen vorstellbaren oder erfahrbaren Dingen behält man die symmetrischen und die geometrischen am leichtesten als Formen im Gedächtnis. Das Verlangen nach Bildern, die sich geistig kontrollieren, manipulieren und vor allem isolieren ließen, beruhte einerseits auf einer ästhetischen Vorentscheidung und war andererseits eine methodologische Notwendigkeit. Objekte lieferten den bildnerischen Nährboden, aus dem heraus sich die Kunst der sechziger Jahre materialisierte. [...] Eine bestimmte Kunst verwendet jetzt als Ausgangspunkt und als Mittel Materie, Substanzen in vielerlei Zuständen – von Brocken bis zu Partikeln, bis zu Schlamm und was immer –, und vorgedachte Bilder sind weder nötig noch möglich. Neben diesem Ansatz finden sich Zufall, Kontingenz, Unbestimmtheit – kurzum der Gesamtbereich der Prozesse. Zwecke und Mittel werden auf eine Weise zusammengebracht, wie es sie vorher in der Kunst nie gab. [...] Dass Kunst ihre Energie nicht mehr für das Handwerk oder Objektproduktion verausgabt, hat noch weitere Implikationen. Dieses Nutzbarmachen des Prozesses verlagert die Funktion der Kunst: als Energie, die zur Wahrnehmungsänderung drängt." Zit. nach: Harrison / Wood, S. 1061–1066, hier S. 1064f.

(33) Tommaso Trini, 1969
„Da alle Sprachformen möglich sind, ist die reale Sprachstruktur eine Folge von immer anderen Akten und Objekten, von Verhaltensweisen und Prozessen, mit deren Hilfe die

Künstler einen Ausweg aus dem Wettbewerb, aus der eigenen Vermarktung suchen. [...] Die Anthropologie spricht hier lieber von ‚Natur-Kultur'. Seit Lévi-Strauss sind diese beiden Begriffe nicht mehr notwendigerweise gegensätzlich. Sie weisen sogar identische Strukturen auf. Die Produkte der Kultur unterscheiden sich nicht wesentlich von den natürlichen Produkten. [...] Sinn der Natur ist es, dass sich das Verhalten der Künstler gegenüber Natur und Materie zur Gewaltlosigkeit bekennt, gegen den Machtanspruch, den der westliche Gedanke unter dem Deckmantel der wissenschaftlichen Bereicherung immer gerechtfertigt hat. [...] Nachdem sie das Problem der Metapher und der indirekten Aktion überwunden hatten, gingen einige Künstler daran, das größte Hindernis aus dem Weg zu räumen: Kunst sollte als direkte Aktion stattfinden. [...] Allgemein liegt die Lösung darin, jenseits des Objektes zu arbeiten – und zwar des Objektes an sich als konkretes, perzeptorisches Ergebnis – und sich der darstellenden Kunst in Verbindung mit dem Theater zu nähern. [...] Nachdem er Stil und sprachliche Selbstverwirklichung aufgegeben hat, verzichtet der Künstler nun auch auf den objektgebundenen Kontext und auf die gewohnten Materialien zugunsten einer weiteren irreversiblen Intensivierung seines Schaffens und seines Daseins in der Welt – er konzentriert sich nur noch auf den eigenen Körper." Zit. nach Nike Bätzner (Hrsg.), *Arte povera. Manifeste. Statements. Kritiken,* Dresden / Basel: Verlag der Kunst 1995, S. 76–87, hier S. 82–85.

(34) Tommaso Trini, 1969/70
„So sind wir Zeugen geworden eines weiten Spektrums an Dingen und Ereignissen in Bewegung, im Fortschritt. Das ist die Wirklichkeit der Kunst dieser Jahre, einer Kunst, die flüssig und nicht fixiert ist, dank der impliziten Spannung, die man überall entdeckt, aber flüssig und nicht fixiert auch aus freier Entscheidung." (Übersetzung H. D.)

(35) Filiberto Menna, 1968
„Wir fassen den Status der Dinge neu im Zeichen der Natur. [...] Ohne die Beziehung zwischen Innerem und Äußerem – die einst auf die visuelle Wahrnehmung gegründet wurde – abzulehnen, die im Übrigen auch die Grundlage aller künstlerischen Bemühungen aus dem städtischen Umfeld war, ist der Künstler nun bestrebt, komplexere, analoge Elemente beider Bereiche herauszustellen, um neue Dimensionen des Äußeren (der Natur) und des Inneren (tiefer psychischer Strukturen) zu erschließen." (Übersetzung H. D.)

(36) Pier Paolo Pasolini, 1975
„Die Massenkultur hat nach der Industrialisierung zur Zerstörung der Kultur des Einzelnen geführt, bis zur industriellen Gleichschaltung des Bewusstseins. [...] Ich habe also ‚mit all meinen Sinnen' gesehen, wie das von der Konsumgesellschaft geforderte Zwangsverhalten das Bewusstsein des italienischen Volkes umgemodelt, deformiert und zu einer Degradierung getrieben hat, von der es kein Zurück mehr gibt. Etwas, was selbst der faschistische Faschismus nicht erreicht hatte, denn damals war das äußere Verhalten

völlig vom Bewusstsein getrennt." Pier Paolo Pasolini, *Freibeuterschriften. Aufsätze und Polemiken über die Zerstörung des Einzelnen durch die Konsumgesellschaft,* Berlin: Klaus Wagenbach 1978, S. 70.

(38) Jannis Kounellis, 1974
„‚Warum Erde und Kaktus?' Aber genau deswegen, um sie in Widerspruch zu der Struktur zu setzen, um eine Kritik am System anzubieten, um dem Künstler zu erlauben, ausreichende Freiheit zu besitzen, jedwede Sache, die geschieht, zu kommentieren. Das ist die Kreativität, bestimmt durch dieses Bewusstsein. Auf jeden Fall laufen die Kunst und die Geschichte parallel und sind nicht unabhängig voneinander, im Gegensatz zu dem, was die idealistische Tradition glaubte. Ich will einen kritischen Dialog anregen, der von einer politischen Betrachtung ausgeht, politisch im Sinne von Politik der Kunst." Zit. nach: Bettina Ruhrberg, *Arte povera. Geschichte, Theorie und Werke einer künstlerischen Bewegung in Italien,* Bonn 1992, S. 249 (Zugl. Diss. phil. Universität Bonn 1992).

(40) Mario Merz, 1985
„Such das Ur-Haus / Such das halbsphärische Haus / Such das vollkommene Modell einer Hausidee / Such, was dort ist, zwischen den abgestorbenen, vom Wald verschleppten Zweigen / eine vollkommene Idee, unmöglich in die Tat umzusetzen, eine Idee geboren inmitten der ‚Unmöglichkeit', irgendetwas zu tun, das keinen direkten Bezug hat zur Anhäufung der Güter in Banken oder zur Tradition des Einbahnwissens. Such ‚außerhalb' der Güteranhäufung in Banken / Such ‚außerhalb' der Tradition des Einbahnwissens / das Ur-Haus oder Endhaus, das erste, das sich bewusst ist, dass das Haus ‚außerhalb' der Güteranhäufung in den Banken zu bauen ist und ‚außerhalb' der Tradition des Einbahnwissens, das erste in die Bewegung geschleuderte Haus, halbsphärisch, halb-real, halb-abendländisch, halb-bewusst, halb-luzid, halb-elektrisch." Mario Merz, *Voglio fare subito un libro / Sofort will ich ein Buch machen,* Aarau / Frankfurt/Main: Sauerländer 1985, S. 275.

(43) Sol LeWitt, 1967
„Es ist das Ziel des Künstlers, der sich mit konzeptueller Kunst beschäftigt, seine Arbeit in geistiger Hinsicht für den Betrachter interessant zu machen, und deshalb möchte er normalerweise, dass sie in emotionaler Hinsicht nüchtern, trocken wirkt. [...] Der Prozess von Konzeption und Realisation ist das, was den Künstler beschäftigt." Zit. nach: Gerd de Vries (Hrsg.), *Über Kunst. Künstlertexte zum veränderten Kunstverständnis nach 1945,* Köln: DuMont 1974, S. 177–185, hier S. 177.

(49) Joseph Kosuth, 1977
„Aus diesem Grund sollte ‚Bewusstsein' in der Funktion von Selbst-Reflexivität innerhalb der Teile des Werkes (der Propositionen) der Kunst wirken. Auf diese Weise ist das Subjekt des Künstlers gegenwärtig und ‚humanisiert' das Werk. Dieser Vorschlag gilt für ein

Werk, das sich selbst als einen Kontext versteht, der den sozialen Kontext vermittelt (wie er durch diesen vermittelt wird)." (Übersetzung H. D.)

(51) Michel Foucault, 1977
„Was also seit zehn oder fünfzehn Jahren auftaucht, ist – so würde ich sagen – die zunehmende Kritisierbarkeit der Dinge, der Institutionen, Praktiken, Diskurse; eine Art allgemeine Brüchigkeit der Böden, auf denen wir stehen, auch und vielleicht gerade der vertrautesten, festesten, die uns, unserem Körper, unseren alltäglichen Gesten am allernächsten sind. Doch einhergehend mit dieser Brüchigkeit und dieser erstaunlichen Wirkung der diskontinuierlichen, partikularen und lokalen Kritiken entdeckt man in Wirklichkeit etwas, was man als hemmende Wirkung gerade der globalen, ganzheitlichen Theorien bezeichnen könnte. [....] Ich glaube, dass dieser im wesentlichen lokale Charakter der Kritik in Wirklichkeit so etwas wie eine autonome, nicht zentralisierte theoretische Produktion anzeigt, die folglich zur Bestätigung der eigenen Gültigkeit nicht der Billigung eines allgemeinen Normensystems bedarf. [...] Die Archäologie wäre die spezifische Methode der Analyse der lokalen Diskursivitäten und die Genealogie die Taktik, die ausgehend von den derart beschriebenen lokalen Diskursivitäten die daraus auftauchenden und aus der Unterwerfung befreiten Wissensarten spielen lässt." Zit. nach: Michel Foucault, *Dispositive der Macht: Über Sexualität, Wissen und Wahrheit,* Berlin: Merve 1978, S. 55–74, hier S. 58f., 65.

(52) Daniel Buren, 1975
„ ‚Allmächtige Mutter'. Das Guggenheim Museum ist exemplarisch für eine Architektur, die, so umfangend und aufnahmebereit sie auch scheint, in Wirklichkeit alles ausschließt, was sich (normal) in ihr zeigt, und zwar zugunsten der Ausstellung ihrer selbst. Ihre Umarmung kommt einer Erstickung gleich. Von solcher ‚Umhüllung' wird jedes Werk, das sich ihr ahnungslos anheimgibt, unwiderruflich aufgesogen und rettungslos hineingezogen in die Spiralen und Kurven dieser Architektur. Die eigentliche Schutzfunktion des Museums erfährt hier eine paradoxe Umkehrung durch den Architekten selbst. Das Guggenheim Museum verhält sich gegenüber der Kunst, die es beherbergt, als allmächtige Mutter. Solche Architektur ist verhängnisvoll für die Kunst, wie wir sie kennen, sie macht aber zugleich deutlich, wo die Grenzen dieser Kunst liegen." Zit. nach: Daniel Buren, *Achtung! Texte 1967–1991*, hrsg. v. Gerti Fietzek und Gudrun Inboden, Dresden / Basel: Verlag der Kunst 1995, S. 202–214, hier S. 211.

(53) Daniel Buren, 1969
„Eine (Realität) also, die, obwohl schon ‚gefunden', man in Frage stellen, also erschaffen muss. Denn man kann sagen, dass auch heute (keine der Realitäten), auf die man uns verwiesen hat, oder die wir anerkannt haben, wirklich ‚erkannt' ist. Die Existenz eines Problems anzuerkennen, heißt nicht auch schon, es zu erkennen." Zit. nach: Buren 1995, S. 59–85, hier S. 82.

(57) Victor Burgin, 1976
„Die erste Forderung an eine sozialistische Praxis der Kunst ist, dass sie sich mit Codes und Inhalten auseinandersetzen soll, die ‚öffentliches Allgemeingut' sind. Diese Codes und Inhalte präsentieren sich selbst – und damit die Ideologie – als natürlich und ganzheitlich; eine sozialistische Kunstpraxis wird darauf abzielen, sie zu dekonstruieren, ihre scheinbar nahtlose ideologische Oberfläche aufzubrechen." Zit. nach: Harrison / Wood 1998, S. 1132–1137, hier S. 1134.

Kapitel III

(2) Frederic Jameson, 1983
„Selbst wenn die zeitgenössische Kunst dieselben formalen Merkmale wie die ältere modernistische aufweist, hat sie doch ihre Stellung in unserer Kultur grundsätzlich verschoben. Zum einen sind Gebrauchsgüter, insbesondere Kleidung, Möbel, Architektur, heute engstens an Stilwechsel gebunden, die auf künstlerische Experimente folgen. […] Zum anderen gehören die Meisterwerke der klassischen Moderne heute selbst zum Kanon und werden in Schulen und Universitäten unterrichtet, was ihnen jede ihrer früher subversiven Kräfte nimmt." (Übersetzung H. D.)

(6) Peter Halley, 1983
„Aus dieser [sozioökonomischen] Perspektive spiegeln der Strukturalismus und die neue Kunst den Übergang von der industriellen zur postindustriellen Gesellschaft: von einer Gesellschaft expandierender Märkte zu einer Gesellschaft stagnierenden Wachstums, in dem Reichtum eher umverteilt als erzeugt wird; den Übergang von einer Kultur, in der Produktion, Innovation und Individualismus im Namen des Schöpfertums mythologisiert wurden, zu einer Gesellschaft, der es um die Manipulation des Bestehenden – ob Kapital oder kulturelle Zeichen – geht. Das ist die Kultur, die der Strukturalismus beschreibt, oder die sozusagen gleichzeitig den Strukturalismus hervorbringt. […] Die Ankunft dieser postindustriellen Bedingungen [aus Europa] in den Vereinigten Staaten wurde von einer neuen, strukturalistisch orientierten Kunstpraxis begleitet." Zit. nach: Harrison / Wood 1998, S. 1330.

(8) Hal Foster, 1991
„Den Modernismus dekonstruieren, nicht um ihn in seinem Selbstbild zu besiegeln, sondern um ihn zu öffnen, zu revidieren, seine geschlossenen Systeme zu öffnen (wie das Museum) zur ‚Heterogenität der Texte' (Crimp), seine umfassenden Techniken umschreiben im Sinne ‚synthetischer Widersprüche' (Frampton) kurz: seine Heldenerzählungen mit dem ‚Diskurs der Anderen' (Owens) konfrontieren. Eine Postmoderne des Widerstands entsteht dann als eine Gegenpraxis nicht nur zur offiziellen Kultur des Modernismus, sondern auch zur ‚falschen Normativität' eines reaktionären Postmodernismus. Im Gegensatz (aber nicht

nur im Gegensatz) ist ein widerständiger Postmodernismus mit einer kritischen Dekonstruktion der Tradition befasst, weder ein kritischer Pastiche aus Pop- oder pseudohistorischen Formen noch eine Rückkehr zu ihnen. Kurz, er untersucht kulturelle Codes statt sie auszubeuten, erforscht soziale und politische Zusammenhänge statt sie zu verbergen. Im eher lokalen Kontext beschreibt die ‚Anti-Ästhetik' eine Praxis, interdisziplinär, die kulturelle Formen im politischen Engagement beachtet, also solche, die die Idee eines privilegierten Reichs des Ästhetischen negieren. [...] In solcher Praxis könnte Adornos Strategie der ‚ästhetischen Negativität' revidiert oder sogar abgelehnt werden müssen, eine neue Strategie der Interferenz (Gramsci) dagegen wäre zu entwerfen." (Übersetzung H. D.)

(9) Daniel Bell, 1978
„Der Preis [des Modernismus] bestand einmal im Verlust kultureller Kohärenz, der vor allem deswegen eintrat, weil sich eine antinomische Attitüde gegenüber moralischen Normen und überhaupt der Idee einer kulturellen Urteilskraft ausbreitete. [...] Der Modernismus triumphierte als Angriff gegen die Orthodoxie, um nun seinerseits zur herrschenden Orthodoxie der Gegenwart zu werden. [...] Man hat ihn in eine profit- und promotionsträchtige Ware verwandelt. [...] Die bürgerliche Gesellschaft entzweite Ökonomie und moralische Normen, damit das Individuum seine eigenen selbstgesetzten Wünsche verfolgen konnte, doch gleichzeitig versuchte sie, die Kultur ihren eingeschränkten moralischen Normen gefügig zu machen. Der Modernismus war der wichtigste Versuch, im Namen von Erfahrung, Ästhetik und Experiment diesen Restriktionen zu entkommen; am Ende riss er alle Schranken nieder. Wenn wir aber nun versuchen, die Ökonomie wieder mit moralischen Normen zu verbinden: sollte man der Kultur da nicht ähnliche Vollmachten erteilen?" Zit. nach: Harrison / Wood 1998, S. 1227–1232, hier S. 1229–1232.

(12) Frederic Jameson, 1984
„Eine Ästhetik nach dem Muster einer für unsere Wahrnehmung und Erkenntnis orientierenden Kartographie – eine pädagogisch-politische Kultur, die das Subjekt mit einem neuen und erweiterten Sinn für seinen Standort im Weltsystem ausstattet – muss zwangsläufig die ungeheuer komplexe Dialektik der Repräsentation in Rechnung stellen und neue Wege ersinnen, um dem gerecht zu werden. Dies sollte nicht als Aufforderung verstanden werden, zu einer früheren Produktionsstufe zurückzukehren, zu einem früheren und noch transparenten nationalen Raum, zu einer traditionelleren und Sicherheit bietenden ‚Perspektive' oder einer residualen Vorstellung von ‚Widerspiegelung'. Die neue politische Kunst – sollte sie überhaupt möglich sein – wird es mit der ‚Wahrheit' der Postmoderne halten, das heißt festhalten müssen an der wesentlichen Tatsache, am neuartigen Welt-Raum des multinationalen Kapitals. Dabei sollte ein Durchbruch möglich sein zu heute noch nicht vorstellbaren neuen Formen der Repräsentation dieses Raums, mit denen wir wieder beginnen können, unseren Standort als individuelle und kollektive Subjekte zu bestimmen. Nur so wäre eine neue Handlungs- und Kampfesfähigkeit zu gewinnen, die zur Zeit

in der herrschenden räumlichen wie gesellschaftlichen Konfusion neutralisiert worden ist. Wenn es so etwas wie eine politische Erscheinungsform der Postmoderne geben sollte, so wäre diese dazu aufgerufen, eine globale Kartographie unserer Wahrnehmung und Erkenntnis zu entwerfen und diese in den genau zu ermessenden gesellschaftlichen Raum zu projizieren." Frederic Jameson, *Postmoderne: Zur Logik der Kultur im Spätkapitalismus*, übers. v. Hildegard Föcking und Sylvia Klötzer, in: Andreas Huyssen und Klaus Scherpe (Hrsg.), *Postmoderne: Zeichen eines kulturellen Wandels,* Reinbek: Rowohlt 1986, S. 99f.

(14) Jean Baudrillard, 1976
„Das Hyperreale ist ein viel weiter fortgeschrittenes Stadium, in dem sogar der Widerspruch zwischen dem Realen und dem Imaginären ausgelöscht ist. Die Irrealität ist nicht mehr die eines Traumes oder Phantasmas, eines Diesseits oder Jenseits, es ist die Irrealität einer ‚halluzinierenden Ähnlichkeit des Realen mit sich selbst'. Um die Krise der Repräsentation zu überwinden, muss man das Reale in der reinen Wiederholung einschließen. Diese Tendenz zeigt sich, noch ehe sie in Pop-Art und neorealistischer Malerei auftaucht, im ‚nouveau roman'. […] Am Ende dieses Entwicklungsprozesses der Reproduzierbarkeit ist das Reale nicht nur das, was reproduziert werden kann, sondern das, ‚was immer schon reproduziert ist'. Hyperreal. […] Von nun an verkörpert die ganze alltägliche, politische, soziale, historische und ökonomische Realität die simulierende Dimension des Hyperrealismus: überall leben wir schon in der ‚ästhetischen' Halluzination der Realität." Zit. nach: Harrison / Wood 1998, S. 1300–1302, hier 1300f.

(15) Jean Baudrillard, 1976
„Heute, wo das Reale und das Imaginäre zu einer gemeinsamen operationalen Totalität verschmolzen sind, herrscht die ästhetische Faszination überall: es ist die unterschwellige Wahrnehmung (eine Art sechster Sinn) des Tricks, der Montage, des Szenarios, von der Überbelichtung der Realität bis zum Ausleuchten der Modelle, – kein Produktionsraum mehr, sondern ein Band, das gelesen, codiert und decodiert wird, ein Magnetband der Zeichen – eine ästhetische Realität, die nicht mehr durch die Überlegung und Distanz der Kunst zustande kommt sondern durch ihren Aufstieg zum zweiten Niveau, in die zweite Potenz, durch die Antizipation und Immanenz des Codes." Zit. nach Harrison / Wood 1998, S. 1302.

(22) Hal Foster, 1982
„Diese Arbeiten begrenzen nicht den Begriff von Kunst um eines Experimentes auf der Ebene der Form oder Wahrnehmung willen, sondern spüren ihrer Verwandtschaft mit anderen Praktiken nach (in der Kulturindustrie und andernorts); und sie neigen auch zu einer anderen Auffassung ihres Gegenstands. […] Die Künstler behandeln den öffentlichen Raum, die gesellschaftlichen Repräsentationen oder die künstlerische Sprache, in die sie intervenieren, zugleich als Zielscheibe und als Waffe. […] Statt Produzent von Kunstobjek-

ten zu sein, wird der Künstler eher zum Zeichenmanipulator; statt passiv eine Ästhetik zu kontemplieren oder Konsument des Spektakulären zu sein, wird der Betrachter eher zum aktiven Leser von Botschaften. [...] Die Situationsästhetik dieser Kunst (Martha Rosler, Sherrie Levine, Dara Birnbaum, Barbara Kruger, Louise Lawler, Allan Mc Collum, Jenny Holzer, Krzysztof Wodiczko, ...) – ihre besondere Aufmerksamkeit gegenüber Ort, Vermittlung und Publikum – war durch die vielfältige Institutionenkritik von Künstlern wie Daniel Buren, Michael Asher, Dan Graham, Hans Haacke, Marcel Broodthaers, Lawrence Weiner, John Baldessari und Joseph Kosuth bereits vorbereitet. Doch auch wenn Kruger, Holzer und andere die konzeptuelle Kritik vorgegebener Parameter der Kunstproduktion und -rezeption beerbt haben, so doch nicht auf unkritische Weise. Denn genau wie die Konzeptkünstler die minimalistische Analyse des Kunstobjekts erweiterten, so haben auch diese späteren Künstler die konzeptuelle Kritik der Kunstinstitution ausgedehnt, um in ideologische Repräsentationen und die Sprachen des Alltagslebens eingreifen zu können." Zit. nach: Harrison / Wood 1998, S. 1322f.

(24) Jeff Wall, 1995
„In diesem Licht kann man wohl sagen, dass es die Rolle und die Aufgabe der Fotografie war, sich von der Konzeptkunst, vom Reduktionismus und seinen Aggressionen abzuwenden. Der Photokonzeptualismus war insofern der letzte Moment in der Prähistorie der Fotografie-als-Kunst, das Ende des alten Systems, der nachhaltigste und scharfsinnigste Versuch, das Medium von seinem spezifisch distanzierten Verhältnis zum künstlerischen Radikalismus und von seiner Gebundenheit an die Tradition des westlichen Bildes zu befreien. Indem dies mißlang, revolutionierte der Photokonzeptualismus unser Konzept des Bildes und schaffte [schuf] die Voraussetzungen für die Wiedereinsetzung dieses Konzepts als eine zentrale Kategorie der Gegenwartskunst seit etwa 1974." Zit. nach: *Jeff Wall. Szenarien im Bildraum der Wirklichkeit. Essays und Interviews*, hrsg. v. Gregor Stemmrich, Dresden / Basel: Verlag der Kunst 1997, S. 375–434, hier S. 433f.

(25) Craig Owens, 1980
„Eigentümlich ist der Allegorie gerade ihr Vermögen, dem historischen Vergessen zu entreissen, was zu verschwinden droht. [...] In ihrer Geschichte hat sie immer in der Lücke zwischen einer Gegenwart und einer Vergangenheit operiert, die ohne allegorische Reinterpretation womöglich für verfallen erklärt worden wäre. Die Überzeugung von Entferntheit der Vergangenheit und der Wunsch, sie mit der Gegenwart zu versöhnen – dies sind ihre beiden grundlegendsten Impulse. [...] Allegorische Bilder sind appropriierte Bilder; der Allegoriker erfindet keine, er konfisziert sie. [...] Solche Verquickung von Verbalem und Visuellem ist jedoch nur ein Aspekt der heillosen Verquickung aller ästhetischen Medien und stilistischen Kategorien in der Allegorie (heillos für jeden Versuch der Unterteilung des ästhetischen Feldes nach essentialistischen Kriterien). Das allegorische Werk ist synthetisch; es überschreitet ästhetische Grenzlinien. Diese Verwirrung der Genres,

von Duchamp vorweggenommen, begegnen wir auch heute wieder: als Hybridisierung in eklektischen Werken, die demonstrativ vormals distinkte Kunstmedien miteinander kombinieren." Zit. nach: Harrison / Wood 1998, S. 1308–1317, hier S. 1309f., 1312.

(26) Anne Rorimer, 1989
„Während einige Künstler die Fotografie und die Sprache re-präsentieren, um zu zeigen, wie sie in unserer Gesellschaft funktionieren, re-präsentieren andere direkt die Bildwelten der Massenmedien. Ihr Werk gilt im Wesentlichen den Mythen und Ideologien, welche die Massenmedien verbreiten, um alle Lebensbereiche zu durchdringen, allenthalben von der Konsumkultur gespeist und umgekehrt diese prägend. Viele Werke verbindet ihr analytischer Ansatz gegenüber diesen Methoden, mit denen unsere Wahrnehmung in dieser Bildergesellschaft mit ihren omnipräsenten Repräsentationssystemen gefiltert wird. [...] In der Annahme, dass das Kunstwerk sich aus denselben Elementen zusammensetzt, aus denen auch die Gesellschaft besteht, entlarven die Werke der 1980er-Jahre deren schönen Schein. Statt diese Illusionen aber wie einen Vorhang zu durchlöchern, zu zerstören, untersuchen die Künstlerinnen und Künstler dieser Generation die Unwirklichkeiten der zeitgenössischen Wirklichkeit selbst, im Versuch sinnstiftend zu wirken durch die Vielfalt repräsentierender Zeichen." (Übersetzung H. D.)

(29) Achille Bonito Oliva, 1979
„Ohne Intensität gibt es keine Kunst. Intensität ist die Fähigkeit des Werkes, sich selbst zu offerieren, seine Fähigkeit zu faszinieren und den Betrachter in der Intensitätszone des Bildes zu fesseln, in der sich selbst genügenden Sphäre der Kunst, die allein den inneren Regeln gehorcht, welche von der demiurgischen Kraft des Künstlers bestimmt werden, von jener inneren Sinnstiftung, die alle äußeren Motivationen ausschließt. [...] Die Kunst entdeckt wieder das Überraschende einer unbegrenzt kreativen Tätigkeit [...] und einer durch tausende von Möglichkeiten charakterisierten Existenz, von der Figur bis zum abstrakten Bild, vom genialen Einfall bis zur delikaten Textur eines Mediums, die sich alle gleichzeitig überschneiden und in der Augenblicklichkeit eines Werkes zusammentreffen, darin aufgehoben als Angebot seiner selbst als einer Vision. In ihrer nomadenhaften Kreativität hat die Kunst in den 70er Jahren ihre eigene Bewegung par excellence gefunden, die Möglichkeit eines unbegrenzt freien Übergangs von einem zum anderen Gebiet in alle Richtungen mit offenen Bezügen. [...]. Trans-Avantgarde heißt, eine nomadenhafte Haltung einzunehmen, die kein bestimmtes Engagement duldet, keine privilegierte Ethik beansprucht außer jener der Augenblicklichkeit des Werkes selbst. [...] Heute Kunst zu machen bedeutet, alles verfügbar zu haben in einer ständig sich umwälzenden, synchronen Simultaneität, durch die es möglich wird, mitten in das Werk private und mythische Bilder, persönliche Zeichen aus der individuellen Lebensgeschichte und öffentliche Zeichen aus der Kultur- und Kunstgeschichte einzubinden. Dieses Überkreuzen heißt auch, sein Selbst nicht zu mythisieren, sondern es auf einen ‚Kollisionskurs' zu bringen mit anderen

Ausdrucksmöglichkeiten, was auch bedeutet, Subjektivität Widersprüchen auszusetzen und sie in deren Mitte zu behaupten. Die Infragestellung des Werkes hat auch eine Infragestellung des Mythos von der Einheit des Ichs zur Folge, zugunsten des Nomadentums eines ständig bewegten ‚Imaginären', ohne Anker und feste Bezugspunkte." Achille Bonito Oliva, *Die italienische Transavantgarde,* zit. nach: *Die Sammlung Paul Maenz. Neues Museum Weimar,* bearb. von Hans Dickel, Ostfildern: Cantz 1998, S. 150.

(44) Richard Serra, 1990
„Die Spezifizität ortsbezogener Arbeiten hat zur Folge, dass sie für ihren Platz konzipiert, von ihm abhängig und untrennbar sind. Maßstab, Größe und Aufstellung der plastischen Elemente ergeben sich aus einer Analyse der besonderen Umraumkomponenten eines gegebenen Kontextes. Eine erste Analyse des Orts berücksichtigt nicht nur seine formalen, sondern auch die sozialen und politischen Eigenschaften. Ortsspezifische Arbeiten enthalten unweigerlich ein Werturteil über den größeren sozialen und politischen Kontext, dessen Teil sie sind. Ausgehend von der wechselseitigen Abhängigkeit von Arbeit und Ort reagieren ortsspezifische Arbeiten kritisch auf Inhalt und Kontext ihres Orts. Ortsspezifische Lösungen beweisen, dass es möglich ist, die Gleichzeitigkeit neu entstandener Beziehungen zwischen Skulptur und Kontext anschaulich zu machen. Eine Neuorientierung von Wahrnehmung und Verhalten gegenüber einem Ort verlangt zugleich eine neue, kritische Anpassung an die eigene Erfahrung dieses Ortes. Die Beziehung zwischen ortsspezifischen Arbeiten und ihrer Umgebung ist in erster Linie ein Dialog. Ortsspezifische Arbeiten fordern zum Vergleich zweier verschiedener Sprachen auf (ihrer eigenen Sprache und der Sprache ihrer Umgebung). Anders als modernistische Arbeiten, die die Illusion der Autonomie von ihrer Umgebung erzeugen und nur hinsichtlich der Sprache ihres eigenen Mediums kritisch funktionieren, fordern ortsspezifische Arbeiten zum Vergleich zweier verschiedener Sprachen auf, so dass die eine Sprache benutzt werden kann, um die andere zu kritisieren." Zit. nach: Harrison / Wood 1998, S. 1396–1399, hier S. 1397f.

(48) Jean François Lyotard, 1979
„Das Kriterium der Operabilität ist ein technologisches, es taugt nicht, um über die Wahrheit und das Rechte zu urteilen. Der durch Diskussion erreichte Konsens, wie Habermas denkt? Er tut der Heterogenität der Sprachspiele Gewalt an. Und die Erfindung entsteht immer in der Meinungsverschiedenheit. Das postmoderne Wissen ist nicht allein das Instrument der Mächte. Es verfeinert unsere Sensibilität für die Unterschiede und verstärkt unsere Fähigkeit, das Inkommensurable zu ertragen. Es selbst findet seinen Grund nicht in der Übereinstimmung der Experten, sondern in der Paralogie der Erfinder." Jean François Lyotard, *Das postmoderne Wissen. Ein Bericht,* übers. v. Otto Pfersmann, Graz / Wien: Böhlau 1986, S. 16.

(49) Jean François Lyotard, 1982
„Die Differenz ist also folgende; die moderne Ästhetik ist eine Ästhetik des Erhabenen, bleibt aber als solche nostalgisch. Sie vermag das Nicht-Darstellbare nur als abwesenden Inhalt anzuführen, während die Form dank ihrer Erkennbarkeit dem Leser oder Betrachter weiterhin Trost gewährt und Anlass von Lust ist. Diese Gefühle aber bilden nicht das wirkliche Gefühl des Erhabenen, in dem Lust und Unlust auf innigste miteinander verschränkt sind: Die Lust, dass die Vernunft jegliche Darstellung übersteigt, der Schmerz, dass Einbildungskraft und Sinnlichkeit dem Begriff nicht zu entsprechen vermögen. Das Postmoderne wäre dasjenige, das im Modernen in der Darstellung selbst auf ein Nicht-Darstellbares anspielt; das sich dem Trost der guten Formen verweigert, dem Konsensus eines Geschmacks, der ermöglicht, die Sehnsucht nach dem Unmöglichen gemeinsam zu empfinden und zu teilen; das sich auf die Suche nach neuen Darstellungen begibt, jedoch nicht, um sich an deren Genuss zu verzehren, sondern um das Gefühl dafür zu schärfen, dass es ein Undarstellbares gibt. Ein postmoderner Künstler oder Schriftsteller ist in derselben Situation wie ein Philosoph: Der Text, den er schreibt, das Werk, das er schafft, sind grundsätzlich nicht durch bereits feststehende Regeln geleitet und können nicht nach Maßgabe eines bestimmenden Urteils beurteilt werden, indem auf einen Text oder auf ein Werk nur bekannte Kategorien angewandt würden. Diese Regeln und Kategorien sind vielmehr das, was der Text oder das Werk suchen. Künstler und Schriftsteller arbeiten also ohne Regeln; sie arbeiten, um die Regel dessen zu erstellen, was gemacht worden sein wird. [...] So gesehen bedeutet der Postmodernismus nicht das Ende des Modernismus, sondern dessen Geburt, dessen permanente Geburt." Jean François Lyotard, *Postmoderne für Kinder: Briefe aus den Jahren 1982–1985*, übers. v. Dorothea Schmidt, Wien: Passagen 1987, S. 11–31, hier S. 30, 27.

(60) John Walker, 2021
Er spricht von einer „dialektischen Rück-Verdoppelung, d. h. die Mittel der Massenmedien werden gegen sie selbst gerichtet durch die Wiederaneignung ihrer Bilder, Stilmittel und Darstellungskonventionen. Ironie, ästhetische Distanz, Ambiguität, Widerspruch wurden entwickelt, um die Dürftigkeit der Stereotypen aufzuzeigen und den Prozess der Angleichung auszubremsen." (Übersetzung H. D.)

(73) Oliver Grau, 2021
„Künstlerinnen und Künstler nutzen gezielt abweichende Bildstrategien, um etwa ein überwachtes Objekt in ein überwachendes Subjekt zu wenden, durch verschiedene Mittel der Blick-Umkehr (z. B. counterveillance, dataveillance, sousveillance, usw.) in Arbeiten des digitalen Aktivismus (z. B. cyberactivism, e-activism oder hactivism, usw.). [...] Die erwähnten Arbeiten erzeugen ihre Komplexität durch eine ganze Reihe zeitlicher und räumlicher Parameter. Durch vielfältige Erzeugung von Interfaces, teils durch Innovationen im Display, Variabilität, Simultaneität, Sequenzialität, Narration, innovative Strategien der Interaktion – wird visuelle Komplexität geschaffen durch real-time Verfahren und Immer-

sion. […] In der heutigen Medien-Kunst entsteht die Komplexität digitaler Bilder aus der Anzahl ihrer Technologien und ihrer Verknüpfungen. Neue Modelle der Interaktion mit den Betrachtenden und ihrer Partizipation werden durch digitale Technologien und ihre innovativen Programme angeregt. Parameter wie Interfaces, Screens, Visualisierung und Partizipation, Fragen nach Komplexität, Netzwerken, Algorithmen, real time, databases und web-basierter software wie auch die neuen Möglichkeiten für die Wahrnehmung und Wissensproduktion spielen eine Rolle für die Analyse der hinsichtlich ihrer Qualität überprüften Entwicklungen. Die technologischen Voraussetzungen und das Potential ihrer Visualisierungsmöglichkeiten verschaffen den Formen digitaler Kunst eine bislang nicht dagewesene Vielfalt und Nähe zu komplexen Themen." (Übersetzung H. D.)

(81) Okwui Enwezor, 2008
„Im Kontext dekolonialisierter Repräsentation bedeutet Innovation ebenso das Entstehen neuer Beziehungen zu Kulturen und Geschichten, von Rationalität und Transformation, zu transkulturellen und assimilatorischen Erfahrungen, das Entstehen neuer Praktiken und Prozesse, neuer Formen des Austauschs und Momente mehrfacher Zugehörigkeit wie sie die Sichtweise auf Künstler:innen in ihrer Bindung an nationale und kulturelle Traditionen betrifft. […] Jenseits von Nationalismus und nationalen Kulturen bedeutet Dekolonialisation mehr als nur der einsame Tagtraum von postkolonialen Künstler:innen und Intellektuellen, da in ihrem Kern ein moderner Ansatz steckt: die Idee von Fortschritt. In der postkolonialen Konstellation entwickelt die neue Kunst daher verschiedene Formen der Selbstvergewisserung." (Übersetzung H. D.)

Anhang Kapitel IV

(2) Peter Wollen, 1990
„Wir gehen unausweichlich einer neuen Epoche globaler kultureller Kontakte entgegen, in der die Kunst der post-kolonialen Welt nicht allein durch ihre innere Dynamik geformt sein wird, sondern ebenso durch ihre Verbindung mit Immigration und Tourismus. […] Tourismus – als Bewegung der Konsumenten – ist das Gegenstück zur Immigration – als Bewegung der Produzenten. Beide werden durch den internationalen Kapitalfluss vermittelt […], beide gehören im Kern zum neu entstehenden Weltsystem und beide werden die Kunstwelt betreffen." (Übersetzung H. D.)

(3) Lotte Philipsen, 2010
„Zeitgenössische Kunst ist automatisch global. Es ist aber viel schwieriger zu entscheiden, ob ein Kunstwerk auch auf thematischer Ebene global ist. […] Ergänzend zu seinem formal globalen Status kann ein Kunstwerk die Globalisierung thematisieren oder nicht, indem es sogenannte globale Inhalte behandelt." (Übersetzung H. D.)

(6) Steven Félix-Jäger, 2020
„Essentialistische, ästhetisch fundierte Theorien der Kunst reichen in einem globalen Zeitalter nicht aus, um sie als solche zu klassifizieren. ‚Kunst' hängt ab von Grundannahmen, die jeweils kulturspezifisch bestimmt werden. Nicht-ästhetisch fundierte Auffassungen von Kunst definieren sie beispielsweise durch relationale Faktoren. [...] Die Kriterien für die Beurteilung von Kunst sind heute von der jeweiligen Gruppe abhängig, die sie beurteilt. [...] Eine narrativ-hermeneutische Theorie der Kunst nutzt also eine universelle Methode der Klassifizierung, Interpretation und Bewertung von Kunst nach ihren jeweils eigenen Begriffen." (Übersetzung H. D.)

(8) Geeta Kapur, 1990
„Es geht darum, jene wichtigen Probleme anzugehen, die eine westliche Hegemonie lange unterdrückt oder vernachlässigt hat. Dies erfordert zunächst einmal, dass die beiden Kategorien Tradition und Moderne aus der abstrahierenden Ideologie des Kapitalismus gelöst werden und ersterer ihre Bedeutung für die Selbstreflexion einer Kultur zurückgegeben wird, der anderen aber ihre utopische Dimension. Der Begriff Tradition beispielsweise müsste als Konkretheit einer bestehenden Praxis bestimmt werden, mit der kleinere Einheiten in neue und zeitgenössische Konfigurationen eingehen könnten. Die Moderne sollte gleichzeitig weniger als monolithischer, formalistischer, institutioneller Block aufgefasst werden, um vielmehr das hervorzuheben, was sie einst war, avantgardistisch und offen für Experimente. Nur durch solche Initiativen können die Kulturen der ‚Dritten Welt' ihren Rang als alternative Kulturen rechtfertigen." (Übersetzung H. D.)

(9) Olu Oguibe, 1993
„In diesem Kontext [der Preisgabe der Vorstellung von einem Zentrum] müssen Modernität und Modernismus in Afrika gesehen werden, nicht in Bezug auf die Idee eines existierenden Zentrums oder eines ‚Modernismus', demgegenüber wir alle uns im Rückstand begreifen, sondern im Bewusstsein der Vielfalt und kulturellen Spezifik von Modernismen und der Pluralität von Zentren. [...] Die Konstruktion von Anderssein ist unvermeidlich, und für jeden ist das Andere das ‚Herz der Finsternis.' Der Westen ist so sehr ‚Herz der Finsternis' für den Rest der Welt wie umgekehrt. Das Erfinden und Bedenken des Anderen ist ein kontinuierlicher Prozess, der in allen Kulturen und Gesellschaften stattfindet. Dabei sind eine gewisse Bescheidenheit und das Eingeständnis angebracht, dass die periphere Randständigkeit der Betrachtenden ein volles Verständnis ausschließt." (Übersetzung H. D.)

(10) Homi K. Bhabha, 1994
„Die gesellschaftliche Artikulation von Differenz ist aus der Minderheitenperspektive ein komplexes, fortlaufendes Verhandeln, welches versucht, kulturelle Hybriditäten zu autorisieren, die in Augenblicken historischen Wandels aufkommen. [...] Die verbindenden

Grenzbeziehungen der kulturellen Differenz mögen gleich oft von Konsens oder von Konflikt geprägt sein; sie mögen unsere Definitionen von Tradition und Moderne durcheinanderbringen; die gewöhnliche Grenzlinie zwischen dem Privaten und dem Öffentlichen, dem Hohen und dem Niedrigen neu ziehen; und normative Erwartungen in bezug auf Entwicklung und Fortschritt in Frage stellen. [...] Die Vorstellung räumlicher Distanz – irgendwie jenseits der Grenze unserer Zeit zu leben – hebt die zeitlichen, sozialen Differenzen hervor, die unser unterschwelliges Gefühl kultureller Gleichzeitigkeit nicht mehr zulässt. [...] Kulturelle Grenz-Arbeit verlangt nach einer Begegnung mit der ‚Neuheit', die an dem Kontinuum von Vergangenheit und Gegenwart nicht teilhat. Sie erzeugt ein Verständnis des Neuen als eines aufrührerischen Aktes kultureller Übersetzung. [...] Das Dazwischentreten des Dritten Raumes der Äußerung, das die Struktur von Bedeutung und Referenz zu einem ambivalenten Prozess macht, zerstört diesen Spiegel der Repräsentation, der kulturelles Wissen gemeinhin als integrierten, offenen, sich ausdehnenden Code zeigt. Die Einführung dieses Raumes stellt unsere Auffassung von der historischen Identität von Kultur als einer homogenisierenden, vereinheitlichenden Kraft, die aus der originären Vergangenheit ihre Authentizität bezieht und in der nationalen Tradition des Volkes am Leben gehalten wurde, sehr zu Recht in Frage. [...] Eben jener Dritte Raum konstituiert, obwohl ‚in sich' nicht repräsentierbar, die diskursiven Bedingungen der Äußerung, die dafür sorgen, dass die Bedeutung und die Symbole von Kultur nicht von allem Anfang an einheitlich und festgelegt sind und dass selbst ein und dieselben Zeichen neu belegt, übersetzt, rehistorisiert und gelesen werden können. [...] Hybridität ist die Umwertung des Ausgangspunktes kolonialer Identitätsstiftung durch Wiederholung der diskriminatorischen Identitätseffekte. Sie offenbart die notwendige Deformation und De-platzierung sämtlicher Orte von Diskriminierung und Beherrschung. Sie entthront die mimetischen oder narzisstischen Forderungen der kolonialen Macht, führt ihre Identifikationen aber in Strategien der Subversion wieder ein, die den Blick des Diskriminierten zurück auf das Auge der Macht richten. [...] Als kolonialer Raum von Intervention und Agonismus, als die Spur der De-platzierung vom Symbol zum Zeichen kann Kultur durch das unberechenbare und partielle Begehren der Hybridität transformiert werden." Homi K. Bhabha, *Die Verortung der Kultur,* übers. v. Michael Schiffmann und Jürgen Freudl, Tübingen: Stauffenburg 2000, S. 3, 6, 10f., 56f., 165f., 170.

(15) Alain Badiou, 2003
„Man nennt Wahrheit (‚eine' Wahrheit) den wirklichen Prozess der Treue zu einem Ereignis. Das, was diese Treue in der Situation ‚hervorbringt'. [...] Im Grunde ist eine Wahrheit die materielle Spur des ereignishaften Zusatzes in der Situation. Sie ist also ein ‚immanenter Bruch'. ‚Immanent', weil eine Wahrheit ‚in' der Situation auftritt und nirgendwo sonst. Es gibt keinen Himmel der Wahrheiten. ‚Bruch', weil das, was das Auftreten der Wahrheit – das Ereignis – möglich macht, weder in den Gewohnheiten der Situation lag, noch sich durch die etablierten Kenntnisse denken ließ. Man wird auch sagen, dass ein Wahrheits-

prozess im Verhältnis zu den eingeführten Kenntnissen über die Situation ein heterogener ist, um einen Ausdruck Lacans zu benutzen, dass er eine Lochung in diesen Kenntnissen ist." Alain Badiou, *Ethik. Versuch über das Bewusstsein des Bösen,* übers. v. Jürgen Brankel, Wien: Turia & Kant 2003, S. 63f.

(17) Okwui Enwezor, 2008
„Hier wird die Beziehung zwischen dem Dokumentarischen und der Wahrhaftigkeit deutlich, weil beide die Beziehung zwischen dem Betrachter, der Betrachterin, und dem Bild definieren – die Roland Barthes in *Camera Lucida* als Studium definierte – das Zusammenspiel von Tatsache und Wahrheit. Im Bereich von Verständnis und Verifikation operiert das ‚studium', das den Absichten des Fotografen begegnet, sie erfasst, bejaht oder verneint, aber immer versteht, mit ihnen argumentiert, denn Kultur ist immer ein Vertrag zwischen Schöpfer und Konsument. Dies bestimmt die Beziehung zwischen dem Dokumentarischen und der Wahrhaftigkeit, denn es gibt nichts inhärent Wahres oder Tatsächliches in einem dokumentierten Bild, wenn die Absicht einer solchen Dokumentation den Betrachter, die Betrachterin, nicht auffordert, sich der Dokumentation zu nähern, nicht als einem Beweis von etwas Wirklichem in der Welt sondern auch als etwas Wahrem im sozialen Verständnis dieser Welt, das kaum in einer einzelnen Filmeinstellung oder einem fotografischen Bild zu fassen ist." (Übersetzung H. D.)

(20) Mark Crinson, 2006
„Die Ausstellung war deutlich geprägt durch die Ziele post-kolonialer Theorie. Enwezor beispielsweise sah seine Ausstellung als einen ‚Ort, an dem experimentelle Kulturen entstehen, um Modalitäten zu artikulieren, die aus der Spätmoderne neue Sinnzusammenhänge und Erinnerungsformen generieren' und begrüßte die Idee von ‚Extraterritorialität' und ‚Transkulturalität' innerhalb des Kontextes der Globalisierung, um deren weitverzweigten Ansprüchen Rechnung zu tragen. Insbesondere betonte er die neuen Subjektivitäten der Dekolonialisierung, wie Fanon sie identifiziert hatte, und den Wunsch, das ‚Andere' in den Metropolen sichtbar zu machen, eine bedeutende Rochade innerhalb der postkolonialen Theorie. Für ihn bietet die Postkolonialität ‚Gegenmodelle, durch welche das Verdrängte [...] neue Welten prägt, indem es experimentelle Kulturen schafft, Collagen der Realität aus Fragmenten des kollabierenden Raumes'." (Übersetzung H. D.)

(21) Mark Crinson, 2006
„Angewendet auf die Kunst, kann diese Betonung der Subjektivität aber zu der Annahme führen, postkoloniale Formen der Kunst hätten einen anderen Status, da sie immer mit persönlichem Erfahrungsdruck aufgeladen seien. Die besten postkolonialen Künstler:innen machen diese Voraussetzungen ihrer Arbeit aber, wie hier zu sehen war, nicht als solche geltend sondern machen sie zu deren Thema." (Übersetzung H. D.)

(22) Julian Stallabrass, 2009
„Globalisierung bedeutet größte Freiheit und größte Unterdrückung in einem, das eine ist strukturell an das andere gebunden. […] Während die Ideale der Biennalen politisch liberal sind, sind sie ökonomisch auch neoliberal, in ihrer Skepsis gegenüber allen Werten, die Schranken gegen den globalen Austausch errichten könnten, in der Verunglimpfung des Nationalen, und der mangels Kritik impliziten Billigung eines ungehinderten Marktes. In ihrer üblichen Bekräftigung dieser neoliberalen Tugenden feiert die Kunstwelt dies als Freiheit, die uns aufgenötigt wird. […] Auch wenn ein Werk nicht offen national konnotiert ist, wird es doch durch Interpretationsmuster oft zu einer national gefärbten Identifikation gedrängt, gerade auch durch die Betonung der nationalen Herkunft des Künstlers, der Künstlerin." (Übersetzung H. D.)

(23) Rasheed Araeen, 2011
„Anspruch [der ersten Generation von Künstler:innen aus Afrika und Asien] war es ist nicht nur, ihre subjektive Position historisch zu etablieren, sondern auch in den Modernismus des Westens eine neue Dynamik zu injizieren. Die postkoloniale Situation bedeutet, dass der Modernismus jenseits der binären Konstellation Westen – Kolonien neu definiert wird, so dass er eine neue Bedeutung als Teil der postkolonialen Modernisierung in den nunmehr unabhängigen Ländern, speziell Afrikas und Asiens, gewinnen kann. […] Die historische Verantwortung des postkolonialen Künstlers, schwarz oder weiß, europäisch oder nicht-europäisch, besteht darin, die Welt nicht länger als die Kolonie des Westens aufzufassen. Philosophische Diskurse, die das Europäische im Zentrum des Modernismus sahen und legitimierten, besitzen heute keine Gültigkeit mehr. Der postkoloniale Künstler muss sich also dem kolonialen Erbe stellen und nur dadurch können wir diese Gesellschaft in eine wirklich postkoloniale multiethnische verändern." (Übersetzung H. D.)

(27) Nicolas Bourriaud, 1998
„Vor den elektronischen Medien, den Freizeitparks, Gemeinschaftsräumen und ihrer gesellschaftskonformen Weiterentwicklung finden wir uns arm und hilflos, wie die Ratte im Versuchskäfig, verdammt auf ihrem unausweichlichen, mit Käsehäppchen garnierten Weg. […] Dort liegen die brisantesten Probleme der zeitgenössischen Kunst: ist es noch möglich, Bezüge zur Welt zu stiften, auf einem Feld, der Geschichte der Kunst, das traditionell deren Darstellung gewidmet ist? Im Gegensatz zur Meinung Debords, der in der Kunst nur ein Reservoir von Modellen dessen gesehen hat, was im täglichen Leben zu realisieren wäre, scheint das künstlerische Feld heute eine Vielfalt sozialer Experimente zu bieten, verschont vom Zwang der Gleichmacherei. Die hier zu diskutierenden Werke entwerfen Utopien der Nähe. […] Anders gesagt, die Rolle der Kunstwerke besteht nicht mehr darin, imaginäre und utopische Realitäten zu gestalten, sondern Existenzweisen und Handlungsmodelle innerhalb der existierenden Realität zu sein, in welchem Maß Künstler:innen es auch bestimmen. […] Die Möglichkeit einer relationalen Kunst (einer Kunst, deren gedank-

licher Horizont die zwischenmenschlichen Beziehungen und ihr sozialer Kontext sind, nicht die Behauptung eines unabhängigen privaten symbolischen Raumes) verweist auf eine grundsätzliche Umwälzung der ästhetischen, kulturellen und politischen Ziele, die die moderne Kunst eingeführt hat. [...] Gemeinsam ist ihnen der praktische und theoretische Horizont der zwischenmenschlichen Beziehungen. Ihre Arbeiten beziehen Methoden des sozialen Austauschs ein, Interaktivität mit den Betrachter:innen innerhalb der angebotenen ästhetischen Erfahrung, verschiedene Prozesse der Kommunikation, die Individuen und Gruppen zusammenführen. [...] Sie schaffen relationale Elemente in Zeit und Raum, zwischenmenschliche Erfahrungen im Versuch, sich von den Zwängen der Ideologie und der Massenkommunikation zu befreien, gewissermaßen Orte, wo alternative Formen von Sozialität, Modelle und Momente des Zusammenlebens erarbeitet werden. [...] Utopie tritt heute auf einer subjektiven, alltäglichen Basis, in Realzeit konkreter und beabsichtigt fragmentarischer Erfahrungen in Erscheinung, das Kunstwerk als Zwischenraum, innerhalb dessen solche Experimente und Lebenspotentiale möglich scheinen; es dürfte heute wohl wichtiger sein, mögliche Beziehungen zu seinen Nachbarn aufzubauen als von morgen zu träumen." (Übersetzung H. D.)

(31) Luis Camnitzer, 1999
„In einem erweiterten Verständnis von Konzeptualismus [...] meint Dematerialisierung nicht immer das Verschwinden des Objekts, sondern eine Neudefinition seiner Rolle als Bedeutungsträger bzw. die Neubewertung existierender Objekte und den Versuch, den Verfall von Informationen aufzuhalten. Dematerialisierung wurde zum Instrument, ein Kunstschaffen zu ermöglichen, das dem Interesse an einer Verschmelzung von Kunst und Alltag entgegenkommt – ein zunehmend wichtigeres Anliegen der Nachkriegskunst in vielen Ländern. [...] Während der westliche Konzeptualismus in der Regel von der Idee der Autonomie der Kunst ausging, bedeutete das Fehlen eines solchen Erbes in Ländern wie Festland-China und Afrika, dass er dort nicht so sehr die Probleme des Kunst-System fokussierte, sondern auf Themen zwischen Kunst und Leben ausgerichtet war, die dort ohnehin in kulturellen und/oder religiösen Traditionen verwurzelt sind. Einschätzungen des Konzeptualismus für die aktuelle Kunstproduktion variieren, einige bedauern, dass seine Ansätze so schnell vom Markt geschluckt wurden, andere sehen in ihm wesentliche Reformen, ja Revolutionen für den Kunstbegriff begründet. Etliche Ideen des Konzeptualismus sind in das gegenwärtige Kunstverständnis eingegangen, daran erkennbar, dass so viele Künstler:innen heute Konzepte, Prozesse, Erfahrung, politische und soziale Kontexte im Auge haben; aber es zeigt sich auch an der Verbreitung von Installationen, Photographie, Sprache, den cross-overs zur Wissenschaft, dem mapping sowie anderen Systemen, und einem fortgeführten Interesse an der Verbindung von Kunst und Leben." (Übersetzung H. D.)

(35) Claire Bischop, 2006
„Gute Absichten sollten Kunst nicht vor kritischer Analyse bewahren. [...] Die Kriterien des Diskurses um sozial engagierte Kunst werden heute aus einer stillschweigend angenommenen Analogie zwischen Antikapitalismus und christlich ‚guter Seele' bezogen. Nach diesem Schema ist die Selbstaufopferung wichtig. Der Künstler, die Künstlerin solle seine, ihre auktoriale Präsenz aufgeben, um den Teilnehmer:innen zu erlauben, durch ihn bzw. sie zu sprechen. Diese Selbstaufopferung geht einher mit der Vorstellung, die Kunst solle sich aus der nutzlosen Sphäre des Ästhetischen zurückziehen und mit sozialer Praxis fusionieren. Wie der französische Philosoph Jacques Rancière beobachtet hat, ignoriert diese Verunglimpfung des Ästhetischen die Tatsache, dass das System der Kunst, wie wir es im Westen verstehen – das ästhetische Regime der Kunst wie Friedrich Schiller und die Romantiker es begründet haben und wie es heute noch gilt – genau durch diese Verbindung von künstlerischer Autonomie (ihrer Stellung abseits der instrumentellen Vernunft) und ihrer Heteronomie (der Vermischung von Kunst und Leben) bestimmt wird. Wenn man diesen Knoten auflöst – oder durch Bestimmung konkreter Ziele ignoriert – verpasst man gerade den entscheidenden Punkt, denn das Ästhetische ist nach Rancière gerade die Fähigkeit, in Widersprüchen zu denken: der produktive Widerspruch zwischen der Orientierung der Kunst auf sozialen Wandel, der sich auszeichnet durch die Spannung zwischen ihrem Glauben an die eigene Autonomie und ihrem Vertrauen auf die eigene untrennbare Bindung an das Versprechen einer besseren Welt. Für Rancière muss das Ästhetische nicht auf dem Altar der Weltverbesserung geopfert werden, da es dieses Versprechen bereits in sich trägt." (Übersetzung H. D.)

(50) (51) Jaques Rancière, 2004, 2000
Die Aussagen Rancières sind seinem in Deutsch publizierten Vortrag in dem nachfolgenden Zitat (52) so verwandt, dass hier keine eigene Übersetzung vorgenommen wurde.

(58) Lev Manovic, 2005
Er spricht von einer „[...] Projektion der Ontologie eines Computers auf die Kultur. [...] Als kulturelle Form repräsentiert die database unsere Welt als eine Liste aufrufbarer Einheiten und sie verweigert eine Ordnung. [...] Während der 1980er und 90er Jahre wurden alle Technologien der Bildherstellung digitalisiert, so dass alle Bilder Kompositbilder wurden. [...] Die Fähigkeit des Computers endlose Varianten seiner Elemente zu produzieren und als Filter zu wirken, indem er die eingespeisten Daten neu konfiguriert, wird zur Logik kultureller Produktion schlechthin." (Übersetzung H. D.)

(59) Peter Weibel, 2006
„Seit der Ersetzung des Alphabets durch den numerischen Code – von der Börse bis zum Flughafen – sind Algorithmen ein fundamentales Element unserer sozialen Ordnung geworden. Heute leben die Menschen in global vernetzten Gesellschaften, in denen die Biosphäre

und die Infosphäre voneinander abhängig sind, einander wechselseitig durchdringen. [...] Wir leben in einer neuartigen Welt, der sogenannten Infosphäre, die inzwischen so wichtig für das Überleben der 7 Milliarden Menschen ist wie die Atmosphäre selbst. Medienkunst ist ein Weg aus den Antinomien der modernen Kunst. Indem sie wie die Wissenschaft apparatebasiert ist, ist die technologische Kunst Teil der Bewegung geworden, die die Welt verändern, neu schaffen will. [...] Wenn wir den Modernismus neu begründen, werden wir Alternativen zur herkömmlichen Trennung von Künsten, Medien, Evolution und Datenbasis finden. So kommen wir dem näher, was einst Renaissance genannt wurde, mit der Ausnahme, dass es eine Renaissance 2.0 sein wird." (Übersetzung H. D.)

(60) Bruno Latour, 1999
„Nun müssen wir einen Nachfolger für die alte Teilung zwischen Natur – im Singular – und Kulturen – im Plural – finden, um von neuem nach der Anzahl der Kollektive sowie nach der allmählichen Zusammensetzung der gemeinsamen Welt zu fragen, eine Fragestellung, die durch den Natur- und Gesellschaftsbegriff vorschnell vereinfacht worden ist. Das Schlusskapitel versucht zu klären, durch welche Art von Leviathan die politische Ökologie aus dem Naturzustand heraustreten kann." Bruno Latour, *Das Parlament der Dinge. Die Instabilität des Naturbegriffs. Für eine politische Ökologie,* aus dem Franz. v. Gustav Rößler, Frankfurt/Main: Suhrkamp 2001, S. 17.

(61) Bruno Latour, 2015
„Man versteht, dass der ‚Geist der Gesetze' beider Ordnungen unterschiedlich ist, im alten Klimaregime sind alle Konflikte vorab durch die Gesetze der ‚Natur' entschieden, im neuen Klimaregime gibt es dagegen keine solche Autorität, viel mehr muss Punkt für Punkt gestritten werden, um festzustellen, um zu erkennen, und nicht einfach nur nachzuvollziehen, wie die Akteure aufeinander wirken. Im ersten Regime sind alle Wesen seelenlos, allein die menschlichen Subjekte haben eine Seele, im zweiten gilt Beseeltheit für alle Lebewesen, so dass es weder (seelenlose) Objekte noch überlegene (beseelte) Subjekte gibt. Im ersten ist der Frieden von oben vorgegeben, im zweiten ist er durch eine besondere Diplomatie erst auszuhandeln. [...] Das erste Regime ist von der ‚Natur' abgeleitet, das zweite, sagen wir, mit ihr ausgehandelt, kompositionistisch. Was kommt, Gaia, soll uns durchaus als Drohung erscheinen, weil diese das einzige Mittel ist, das uns für unsere Sterblichkeit empfindlich macht, unsere Endlichkeit, ‚existenzielle Auslöschung'; für das schlichte Problem dieser Erde anzugehören." (Übersetzung H. D.)

(62) André Rottmann, 2019
„Ausgehend von einem solchen theoretischen Zugang zu Huyghes Environments könnte ‚agencement' – statt assemblage – als eines der vorwiegenden Modelle zeitgenössischer Skulptur, möglicherweise auch zeitgenössischer Kunst generell aufgefasst werden. Im Sinne von Deleuze und Guattari bezeichnet der französische Begriff ‚agencement' die

Etablierung und Darlegung eines Netzwerks vielfältiger Faktoren, deren Interaktion und Funktionalität in ihren Modalitäten dunkel bleiben, nicht zu erkennen sind. [...] Indem es solche Beziehungen schafft, in denen Medium und Ort zu Verkettungen des Lebendigen und des Maschinellen verunklärt werden, ‚ökologisiert' Huyghes Arbeit die ästhetische Produktion und Erfahrung, nicht etwa, um sie in einer generellen ‚technosphere' aufgehen zu lassen, stattdessen lässt sie die Kunst die verschiedenen, doch miteinander verbundenen Sphären der Kommunikation, Reproduktion und Kreation durchdringen und aufzeigen, an denen sie partizipiert und von denen sie abstammt." (Übersetzung H. D.)

(63) Ina Blom, 2022
„Zu den organischen Prozessen biologischer Einheiten kamen hier die anorganischen Prozesse der Informationstechnologien hinzu, Technologien, die materialiter eng mit den Mineralien und Metallen verbunden sind, die ihrerseits schon zur Inselwelt gehören. Manchmal bilden die Maßstabssprünge in der Simulation die Grundlage für die Produktion skulpturaler Objekte, die dann in den tatsächlichen Wald eingehen und dort durch das biochemische und klimatische Ökosystem verändert werden. [...] Huyghes Serie von Arbeiten, die ein Zusammenwirken von Tier, Mensch und technischen Lebensformen erproben, bekräftigt eine spezifische Vorstellung von dem, was Kunstwerke sind oder sein sollten: neu entstehende Terrains, kleine Welten im Werden, Bewegungsschübe weg von dem, was schon existiert." (Übersetzung H. D.)

(65) Philippe Parreno, 2012
„Die Wirklichkeit kann einen Film schreiben und ein Film kann Wirklichkeit schreiben. Wenn wir neue Drehbücher, neue Relationen finden, erlaubt uns das, etwas zu sehen, das uns sonst verborgen bleibt. So wie Synästheten etwas sehen können, das andere nicht sehen. Es gibt die Obsession, Sehen und Verstehen zu verwechseln, da wir alle sagen ‚siehst Du!' um zu sagen ‚verstehst Du!'. Um es etwas anders zu sagen, das Wirkliche ist nicht notwendigerweise das Sichtbare. Ich bin jetzt mehr am Nicht-Sichtbaren interessiert, weil ich ohnehin nicht an die völlige Sichtbarkeit glaube. Unsichtbarkeit ist nämlich der Gegensatz von Sichtbarkeit, die Rückseite der sichtbaren Ordnung im ideologischen Raum. Es muss unsichtbar bleiben, damit das Sichtbare seine Sichtbarkeit behält." (Übersetzung H. D.)

(66) Carolyn Christov-Bakargiev, 2020
„Wir leben in einer Zeit von big data und der reproduzierten Bilder, mit einer pausenlosen Bilderflut aus dem Internet. Davon überwältigt, navigieren wir durch Programme Künstlicher Intelligenz, die für uns interpretieren und denken, und unsere Aufgabe ist nur noch zu ‚klicken'. Der Wunsch Situationen einer aktiven Interpretation wiederherzustellen ist eine Gegenreaktion zur Entmächtigung durch die Algorithmen. In dieser Lesart ist Anri Salas Werk eine Form des politischen und ästhetischen Widerstands gegen die Passivität, zu der uns das Digitale verführt." (Übersetzung H. D.)

Bibliographie

Bibliographie kommentierter Anthologien von Quellentexten

Chipp 1969
Herschel B. Chipp (Hrsg.), *Theories of Modern Art. A Source Book by Artists and Critics,* Berkeley: University of California Press 1969.

Harrison / Wood 1997
Charles Harrison und Paul Wood (Hrsg.), *Art en théorie 1900–1990. Une Anthologie,* Paris: Hazan 1997.

Harrison / Wood 1998
Charles Harrison und Paul Wood (Hrsg.), *Kunsttheorie im 20. Jahrhundert. Künstlerschriften, Kunstkritik, Kunstphilosophie, Manifeste, Statements, Interviews,* 2 Bde., Ostfildern-Ruit: Hatje Cantz 1998.

Harrison / Wood 2003
Charles Harrison und Paul Wood (Hrsg.), *Art in Theory 1900–2000. An Anthology of Changing Ideas,* Malden (Mass.): Blackwell 2003 (New Edition).

Kocur / Leung 2005
Zoya Kocur und Simon Leung (Hrsg.), *Theory in Contemporary Art Since 1985,* Malden (Mass.): Blackwell 2005.

Wood / Wainwright / Harrison 2021
Paul Wood, Leon Wainwright und Charles Harrison (Hrsg.), *Art in Theory. The West in the World. An Anthology of Changing Ideas,* Hoboken / New Jersey: Wiley Blackwell 2021.

Allgemeine Bibliographie zur Kultur, Kunst und Kunsttheorie im 20. und 21. Jahrhundert:

Adorno 1970
Theodor W. Adorno, *Ästhetische Theorie,* hrsg. v. Gretel Adorno und Rolf Tiedemann, Frankfurt/Main: Suhrkamp 1970.

Araeen et al. 2002
Rasheed Araeen et. al. (Hrsg.), *The Third Text Reader on Art, Culture and Theory,* New York: Contiuum 2002.

Asholt / Fahnders 1995
Wolfgang Asholt und Walter Fahnders (Hrsg.), *Manifeste und Proklamationen der europäischen Avantgarde (1909–1938),* Stuttgart / Weimar: Metzler 1995.

Barasch 1998
Moshe Barasch, *Modern Theories of Art,* Bd. 2 (=From Impressionism to Kandinsky), New York University Press 1998.

Barr 1986
Irving Sandler und Amy Newman (Hrsg.), *Defining Modern Art. Selected Writings of Alfred H. Barr,* New York: Abrams 1986.

Battcock 1973
Gregory Battcock, *The New Art. A Critical Anthology,* New York: Dutton (1968) 1973.

Benjamin 1974ff.
Walter Benjamin, *Gesammelte Schriften,* hrsg. v. Rolf Tiedemann und Hermann Schweppenhäuser, Frankfurt/Main: Suhrkamp 1974ff.

Bertram / Deines / Feige 2021
Georg W. Bertram, Stefan Deines und Daniel Martin Feige (Hrsg.), *Die Kunst und die Künste. Ein Kompendium zur Kunsttheorie der Gegenwart,* Berlin: Suhrkamp 2021.

von Beyme: 2005
Klaus von Beyme, *Das Zeitalter der Avantgarden. Kunst und Gesellschaft 1905–1955,* München: Beck 2005.

Bhabha 1994
Homi K. Bhabha, *The Location of Culture,* London / New York: Routledge 1994.

Bürger 1974
Peter Bürger, *Theorie der Avantgarde*, Frankfurt/Main: Suhrkamp 1974.

Claus 1963
Jürgen Claus (Hrsg.), *Theorien zeitgenössischer Malerei in Selbstzeugnissen,* Reinbek: Rowohlt 1963.

Crowther 1997
Paul Crowther, *The Language of Twentieth-Century Art,* New Haven / London: Yale University Press 1997.
David / Chevrier 1997
Catherine David und Jean François Chevrier (Hrsg.), *Politics – Poetics. Documenta X,* Stuttgart: Cantz 1997.
Davies 2007
Stephen Davies, *Philosophical Perspectives an Art,* Oxford: Oxford University Press 2007.
Eco 1962
Umberto Eco, *L'opera aperta, Forma e indeterminazione nelle poetiche contemporanee,* Milano: Bompiani 1962.
Emmerling / Kleesattel 2016
Leonhard Emmerling und Ines Kleesattel (Hrsg.), *Politik der Kunst. Über Möglichkeiten, das Ästhetische politisch zu denken,* Bielefeld: transcript 2016.
Enwezor 2002f.
Okwui Enwezor, et al. (Hrsg.), *Documenta 11,* 5 Bde., Ostfildern-Ruit: Hatje Cantz 2002–2003.
Everett 1991
Sally Everett, *Art Theory and Criticism. An Anthology of Formalist Avant-Garde, Contextualist and Post Modern Thought,* Jefferson / NC: Mc Farland 1991.
Félix-Jäger 2020
Steven Félix-Jäger, *Art Theory for a Global Pluralistic Age. The Glocal Artist,* Cham (CH): Palgrave Macmillan 2020.
Fisher 1994
Jean Fisher (Hrsg.), *Global Visions. Towards a New Internationalism in the Visual Arts,* London: Kala 1994.
Foster 1983
Hal Foster (Hrsg.), *The Anti-Aesthetic: Essays on Postmodern Culture,* Port Townsend: Bay 1983.
Foster / Krauss / Buchloh / Bois 1995:
Hal Foster, Rosalind Krauss, Benjamin Buchloh, Yve-Alain Bois, *Art since 1900. Modernism, Antimodernism, Postmodernism,* London: Thames & Hudson 1995 (3. Aufl., 2016).
Foucault 1994
Michel Foucault, *Dits et écrits* (1954–1988), 3 Bde., Paris: Gallimard 1994.
Kat. *The Global Contemporary* 2013
The Global Contemporary and the Rise of New Art Worlds, hrsg. v. Hans Belting, Ausstellungskatalog, ZKM Karlsruhe 2011, Karlsruhe / Cambridge: MIT Press 2013.
Harris 2011
Jonathan Harris (Hrsg.), *Globalization and Contemporary Art,* Malden (Mass.): Wiley Blackwell 2011.
Hansen 2004
Mark B.N. Hansen, *New Philosophy for New Media,* Cambridge / MA: MIT Press 2004.
Herbert 1964
Robert L. Herbert, *Modern Artists on Art,* Englewood Cliffs / NJ: Prentice Hall 1964.
Hertz 1985
Richard Hertz (Hrsg.), *Theories of Contemporary Art,* Englewood Cliffs / NJ: Prentice Hall 1985.
Hofmann 1966
Werner Hofmann, *Grundlagen der modernen Kunst. Eine Einführung in ihre symbolischen Formen.* Stuttgart: Kröner 1966.
Jameson 1991
Frederic Jameson, *Postmodernism, or the Cultural Logic of Late Capitalism,* Durham / NC: Duke University Press 1991.
Jones 2006
Amelia Jones (Hrsg.), *A Companion to Contemporary Art since 1945,* Malden (Mass.): Blackwell Publishing 2006.
Kacunko 2018
Slavko Kacunko (Hrsg.), *Theorien der Videokunst,* 2 Bde., Berlin: Logos 2018.
Kat. *Westkunst* 1981
Westkunst. Zeitgenössische Kunst seit 1939, Ausstellungskatalog, Museen der Stadt Köln, Köln: DuMont 1981.
Krauss 1986
Rosalind Krauss, *The Originality of the Avant-garde and other Modernist Myths,* Cambridge / London: MIT Press 1986.
Latour 2015
Bruno Latour, *Face à Gaia. Huit conférences sur le Nouveau Regime Climatique,* Paris: La Découverte 2015.
Locher 2023
Hubert Locher, *Kunsttheorie. Von der Antike bis zur Gegenwart,* München: Beck 2023.

Marchal / Zeisig / Degner 2020
Stephanie Marchal, Andreas Zeisig und Andrea Degner (Hrsg.) *Kunstschriftstellerei. Konturen einer kunstkritischen Praxis,* München: Edition Metzel 2020.

Mirzoeff 2004
Nicholas Mirzoeff (Hrsg.), *The Visual Culture Reader,* London / New York: Routledge (1998) 2004.

Eagleton / Groys 2009
Terry Eagleton und Boris Groys (Hrsg.), *Now is the Time: Art & Theory in the 21st Century,* Rotterdam: Nai 2009.

Osborne 2013
Peter Osborne, *Anywhere or Not at All: Philosophy of Contemporary Art*, London / New York: Verso 2013.

Philipsen 2010
Lotte Philipsen, *Globalizing Contemporary Art*, Aarhus: Aarhus University Press 2010.

Rancière 2000
Jacques Rancière, *Le partage du sensible. Esthétique et politique*, Paris: Fabrique 2000.

Rancière 2004
Jacques Rancière, *Malaise dans l'esthétique*, Paris: Galilée 2004.

Rancière 2008
Jacques Rancière, *Ist Kunst widerständig?,* Berlin: Merve 2008.

Rebentisch 2013
Juliane Rebentisch, *Theorien der Gegenwartskunst. Zur Einführung*, Hamburg: Junius 2013.

Reckwitz 2012
Andreas Reckwitz, *Die Erfindung der Kreativität. Zum Prozess gesellschaftlicher Ästhetisierung,* Berlin: Suhrkamp 2012.

Schavemaker / Rakier 2007
Margriet Schavemaker und Mischa Rakier (Hrsg.), *Right About Now. Art & Theory Since the 1990's,* Amsterdam: Valiz 2007.

Schneider 2014
Norbert Schneider, *Theorien moderner Kunst. Vom Klassizismus bis zur Concept Art,* Köln / Weimar / Wien: Böhlau 2014.

Sedlmayr 1955
Hans Sedlmayr, *Verlust der Mitte. Die bildende Kunst des 19. und 20. Jahrhunderts als Symptom und Symbol der Zeit* (Salzburg 1948), Frankfurt/Main: Ullstein 1955.

Smith / Wilde 2002
Paul Smith, Carolyn Wilde (Hrsg.), *A Companion to Art Theory,* Oxford: Blackwell 2002.

Stangos 1994
Nikos Stangos (Hrsg.), *Concepts of Modern Art. From Fauvism to Postmodernism,* London: Thames & Hudson (1971, 1984) 1994.

Steinberg 1972
Leo Steinberg, *Other Criteria. Confrontations with Twentieth Century Art,* New York / Oxford: Oxford University Press 1972.

Stiles / Selz 2012
Kristine Stiles und Peter Selz (Hrsg.), *Theories and Documents of Contemporary Art. A Sourcebook of Artist's Writings,* Berkeley: University of California Press (1996) 2012.

Ullrich 2005
Wolfgang Ullrich, *Was war Kunst? Biographien eines Begriffs,* Frankfurt/Main: Fischer Taschenbuch 2005.

Ullrich 2022
Wolfgang Ullrich, *Die Kunst nach dem Ende ihrer Autonomie,* Berlin: Wagenbach 2022.

Wallis 1984
Brian Wallis (Hrsg.), *Art After Modernism: Rethinking Representation,* New York: New Museum 1984.

Welsch 1988
Wolfgang Welsch (Hrsg.), *Wege aus der Moderne. Schlüsseltexte der Postmoderne-Diskussion,* Weinheim: Acta humaniora 1988.

Williams 2009
Robert Williams, *Art Theory. An Historical Introduction,* 2. Aufl., Malden (Mass.): Wiley Blackwell 2009.

Zarka 2010
Samuel Zarka, *Art contemporain: le concept,* Paris: Presses Universitaires de France 2010.